"一校一策"课程体系建设丛书　杨四耕　丛书主编

李百艳
刘玉华
主编

# "一校一策"课程规划

华东师范大学出版社
·上海·

**图书在版编目(CIP)数据**

"一校一策"课程规划/李百艳,刘玉华主编.
上海:华东师范大学出版社,2025.—("一校一策"
课程体系建设丛书).—ISBN 978 - 7 - 5760 - 5865 - 9

Ⅰ.G612;G632.3

中国国家版本馆 CIP 数据核字第 2025KE5698 号

"一校一策"课程体系建设丛书

"一校一策"课程规划

丛书主编　杨四耕
主　　编　李百艳　刘玉华
责任编辑　刘　佳
项目编辑　林青荻
特约编辑　王莲华
责任校对　丁　莹　时东明
装帧设计　卢晓红

出版发行　华东师范大学出版社
社　　址　上海市中山北路 3663 号　邮编 200062
网　　址　www.ecnupress.com.cn
电　　话　021 - 60821666　行政传真 021 - 62572105
客服电话　021 - 62865537　门市(邮购)电话 021 - 62869887
地　　址　上海市中山北路 3663 号华东师范大学校内先锋路口
网　　店　http://hdsdcbs.tmall.com

印 刷 者　上海锦佳印刷有限公司
开　　本　787 毫米×1092 毫米　1/16
印　　张　16.75
字　　数　189 千字
版　　次　2025 年 4 月第 1 版
印　　次　2025 年 4 月第 1 次
书　　号　ISBN 978 - 7 - 5760 - 5865 - 9
定　　价　56.00 元

出 版 人　王　焰

# 编委会

## 主编
李百艳　刘玉华

## 编委
陈月红　顾继军　刘景菲　石　丽
徐岳灿　杨余香　朱延萍　朱孔洋

# 丛书总序

众所周知,课程文化是课程研究的重要领域。然而,课程文化是一种怎样的存在?它是由什么构成的?课程文化的本质是什么?如何推进学校课程文化变革?怀特海在《过程与实在》一书中指出:事件才是宇宙的唯一组成部分。维特根斯坦在《逻辑哲学论》中也指出:世界是一切发生的事情;世界是事实的总体,而不是事物的总体。应该说,事物和事实是不同的,我们看到的世界不是静止孤立的单个事物,而是处于不断变化中的事实状态。基于这一观点,笔者认为,课程是文化的存在,文化是课程的存在方式和存在本身。课程文化不仅仅是事物的集合,更是事件的生成,并以事件本体论立场赋予自身以合法性。课程文化是课程的事物形态和课程的事实状态的合生体,应该从"事物"和"事件"两个方面进行理解。

**从"事物"角度看,课程文化是一组文化要素。**文化是人类精神活动的产物以及衍生出来的实物,其中蕴含信仰、价值观、规范、技术和语言等要素。从"事物"角度看,课程文化包含信仰、价值观、规范、技术和语言等文化要素,这些文化要素构成了课程文化的此在和基质。

课程文化的内核是信仰。信仰是课程文化的价值系统,是课程文化的核心要素,是对课程价值基础的笃信和奉行。课程文化是信仰的文化表达,信仰是课程文化的终极体现。信仰是一种精神追求,是学校课程发展的精神动力。从这个意义来说,课程文化是一种力量。

课程文化的基石是价值观。价值观是基于思维而作出的认知、理解、判断和选择,也就是明辨是非的思维取向。价值观的本质是一种判断、一种选择。课程文化内蕴价值系统,特定的价值观为课程文化导航,是课程文化的基石。

课程文化的载体是规范。课程文化包含着明文规定或约定俗成的标准,如课程制度等。学校课程制度是为学校课程开发和实施提供价值引领与行为索引,为学校课程变革提供价值辩护、程序说明、技术规范以及改进提升的工具,具有教育性、价值性、策略性、规约性和反思性等基本特征。可以说,制度规范是课程文化的运行载体,是课程文化的合理构成。

课程文化的表现是技术。技术是关于特定领域有效的理论和研究方法的全部,以及在该领域为实现一定目标而设计解决问题的规则的全部,核心是回答"做什么"和"怎么做"的问题。文化内蕴着行动,如何行动便成为课程文化的旨趣。课程文化是一种自为的实践文化,有着清晰的行动逻辑与技术要旨。技术的基本任务是规划课程、设计课程、编制课程、实施课程、评价课程以及管理课程,以更好地满足学生的学习需求。

课程文化的家园是语言。海德格尔说:语言是存在的家。每一种课程文化都有自己的语言,都有自己的假设、目的和要求。文化不同,语言自然不同,其中的思想、观念也就很不一样,假设和要求自然也就不同。课程文化是澄明着和遮蔽着的道的存在,语言和文化具有共生性。课程文化总是以语言的形式存在,总是寓于语言之中,或澄明,或遮蔽,只要在场,就会有意义。

一句话,从"事物"角度看,课程与文化不是二元的,而是密不可分的整体。课程内蕴文化,文化渗透课程,二者的完美结合生成了意义整体——课程就是文化,我们谓之为"课程文化"。

**从"事件"角度看,课程文化是一个生成过程**。课程文化不是简单的要素组合。正如巴迪欧在《存在与事件》一书中所言:"真正的哲学并非始于文化的、语言的、制度的等结构事实,而是仅始于发生的事件,始于仍保持完全不可逆料的突现形式的事件。"实质上,事件是通向解放的唯一方式。换言之,作为"事件"的课程文化之真理即是在完整的课程实践中成就人、发展人和完善人。从"事件"角度看,课程文化是一个不可能重复出现的生成过程,处于不断运动变化着的育人实践状态之中。

作为"事件",课程文化是"合生"的过程,是课程文化诸要素相互参与和多维互动的创造过程,是"事件"的生成与发生过程。"一种文化首先意味着一种眼光。"课程文化是我们做事的眼光、处事的方式或思维的习惯,是生长着的"事件",是我们理解课程实践、推进课程变革的眼光。

值得说明的是,课程文化虽然是一个"事件",但在本体论意义上,课程文化仍然是一种不易感知的"事件"。文化与日常生活融为一体,无法分辨,文化以未被审视的方式作用于人。人们一般意识不到他们身边的文化,因为此类文化表现为平常的生活,表现为看上去正常和自然的东西;文化以无意识的状态或者说未被检查的状态悄悄地让我们作出选择、进入生活。课程文化也是如此,它总是以无意识的状态悄悄地作用于课程育人实践,总是在人们蓦然回首时静悄悄地发生。

当然,课程文化的这种无意识状态并不妨碍我们认识课程文化,我们仍然可以用智慧感知课程文化的存在,仍然可以用眼睛捕捉课程物质文化、制度文化、行为文化和精神文化。课程物质文化是以物质形态存在的设施和空间,这是课程文化赖以存在的物质基础与场域条件;课程制度文化是学校制定的规约课程实践的活动程序和价值规范,是学校课程变革过程中形成的价值体系和活动规则;课程行为文化是行为主体在长期的课程实践过程中形成的处理课程事务的一以贯之的行为方式,这种行为方式具有长期稳定性、潜意识性和自觉性等特点;课程精神文化是学校课程文化的核心,是主导学校课程实践的理念和精神,通常会借助富有哲理的语言加以概括,如办学理念和课程理念等。这些课程文化要素,我们可以"看见"它们的合生性存在,也可以"分辨"它们的原子性存在。

综上,课程文化作为"事件",不仅仅是一个静态概念,而且是动态的、实践的和生成着的过程。在更宽泛的意义上,课程文化作为"事件"表征着参与事件的人与物之间的关系。因此,有关课程文化的阐释需要从"事件本体论"的角度予以确认。"事件本体论"以事件作为课程文化知识表征单元,为求解课程文化的内涵提供了新的思路,以文化的生成性标示了学校课程文化变革的进路。基于此,我们可将课程文化理解为事件之展开而不仅仅是事物之集合,由此所展现的将是课程文化要素、课程文化形态、课程文化主体共同构成的一幅兼容动人的文化图景。

2023 年,教育部办公厅印发《基础教育课程教学改革深化行动方案》,要求坚持因校制宜"一校一策",制订学校课程实施规划,把国家统一制定的育人"蓝图"细化为学校的育人"施工图",明确课程教学改革的具体路线和措施,提出问题破解之策。学校要立足办学理念和学生发展需要,分析资源条件,因校制宜规划学校课程及其实施,以促进学生全面而有个性地发展,高质量落实国家课程,建设校本课程,构建体现学校办学特色的课程育人体系。"'一校一策'课程体系建设丛书"正是在这样的背景下产生的。

马克思说:"社会生活在本质上是实践的。凡是把理论诱入神秘主义的神秘的东西,都能在实践中以及对这种实践的理解中得到合理的解决。"实践是课程文化价值实现的根本途径,推进学校课程文化变革,需要进一步把握学校课程实践的内在机制。

"一校一策"课程体系建设系列成果说明:立足课程文化的"事物"与"事件"本

质,推进学校课程文化变革可以采取"概念先行——实践验证"的方式,也可以采取"实践探索——归纳提炼"的方式。大多数情况下,学校课程文化变革宜采取"理论、研究与实践互动"的方式,这种方式不完全依赖于概念或理论,也不脱离学校实际情境。在学校课程实践中,我们可以学校课程情境为基础,以课程实践问题为切入点,以理论为指导,以概念为圆心,边研究边行动,在实践中总结提炼,又在实践中加以验证与改造,在理论与实践的互动互补、碰撞对话中生成学校独有的课程文化框架。

杨四耕

2024 年 7 月 5 日于上海市教育科学研究院

# 目　录

学校课程情境分析不仅是对现有课程实践的审视，更是对未来课程发展方向的深思。学校课程情境分析可以采用矩阵分析法，将时间维度与发展维度相结合，将分析范畴分为四个象限，以探讨课程从"何谓"到"何为"的演变过程。矩阵分析法从文化、资源、师资、理念和社会需求等五个维度，全面评估和优化学校课程的发展与实施，以促进学生全面成长。

学校课程目标是对学校课程育人的总体要求。厘定学校课程目标，可以通过深入研读，把握政策方向，让课程目标具有广泛的代表性；分析需求，明确目标定位，让课程目标具有高度的明确性；集体研讨，形成初步框架，让学校课程目标具有普遍的可靠性;细化目标,确保可操作性,让学校课程目标具有落地的可行性;征求意见,完善目标体系,让学校课程目标具有逻辑的连贯性;持续监控,动态调整目标,让学校课程目标具有时代的适应性。

# 第三章
## 巧构学校课程框架 / 69

架构符合学校情境的课程结构体系,是梳理课程类型并明确各类型关系的过程。科学的分类是构建学校课程框架的前提和关键。学校课程结构设计,要关注学校课程的宏观、中观和微观三个层面,要基于特定的逻辑,对存在于学校的国家课程、地方课程和校本课程进行合理分类并建构其间的联系,使之形成一个有序的课程图谱。

## 第四章
## 丰富学校课程内容 / 103

学校课程内容的选择是课程开发的关键。课程内容的选择大致包括四个基本环节：一是确定课程价值观，体现国家意志；二是确定课程目标，聚焦核心素养；三是确定课程取向，体现办学特色；四是确定课程内容，重视实践育人。在制定课程规划时，学校和教师应高度重视课程内容的丰富性和多样性，使课程内容满足时代发展要求，确保为学生提供多样化的学习体验，促进他们的全面发展。

**一校一策**

"小水滴"课程：
让每一个儿童
感受点滴之爱

## 第五章
## 激活学校课程实施 / 133

激活学校课程实施，是提升课程育人质量的重要维度。课程实施需充分发挥课堂教学、社团活动、研学旅行、家校共育等多种实施路径的独特功能。激活学校课程实施的关键在于强化学科实践，在课堂实验、实地考察、模拟操作等多种课程实施形态中，引导学生通过实践的方式探索知识，激活学生的主体参与热情。

## 第六章
## 评价的生长性：以多元评价促进课程实施 / 171

学校课程评价是课程研究的重要领域，是学校课程实施的重要促进力量。对学校课程进行科学、多元地评价，可以有效助推课程的生长和改进，推动学校课程的高质量实施。学校课程评价主要体现在优化课程文本、点亮课程实施、凸显课程特色、激活课程主体等四个维度上。

## 第七章
## 深耕学校课程管理 / 211

学校课程管理是以提高课程品质为核心，对学校所有课程进行计划、协调、开发、实施、评价、控制等一系列的管理活动。因此，学校课程管理既要关注课程的内容,更要关注实施课程的人。深耕学校课程管理要真正发挥课程管理共同体的作用,在价值引领、组织建设、制度建构、评价导航、时间管理、课程研修、课题聚焦、资源调配等方面提升课程品质。

**一校一策**

MEI课程:
给予每一个孩子
向往美好的力量

# 前　言

## 走向课程自觉的美好境界

教育质量是全民教育的追求。2005 年,联合国教科文组织发布《全民教育全球检测报告 2005:提高教育质量迫在眉睫》,该报告从学习者特征、背景、扶持投入、教与学和教育结果等五个维度架构了教育质量分析框架。① 这一分析框架聚焦教育过程的各个要素及其相互作用,为教育质量分析提供了一个新的思路。2015 年世界教育论坛以"通过教育改变人生"为主题,通过了《仁川宣言》,鼓励各个国家提供全纳、公平而有质量的教育。② 最近十几年来,我国出台了一系列的课程教学改革政策,特别是 2014 年《教育部关于全面深化课程改革落实立德树人根本任务的意见》以及 2019 年《中共中央国务院关于深化教育教学改革全面提高义务教育质量的意见》,这两个文件从课程与教学改革的角度,就落实立德树人根本任务、全面提升教育质量作了政策部署,具有里程碑意义。2023 年,教育部办公厅印发《基础教育课程教学改革深化行动方案》,要求坚持因校制宜"一校一策",制订学校课程实施规划,把国家统一制定的育人"蓝图"细化为学校的育人"施工图",明确课程教学改革的具体路线、措施,提出困难问题破解之策。学校要立足办学理念和学生发展需要,分析资源条件,因校制宜规划学校课程及其实施。学校以促进学生全面而有个性地发展、健康成长为目标,高质量落实国家课程,建设校本课程,将课程理念、原则要求转化为具体的育人实践活动,构建体现学校办学特色的课程育人体系,注重持续优化。义务教育阶段确保全面落实国家课程,注重与地方课程和校本课程的统筹实施;普通高中在保证开齐开好必修课程的基础上,注重适应学生特长优势和发展需要,提供分层分类、丰富多样的选修课程,形成体现学校办学特色的课程系列。如何研制"一校一策"课程规划? 如何推进学校课程教学改革,全面提升教育

① 温从雷,王晓瑜. 构建全民教育质量评估体系的蓝图——《2005 全球全民教育监测报告》述评[J]. 开放教育研究,2006(3):93—96.
② 周红霞. 2030 年教育:迈向全纳、公平、有质量的教育和全民终身学习——2015 年世界教育论坛《仁川宣言》[J]. 世界教育信息,2015(14):35—38.

质量？每一所学校都应该围绕"教育过程的各个要素及其相互作用"，探索"自主性变革"之路，走向课程自觉的美好境界。

如何寻找一条务实可靠的课程变革之路，让学校迈向自主性变革呢？我们认为，自主性变革意味着一所学校自觉地感知到学校整体课程谱系，自觉地意识到学校课程变革逻辑，自觉地基于学校整体课程规划建构自己的课程模式。研究证明，学校整体课程规划是自主性变革的关键路径，是提升学校课程品质的有力抓手。①

所谓学校整体课程，是指为实现育人目标，整合包含国家课程、地方课程和校本课程在内的课程之总体。施良方先生认为，课程编制是完成一项课程计划的整个过程，它包括课程目标、选择和组织课程内容、实施课程和评价课程等阶段；而课程设计是课程所采用的一种特定组织方式，它主要涉及课程目标以及课程内容的选择和组织。② 在我们看来，学校整体课程规划不仅包含课程设计和课程编制的全部内涵，还包含分析学校课程情境、确定学校课程哲学在内的课程决策的意涵与过程。换言之，学校整体课程规划是课程决策、课程设计以及课程编制过程的有机统一。它是随着学校课程自主权的获得，为推进有逻辑的学校课程变革而研制的、指导学校课程实践的文本，是课程权力分享与课程决策统一的过程。基于这个有机统一过程，研制学校整体课程规划有以下七个方面的工作十分关键。

一是分析学校课程情境。学校课程情境包括外在环境和内在情境，外在环境包括时代发展背景、地域文化背景、社区环境，内在情境包括学校办学传统、办学条件、学生生源与学情、教师素质与结构等。学校课程情境分析应该把握教育发展的趋势、学校所处的文化生态环境有哪些优势、哪些可以开发成为学校的特色课程、社区有哪些优势资源、学校的办学传统如何扬弃、学校内部有哪些优势与不足、学生的学习特点和需求以及教师方面的优势与不足等。当然，也应了解学校现有课程的情况，发现学校课程存在的问题等。

二是厘定学校课程哲学。学校课程哲学是一所学校课程建设的价值追求。有学者认为，教育哲学要从超越的角度来回答"教育是什么"之类的元问题，具有一般性和根本性，不是某一侧面的、具体的哲学，其任务是更新人们的理解方式，获得对

---

① 杨四耕."品质课程"的行动架构与实施策略[J].上海教育,2018(9):56—59.
② 施良方.课程理论——课程的基础、原理与问题[M].北京:教育科学出版社,1996:81.

教育意义的新表达。① 我们认为,学校课程哲学是学校教育哲学的有机组成部分,是对"课程是什么"的校本化理解,是关于学校课程的意义抽象和价值概括。学校课程哲学不是学科意义上的哲学,而是观念层次上的哲学;不是整个教育层面的,而是具体学校层面的,是学校自主建构的、指引学校课程变革的核心精神与理念。学校课程哲学是学校课程变革的灵魂,贯穿于学校课程变革之始终,对学校课程建设有直接的指导作用。独特的学校课程哲学有利于凸显学校课程模式的个性,有利于凸显学校课程变革的独特价值追求,有利于张扬学校课程理念的信仰意义。研制学校整体课程规划,要注意基于学校课程情境,包括研究学校的历史和现状、把握学校教育哲学和办学理念,在此基础上进行必要的逻辑演绎与深度推理,以使学校教育哲学、办学理念与课程理念在逻辑上内在相联。

三是确定学校课程功能。课程功能是指课程与环境在相互作用过程中表现出来的对环境的比较稳定而独特的作用。不同类型的课程承载着不同的功能,如学科课程与活动课程、分科课程与综合课程、必修课程与选修课程、显性课程与隐性课程等。同时,从功能的指向来看,既有个人功能,又有社会功能。② 学校的育人目标和课程目标在很大程度上规定着学校课程功能,蕴含着特定的育人期待,包括课程的方向、水平、广度、深度、效果等,目标定位直接"牵引"了课程功能定位。研制学校整体课程规划,要注意按照"培养德智体美劳全面发展的社会主义建设者和接班人"的要求,立足学校实际,确定育人目标;在此基础上,基于学生特点、学科发展以及社会要求这三个"筛子",对育人目标进行合理的年级分解,形成有机对接的课程目标体系,以便于下一步建构目标导向的课程体系。

四是设计学校课程框架。郭晓明教授曾经提出"三层次—两类型"课程结构观。"三层次"是指宏观、中观、微观,"两类型"是指实质结构和形式结构。③ 实质结构是对课程的质的规定性,反映着课程的内在价值取向。如有学者提出的现代学校课程的实质结构,包括自我发展课程、人格课程、情感课程、知识课程和实践课程,形成一个立体结构,以自我发展课程为灵魂,以人格课程、情感课程、知识课程和实践课程为载体,反映"重视学生发展的全面性、重视经验在课程中的作用"的价

① 周浩波.教育哲学[M].北京:人民教育出版社,2000:8—9.
② 郭晓明.课程结构论:一种原理性探寻[M].长沙:湖南师范大学出版社,2002:102.
③ 郭晓明.课程结构论:一种原理性探寻[M].长沙:湖南师范大学出版社,2002:82.

值取向。① 形式结构主要包括课程类别和不同类别之间的关系,即"类的结构"和"关系结构"。② 我们的研究和实践表明,研制学校整体课程规划,既要关注学校课程的宏观、中观和微观三个层次,又要关注学校课程的实质结构和形式结构,基于特定的逻辑对学校课程进行合理分类,做到不交叉、不重复。在此基础上,还要进一步按照年级和学期进行课程布局与设计(即课程设置),以形成整体性的学校课程框架。换言之,研制学校整体课程规划,要基于对学校课程结构的深刻理解,严格按照国家课程方案和课程标准,把握学校课程的横向分类与纵向布局。

五是布局学校课程实施。布局学校课程实施最重要的就是要按照立德树人的要求,优化教学方式,注重启发式、互动式、探究式教学,积极引导学生主动思考、积极提问、自主探究;融合运用传统与现代技术手段,重视情境教学;探索基于学科的课程综合化教学,开展研究型、项目化、合作式学习。精准分析学情,重视差异化教学和个别化指导。③ 特别是要从丰富学生学习经历的角度,充分考察学校课程实施的多维途径和多样方式,如课堂教学、校园节日、社团活动、研学旅行、创客空间、艺术表演、故事沙龙、仪式教育、隐性环境等。多维课程实施途径的本质就是在落实全面育人、全策育人,就是落实学习方式变革,就是育人方式变革的重要方面。当然,学校课程功能是整合的、课程结构是一体的,在课程实施上也需要考虑课程统整,以使各种类型课程的功能发挥最大化。

六是改进学校课程评价。课程评价是根据一定的价值标准,通过系统地收集有关信息,采用定性、定量的方法,对课程立意、计划、准备与投入、实施、效果等方面作出价值判断并寻求改进的活动。课程立意的评价即对学校课程理念的评价,指标在于是否与学校教育哲学相一致、是否与学校发展实际相一致、是否与学生的学习需求相一致等;课程计划的评价包括课程设置、课程结构、课程内容、课程形式和课时安排等方面的评价;课程准备与投入的评价主要包括资源、人员、环境等的准备情况;课程实施的评价主要关注实施途径的全面性、学习方式的多样性以及教

---

① 冯国文. 构建现代学校课程结构模式[J]. 课程·教材·教法,1999(5):7—10.
② 褚洪启,邢卫国. 促进课程一体化的 10 种模式[J]. 教育学报,1992(3):37—40.
③ 中共中央国务院关于深化教育教学改革全面提高义务教育质量的意见[EB/OL]. (2019 - 06 - 23)[2024 - 07 - 12]. http://www. moe. gov. cn/jyb_xxgk/moe_1777/moe_1778/201907/t20190708_389416. html.

学过程的有效性;课程效果的评价则主要是以课程目标为依据,考察学生发展情况、学生的满意度及其他相关主体的满意度。有学者认为:学校课程评价是以学校课程为对象开展的评价活动。对学校课程进行科学评价,可以系统地描述学校课程的存在样态与实际效果,并以此作为学校课程不断改进的抓手。学校课程评价包括以下四个方面:学校课程内容的文本分析、学校课程实施的过程关照、学校课程建设的特色呈现以及学校课程建设的主体表达。① 这些观点对我们都是有启发的,学校整体课程规划要特别关注课程评价方式的多维运用,合理把握课程评价在课程发展全要素和全过程中的作用,尤其是要运用多种评价创意在实践层面关注对学生、对教师以及对课程本身的评价。②

七是探索学校课程管理。课程管理是指以课程为对象所施加的决策、规划、开发、组织、协调、实施等管理活动和行为的总称。学校课程管理就管理方式而言,主要包括以下几个方面。一是价值引领,也就是学校课程所有要素都应该按照学校课程哲学的意涵来推动,学校课程哲学应该渗透到学校课程运行的全过程之中。价值引领是学校课程管理的灵魂,如何让所有教师都按照学校的价值观来推动课程建设,是学校课程管理的重要内容。二是组织建设,学校课程管理的组织机构设立包括人员配备、机构建立及责任分配,即学校领导班子的领导与监督、全体教师的素质与结构、学生的全程参与、专家介入、家长和社区的支持,以及课程领导小组的建立等。三是资源利用,课程资源方面是指学校的硬件设备,包括基本设备,如图书馆、实验室、活动室等,与学校课程直接相关的条件准备,如特色教室、校本教材等;也指学校的在地文化资源,要求学校在已有条件的基础上,尽可能开发新资源,提高资源的利用率。四是制度建构,课程制度是影响课程有效实施的重要因素,包括课程计划的制定、教师角色与责任分配、课程审议等方面的规约。除了这几种管理方式外,还有时间管理、主体参与、课题研究、课程研修以及特色聚焦等方式,都可以有效地推进学校课程发展,这也是学校整体课程规划需要好好思考的议题。

综上所述,学校整体课程规划实质上也是学校自主决策的过程,是学校充分运用课程自主权,聚焦于"教育过程的各个要素及其相互作用",推进自主性变革的关

---

① 李红恩. 学校课程评价的意蕴、维度与建议[J]. 教学与管理(中学版),2019(34):1—4.
② 杨四耕. 学校课程评价的18种创意[J]. 中小学教育(人大复印资料),2019(4):49—52.

键路径。就思维方式而言,研制学校整体课程规划要综合采用归纳与演绎的循环思维,采取理论、研究与实践互动的方式,既考虑课程理论的意涵与观照,又不脱离学校实践情境,研究与行动有机结合,设计与实践合理融通,总结与提炼不断互动,实现理论与实践的双向融合与互补,不断生成大家认同的学校整体课程规划,推动学校课程自主性变革。这也说明,自主性变革是多主体共同参与的文化自觉过程,是对学校课程变革进行意义赋予的群体共舞过程,是"课程人"追求心灵自由与解放的过程。

当我们通过自主性变革,有了清晰的课程自知、透彻的课程自在、积极的课程自为、深刻的课程自省以及持守的课程自立的时候,我们便作为"有创见的主体"主动地介入到课程决策、设计、实施、评价与管理的全过程之中了,学校课程深度变革便自然而然地发生了,全面提高教育质量便有了可能。

诚如费孝通先生所言:"文化自觉是一个艰巨的过程。"自主性变革需要坚持系统设计,整体规划育人各个环节的改革,整合利用各种资源,统筹协调各方力量,实现全科育人、全程育人、全员育人。坚持重点突破,聚焦课程改革的关键领域和主要环节,针对制约课程改革的体制机制障碍,集中攻关,重点推进。坚持继承创新,注重课程改革的连续性和可持续性,适应新时期教育发展的新要求,积极开拓,大胆试验。面对丰富的实践,面对专业的挑战,自主性变革不是一个简单的流程,它需要我们在学校整体课程规划与实施中不断反思与提升,如此才能走向课程自觉的美好境界。

(撰稿者:上海市教育科学研究院 杨四耕)

# 第一章

# 分析学校课程情境

　　学校课程情境分析不仅是对现有课程实践的审视，更是对未来课程发展方向的深思。学校课程情境分析可以采用矩阵分析法，将时间维度与发展维度相结合，将分析范畴分为四个象限，以探讨课程从"何谓"到"何为"的演变过程。矩阵分析法从文化、资源、师资、理念和社会需求等五个维度，全面评估和优化学校课程的发展与实施，以促进学生全面成长。

学校课程情境是综合影响学校课程发展的多种条件因素,包括历史、文化、资源等,这对于学校的办学和育人具有重要影响。① 每所学校因其独特的历史和现实条件,形成了不同的课程情境,使其人才培养方式各具特色。学校课程情境的特征包括多样性和动态性,不同学校甚至同一学校在不同时期都会呈现出不同的情境特点。② 有学者认为,学校课程情境分析是一种系统性分析方法,旨在探究学校内外环境对课程发展的影响。该分析着眼于理解学校的时代背景、文化传统、资源条件等外部因素,以及教育理念、师资队伍、学生需求等内部因素之间的相互关系。通过采用矩阵分析等方法,学校可以全面把握自身的课程情境,从而为制定有效的课程改革和发展策略提供依据。

有学者认为,分析学校课程情境应从学校课程发展的优势和发展的问题两方面入手,进行校本化的设计与表达。③ 优势方面,包括学校所处的时代背景和文化架构、课程种类及资源丰富度、师资力量等。而问题方面,则涉及教育哲学的确定、家长期望、课程实施程度等。我们根据临港新片区的教育教学实践,认为学校课程情境分析应该包含文化背景与传统、课程种类与资源、师资力量与培训、教育理念与目标、社会期望与需求等五个维度。

有学者认为,学校课程情境分析要从宏观政策分析、中观数据收集、微观社区调查三个层面入手。宏观政策分析是对比新老课标的要求,领会国家教育文件精神,深刻理解学校课程变革的文化架构,准确揭示课程变革的本质。中观数据收集是多元地收集学校历史、文化、地理位置等数据,主要通过文献资料、调查问卷、访谈、观察等方式获取数据,建立全面的信息库,为后续分析提供基础。微观社区调查是通过社区调查和利益相关者的需求分析,了解家长、学生、教师、校友等各方的期望和需求。④ 这有助于建立起学校与社区的良好互动机制,形成共同促进核心素养培养的合力。⑤

我们认为,在分析学校课程情境时,需采用矩阵分析法,将时间维度与发展维

① 杨四耕.学校课程情境的语境论特征与分析模型[J].教育学术月刊,2022(12):3—9.
② 顾书明.析学校课程情境及其优化[J].淮阴师范学院学报(哲学社会科学版),2002(6):798—801.
③ 郝亦欣.核心素养视角下的学校课程规划设计——以A校为例[D].温州:温州大学,2019.
④ 房静.校本课程实施中体验学习的缺失与回归[J].教育理论与实践,2020,40(35):43—45.
⑤ 杨四耕.学校课程情境分析要从三个层面入手[J].中国民族教育,2023(2):14.

度相结合,将分析范畴分为四个象限,以探讨课程从"何谓"到"何为"的演变过程。在"何谓"方面,我们深入探讨课程情境的分析项目,包括其在教育体系中涵盖的多元要素。另外,分析指标作为一种量化工具在学术研究中扮演着重要角色,它能够客观地评估学校课程的运行情况与效果,从而为研究者提供研究对象的全面数据基础。而在"何为"方面,思路上横轴交错,其中历时性分析通过追溯课程的历史发展和经验总结,揭示其演变脉络和过程;共时性分析则聚焦于当前课程所面临的问题与挑战,以及其优势与潜力,从而为课程设计与改进提供深入洞察和理论支持,见图1-1。

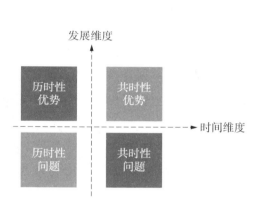

| 分析项目 | 分析指标 |
|---|---|
| 文化背景与传统 | 文化传统的传承度<br>地域底蕴的特色度<br>思想品德的塑造度 |
| 课程种类与资源 | 课程资源的更新率<br>本土资源的利用率<br>数字资源的转化率 |
| 师资力量与培训 | 教师教学的专业性<br>教研培训的覆盖性<br>学科跨界的交融性 |
| 教育理念与目标 | 教育理念的明确指数<br>教育目标的实现指数 |
| 社会期望与需求 | 家长学生的满意比重<br>教学资源的供需比重 |

图1-1　矩阵分析示意图

对于文化背景与传统,应考虑学校的文化底蕴和历史传统,能否为课程发展提供坚实的基础,能否培养学生的传统文化素养和价值观念。部分传统观念和文化传统可能与现代教育理念不太契合,需要进行适度调整和更新。

对于课程种类与资源,应评估学校是否拥有丰富多样的课程种类和教学资源,包括必修课程、选修课程等类型,以及实验室、图书馆等设施,是否为学生提供了广阔的学习空间和资源支持。一些课程资源可能存在不足或过时的问题,无法满足学生多样化学习需求,需要进行更新和补充。

对于师资力量与培训,应评价学校的教师队伍,是否具有丰富的教学经验和专业知识,通过持续的教育培训,不断提升教师教学水平。部分教师可能缺乏新知识和教学方法的更新意识,需要加强教师培训,提升其专业水平和教学质量。

对于教育理念与目标,应考察学校秉承的教育理念,是否注重培养学生的综合素养和创新能力,使学生成长为全面发展的人才。学校教育理念和目标可能存在模糊不清的情况,需要进一步明确和具体化,以便更好地指导课程发展和实施。

对于社会期望与需求,应考虑学校与家长、学生之间是否形成了良好的互动关系,能否及时了解家长和学生的需求,为课程改革和发展提供有力支持。学校可能一定程度上存在与家长和学生之间沟通不畅的问题,导致学生和家长的部分需求无法及时得到满足,需要加强沟通和协调。

综上所述,学校课程情境分析是一种综合性方法,通过矩阵分析法从文化、资源、师资、理念和社会需求等五个维度,全面评估和优化学校课程的发展与实施,以促进学生全面成长。学校课程情境分析不仅是对现有教育实践的审视,更是对未来教育方向的深思。它促使学校在尊重传统的基础上,积极适应时代发展,不断更新教育理念,丰富教学资源,强化师资培训,明确教育目标,并与社会需求紧密对接。通过这一过程,学校能够更精准地定位教育改革的着力点,实现课程与学生个性化发展需求的和谐统一,进而培养出既深植传统根基又具备现代视野的创新人才。

**一校一策**

跃龙门课程:
给予每一个生命
鱼跃龙门的力量

上海中学东校是位于南汇新城镇美丽的滴水湖畔的一所公办全寄宿完全中学,初中部于 2009 年 9 月 1 日正式招生开学,高中部于 2013 年开班,享受市实验性示范性学校待遇。2019年前初中部是选择性生源学校，2020年开始紧跟上海市的政策变化改为在全区范围内摇号招生。学校坚持培养学生奋勇向上的优秀品质，建设富有活力的校园环境。学校曾被评为上海市安全文明校园、上海市绿色学校、浦东新区中小学行为规范示范校、上海市普通高中新课程新教材实施研究与实践项目(第三批)学校、"基于教学改革、融合信息技术的新型教与学模式"实验区项目实验校。为全面落实立德树人根本任务，学校依据《教育部关于全面深化课程改革落实立德树人根本任务的意见》《国务院办公厅关于新时代推进普通高中育人方式改革的指导意见》《基础教育课程教学改革深化行动方案》，以及普通高中课程方案和课程标准(2017年版2020年修订)、义务教育课程方案和课程标准(2022年版)等文件，制定本校课程规划。

## 第一节　来自龙门书院的叩问

上海中学东校的创建与发展，一面踵武赓续，秉承上海中学的百年传统；另一面依托天时地利，高度融入临港地区发展的每个环节。

上海中学发轫于1865年创办的龙门书院，这是当时沪上质量最好的书院。其中的"龙门"寓"鱼跃龙门"之意。相传黄河鲤鱼在春季都要成群结队，逆流而上。当进入龙门峡谷时，为抵消湍急水流的冲击，它们拼力蹦出水面，跳跃前进。远远望去，红光一片，犹如祥云。百余年来，上海中学怀揣"兴校救国""兴校报国""兴校强国"之梦，培育的国家栋梁之材难以计数，从中提炼并升华出自强不息、思变创新的"龙门精神"。上海中学东校自建校以来，继承上海中学的百年"龙门精神"，传承上海中学的办学理念和管理模式，艰苦创业，踔厉前行，成为地区优质教育中的"璀璨明珠"。学校办学十六年来，一批批优秀的学生继承了上海中学东校的办学理念，他们在上海中学东校汲取知识的营养，增添文化的力量，思辨"龙门精神"，立志成为国家栋梁之材，学校得到了社会和家长的广泛认可。丰硕的办学成果离不开学校课程蕴含的优势，这是来自龙门书院的叩问，这是精神力量在教育中体现出的至关重要的作用。

### 一、学校课程发展优势

#### (一)清晰的价值取向

学校作为延承上海中学办学理念和管理模式的学校，始终坚持以培养学生的综合素质为核心目标。学校深信,培养一个学生不仅仅要注重其智力的发展,更要关注其品德、情感和社交等方面的综合素质。因此,学校确定了"学会做人、学会生活、学会学习"的育人目标,五育融合,意在引导学生全面发展,成为有良好品德、积极向上、具有社会责任感的现代公民。

首先,学校致力于培养学生健康的价值取向。学校通过课程设置和教学形态的创新,使学生更好地理解正确的道德观和价值观。学校注重培养学生的品德修养,通过课堂教学、班级活动和社会实践等形式,引导学生形成良好的学习习惯、道德品质和行为规范。此外,学校鼓励学生参与公益活动、志愿服务等社会实践,培养学生的社会责任感和公民意识。高中引入艺术和体育的荣誉毕业生机制,注重学生综合素养的培养与历练。

其次,学校注重学生全面发展的个性化培养。学校充分理解每个学生的独特性和多样性,注重发掘和培养学生的个性特长。学校提供了广泛的选修课程和社团活动,让学生有更多的选择空间,根据自身兴趣和潜能进行发展。学校鼓励学生积极参与艺术、体育、科技创新等领域的活动,开设相关的社团课程,提供专业的导师指导,为学生提供更多的发展机会和平台。同时,在学生学习能力的培养上,学校注重提供优质的教学资源和创新的教学方法。学校持续提升教师的教学能力和教育理念,通过专业培训、教研活动和大奖赛,不断更新教育教学理念,提升课堂教学质量。学校注重培养学生的创新思维和问题解决能力,通过开展研究性学习活动和项目实践、项目化学习和大单元教学整合,激发学生的学习兴趣和自主学习的能力。

除此之外,学校还重视学生的情感培养和社交能力的发展。学校鼓励学生发展良好的人际交往能力和团队合作精神,通过班级活动、社团组织等形式,营造积极健康的校园氛围。学校注重培养学生的情商和社交技巧,通过心理辅导、班级管理等方式,关注学生的心理健康和人际关系的发展。

总之,学校通过对学生的价值取向、个性化、学习能力的培养和情感社交的发展,为每个学生的成长奠定坚实基础,培养有责任、有担当的未来栋梁。

**(二)奋进的课程团队**

学校青年教师是上海中学东校从众多应聘者中择优录取的,是学校持续发展的动力,是学校的未来中坚力量。为了进一步加强对教师教育教学实践能力的培养,争取实现教师教育教学实践能力跨越式的发展,不断提升教师的教育教学实践能力,学校在原先浦东新区区级课题"新开办学校青年教师教育教学实践能力培养的研究"已结题的基础上,又以"创新人才早期培育视角下公办完中教师培养机制的研究"作为学校龙头课题,并申报区级课题,现已结题。2021年,学校申请了区级课题"大中学校融通下的中学科创课程建设与实施研究",力求进一步加强对青年教师教育教学实践能力的培养,争取实现青年教师教育教学实践能力跨越式的发展,在尽可能短的时间内提高青年教师的教育教学实践能力,该课题已在2024年6月结题。学校注重教师的特长开发,鼓励教师根据自身的爱好,如茶艺、瑜伽等,开设相关选修课,丰富学生的课程,受到学生好评。学校制定了选修课程的规范要求,学期结束时教导处对教师的讲义进行检查,并鼓励教师申报特色选修课程的评选。另外,学校还组织学生对选修课的质量进行满意度测评,改进课堂教学。学校教师的学习兴趣很浓,他们除了参加各类市级、区级教研活动外,还积极加入各类学科工作坊、学科基地班学习,学校还为教师创造条件,与上海中学深入合作进行专题研讨与专项学科交流,提升教师业务能力。而临港新片区的发展新机遇和新政策,也将有利于上海中学东校吸引更多的优秀教师加入。

**(三)丰富的课程资源**

学校传承上海中学的优良传统,立足浦东、服务临港。学校拥有室内温水游泳池、网球场、龙舟训练码头、舞蹈房、乒乓专业场地、篮球场等良好的体育设施以及无人机实验室、工业机器人实验室、微小卫星试验室等多个科创实验室。学校依托上海交通大学、上海海洋大学、上海电机学院、上海科技大学、中国科学院微小卫星创新研究院等院校,构建具有科创特色的系列课程,促进学生个性化学习和综合素质提升。每学期邀请各学科领域的专家、学者面向师生开展科普讲座。通过探访参观科普场馆、高校实验室、科创企业等,开展学生研学活动和研学任务,学生在体验、实践的过程中浸润科创意识。在师资队伍建设、课程体系构建、教育改革评价、学生自主管理等方面积极探索,逐步形成办学优势。

**(四)多样的课程门类**

学校严格落实国家课程,探索校本课程,在教学上,形成"一高两强"的特色,即"高立意""强基础""强规范"。每学期初高中开设80多门选修课程,内容包括学科拓展、人文、艺术、体育、科创等方面,深受学生的喜爱。经过多年的积累,每一门选修课程都有规范的教学目标、教学内容、教学评价等要素。学校各学科在不同年级阶段都有开展学科延伸活动。如语文学科，在六年级开展"龙门诗韵""对联大闯关""劳动与我们的生活"综合性学习、"为鲁滨逊立传"阅读素养活动；在初一年级开展"悦读大挑战""朝花夕拾"小论文交流；在初二、初三年级开展"龙门杯"古诗文大赛、"嗨暑假之最"综合性学习、"我心目中的文学大神"综合性学习、"少年修身当如此"主题演讲比赛；在高一年级开展"戏剧创作"活动；在高二年级开展"小说腰封设计"活动；高中全年级开展"演绎文学"话剧表演。初中部面对摇号学生程度不同的情况，尝试在部分年级开展数学与英语学科小走班的教学模式，进行分层教学；学校还开展了学科高阶班、提高班、兴趣班；结合高中的学生学情特点，调整走班教学的起始时间，综合学生需求，设置领跑班和成功班，让每个学生学有所获。

## 二、学校课程发展问题

### （一）学校课程系统的确立问题

学校课程系统的确立过程中遇到的问题包括：课程内容问题，如何确定核心内容以及平衡不同学科和领域的内容并能有效地选择适合实现课程目标的方法，以培养学生的思辨和批判性思维能力；评价问题，如何评价学生对课程的理解和应用能力，并确定评价标准；教师角色问题，如何培养教师的课程意识和能力，以及在教学中传达课程思想；学生需求和社会需求的整合问题，如何既考虑到学生兴趣、需求和能力，确保课程的适用性又与社会需求相适应，培养学生的社会责任感和创新意识；跨学科整合问题，如何将不同学科和领域的知识整合到课程中，增加综合性和实用性；推广和传承问题，如何推广和传承课程理念和经验，促进在更多学校和地区的应用和发展。以上问题是学校课程系统确定中面临的挑战和难题，需要学校、教师和学生共同思考和解决。

### （二）学校课程内容的丰富问题

在确定和丰富课程内容的过程中，学校面临着一系列问题：学科平衡问题，如何确保学生全面发展，避免学科重复或重叠；核心素养问题，如何培养学生的批判性思维、沟通能力、自主学习能力等核心素养；实用性问题，如何使课程内容与实际生活联系，培养学生解决实际问题的能力；教学内容选择与时代需求相适应问题，如何选择适合学生认知发展水平和学习需求的教学内容，如何更新课程内容以适应社会和时代的发展需求；跨学科融合问题，如何提高学生的综合素养和跨学科能力；地区特色问题，如何根据学校所在地区的特点确定学科内容；教师能力问题，如何提升教师在丰富课程内容方面的专业能力。这些问题都是学校确定课程内容时面临的挑战，需要学校和教师共同思考和解决。

**（三）学校课程实施的深度问题**

在实施学校课程时，常遇到的深度问题如下：教学时间分配问题，如何合理安排教学时间以保证每个学科都能得到足够的深入教学；教学资源的获得和实践机会的创造问题，如何获取和有效利用丰富的教学资源，为学生提供更深入、实践性更强的学习体验，如何提供学生实践和应用所学知识的机会，加深对课程内容的理解和掌握；课程扩展问题，如何给予学生扩展学习的机会，让他们更深入地探索感兴趣的领域和话题；德育与知识学习的结合问题，如何在课程实施中融入德育元素，实现学科育人的目标，培养学生的道德素养和社会责任感；教师专业发展问题，如何提供教师专业发展的机会和支持，使教师能够不断提升自身教学的深度和水平。

## 第二节　向着无限可能腾飞

上海中学东校位于东海之滨、滴水湖之畔的临港新片区。从曾经"潮涨为海，潮落为泽"的茫茫滩涂，到承担起国家战略的新片区，临港正以迅猛的发展姿态，一跃而起，催生出一个又一个"化鱼为龙"的奇迹。在这样一个催人奋进的时代里，在这样一片生机勃勃的土地上，上海中学东校应运而生，并乘势而上，与临港同心同行同发展，共享共生共成长。

**一、学校教育哲学**

"鱼跃龙门"这一中国传统的形象已然刻入了上海中学东校的发展进程。"鱼跃"是一种昂然的精神，它是东校初创者栉风沐雨砥砺前行、后继者踵事增华振翅飞的形象概括；"鱼跃"也是一种嫣然的美丽，它让东校成为五湖四海莘莘学子向往的成长乐园，是时光正美、青春正好的生动阐释；"鱼跃"更是一种超然的境界，它引领东校人把握时代脉搏，攀登时代高峰，是放眼未来、不懈超越的真实写照。上海中学东校延承上海中学"龙门精神"，结合临港地区时代发展和地域特色，把学校的办学理念确立为"向着无限可能腾飞"。为此，学校提出如下教育哲学：鱼跃教育。这一教育哲学有着深刻的内涵。

——"鱼跃教育"即敢为人先的教育。"鲤跃龙门"可喻为勠力拼搏、砥砺奋进、敢想敢干、敢于筑梦的品质，这与当今临港地区拓荒耕耘、锐意蜕变的气概有着异曲同工之妙，它又与新时代赋予青少年的使命不谋而合。青少年的成长之路常充满荆棘，而教育就是要让他们能够志向高远，追求上进，学会突破困境，挑战自我，勇于争先，最终无畏前行。少年兴则国家兴，少年强则国家强。青少年是社会中最具有创造性的群体，是社会建设与发展的助力，应该有着勇于担当、无畏前行的勇气；敢爱敢拼，敢试敢为，焕发出蓬勃的朝气。

——"鱼跃教育"即动态立体的教育。学校教育的内容不是课本上静态和孤立的知识，它随着时代变迁和社会发展，呈现出动态立体的样貌。对此，学校一方面致力于"教育场"的建设，借助校内外资源，打造深度的"思维场"、开放的"生活场"以及真实的"体验场"，让学生在动态的场内，激发潜能，培养兴趣，找到适合自己的成长空间和努力方向；另一方面，学校致力于教师"教育场"的打造，坚信教师人格的正向影响，坚持言传身教，努力对受教育者施加积极向上的影响。让学生在动态的沟通交往中，寻找榜样，坚定理想，形成和谐共生的氛围。通过这两个方面，组成动态立体的教育。

——"鱼跃教育"即求真务实的教育。"求真"是人类改造客观世界的认识手段，其目的在于获得现实生存与发展的有利条件。"求真"是"务实"的基础，要使"务实"真正落实，离不开具体的实践。在教育领域，"求真务实"不仅是一种态度，更是一种价值追求。陶行知先生有言："千教万教，教人求真；千学万学，学做真人。"学校教育要不断寻觅真相，寻求真理，寻找真我，同时追求实实在在、脚踏实地、真抓实干的作风，决不脱离实际、华而不实。只有这样，才能实现"鱼跃龙门"的壮举，而非成为一句空谈。

——"鱼跃教育"即厚积薄发的教育。"鱼跃龙门"并不是毫无准备地一步登天，因为每一条成功跨越龙门的鲤鱼都历经不止一次的努力和尝试，每一次挫折和失败，都是为下一次的冲击奠定基础。同样，教育决不能急功近利，而是要静待花开。然而静待并非无所作为，而是要在长期的沉潜中，聚焦基础的夯实和规范的养成，重视挫折的正向引导，从而让学生不断汲取并积蓄生长的力量。只有这样，才能逐渐形成稳固的实力，进而得到质的突破——这就是厚积薄发的教育。学生历经"强基础"和"强规范"的陶冶，积攒了信心，积存了实力，积累了经验，只待一日跨越龙门时,不露破绽,终能化而为龙,所向披靡。

为此,学校秉持如下教育信条:

我们坚信,

教育就是超越;

我们坚信,

每个生命都不甘平庸;

我们坚信,

向着无限可能腾飞是教育最美的姿态;

我们坚信,

学校是孵化梦想,磨砺意志,进阶能力的空间;

我们坚信,

教师是点化生命,助力跨越的责任人和执行者;

我们坚信,

给予每一个生命鱼跃龙门的力量是我们教育的使命。

## 二、课程理念

在"向着无限可能腾飞"的办学理念以及"为学生终身发展奠基,为教师和谐成长赋能"的办学宗旨的引领下,学校提出如下课程理念:给予每一个生命鱼跃龙门的力量。其具体内涵如下。

——课程即生命的眷注。教育是思想与思想的碰撞,是心灵与心灵的相遇,是生命与生命的对话。因此,"鱼跃教育"课程主张眷注生命的教育。华东师范大学叶澜教授曾说过:"教育是直面人的生命,提高人的生命,为了人的生命质量而进行的社会活动,是以人为本的社会中最体现生命关怀的一种事业。"对此,我们认为,眷注生命的教育不仅要给予每个生命温情和关怀,要注重生命的每一阶段的陶养,更要让每个生命认识到生命是什么,生命为什么,懂得生命做什么,唤醒生命的意识,追求生命的意义,收获生命的体验,提升生命的境界,最终升华为生命的情怀。只有这样,他们才能有"鱼跃龙门"的内驱力和"化鱼为龙"的崇高信仰。

——课程即力量的给予。自古登龙门非易事,为此我们要给予每一个生命鱼跃龙门的力量。我们的课程不仅仅是传授知识的课程,我们还要给知识注入生命,用经验激活知识,用思维建构知识,用情感丰富知识,用心灵感悟知识,用想象拓展知识,让知识变得鲜活生动,才能使课程具有无限的力量,才能让课程助力学生登跃龙门。对此,学校必须立体地、全方位地、多渠道地去探索新时代的教育发展方向。同时,每一位教师都必须以更高的专业水平,更先进的教育理念来设计和创建课程,赋予学生取之不尽的力量。只有这样,当学生面对风高浪急,甚至惊涛骇浪时,才能勇毅笃行。

——课程即个性的生长。每个人在对客观现实进行反应时,都表现出不同的行为特点和方式,这些不同的特点和方式构成了个性差异。尊重个性差异是教育工作的重要内容。我们认为尊重个性差异,才能促进素养的提升。课程设计要注重个性化和差异化,以适应不同学生的需求。学校不断创新,构建资优生主题发展课程体系,旨在培养学生的创新思维和实践能力。强调在快乐的氛围中,充分挖掘学生的潜能,通过多样化的教学方式,使每一个学生都能发现自己的才华并将其发挥到极致,以培养出类拔萃的精英人才。

——课程即内在的超越。超越的本质是突破自身的困境或瓶颈,进而发现自身存在的无数可能性。因此超越是一种内在的追求,是对自身潜力和能力的信任和探索。我们开发各类课程,不仅是为了提升学生某一方面的能力或形成某一种素养,还要让学生在课程中发现自己的天赋和潜能,进而从一个微观和具体的领域着手,循序渐进地提升自己各方面的能力并形成多方面的素养。这样聚少成多,引发质变,必能获得突破瓶颈的能力,最终一招制胜,完成超越。因此,内在的超越是主动的超越,是多方面的超越,是高层次的超越。

基于以上的理念,学校的课程模式命名为:"跃龙门课程"。学校倡导"鱼跃教育",追求奋进当先的姿态,坚守"向着无限可能腾飞"的办学理念,精心设计学校的课程内容,开展有意义的课程实践,让"给予每一个生命鱼跃龙门的力量"课程理念成为学生成长和发展的基石,让"鱼跃教育"在东校学生的成长过程中发扬光大。

## 第三节　做鱼跃龙门的追梦人

### 一、育人目标:做鱼跃龙门的追梦人

在"向着无限可能腾飞"办学理念的引领下,学校全面贯彻落实"鱼跃教育"的哲学思想,聚焦"为学生终身发展奠基,为教师和谐成长赋能",构建"跃龙门课程"体系,实现做鱼跃龙门的追梦人的育人目标。具体目标如下:

有梦想，会做人，能超越本我；

有追求，会生活，会超越自我；

有智慧，会学习，敢超越超我。

## 二、课程目标

为了实现做鱼跃龙门的追梦人的目标，学校结合教育部《义务教育课程方案（2022年版）》和《普通高中课程方案（2017年版2020年修订）》的要求，从学校的办学理念出发，按照年级分别制定了详细的课程目标，具体见表1-1。

表1-1 "跃龙门课程"目标表

| 育人目标<br>年级要求 | 有梦想,会做人,能超越本我 | 有追求,会生活,会超越自我 | 有智慧,会学习,敢超越超我 |
| --- | --- | --- | --- |
| 六年级 | 1. 能理解与中外优秀文化有关的图片、短文,发现和感悟其中蕴含的人生哲理,有将语言学习与做人、做事相结合的意识和行动,体现爱国主义情怀和文化自信。<br>2. 在互联网和物联网应用中,知道数据安全防护的常用方法和策略,保护个人隐私,尊重他人隐私。了解自主可控对国家安全以及互联网和物联网未来发展的重要意义。<br>3. 理解社会主义核心价值观的内涵,在日常生活和社会活动中积极践行。 | 1. 能围绕相关主题,运用所学语言,与他人进行简单的交流,表演小故事或短句;对开展跨文化沟通与交流有兴趣,能与他人友好相处。<br>2. 崇尚科学精神、原创精神,具有将创新理念融入自身学习、生活的意识。<br>3. 树立用法律保护个人生命财产安全的意识,知道违法要承担责任,形成守法意识。<br>4. 具有基于事物的结构、功能等展开想象的能力,能运用重组思维、发散思维、突破定势等创造性思维的基本方 | 1. 能领悟基本语调表达的意义;能理解日常生活中运用所学语言直接传递信息的交际意图。<br>2. 根据学习与生活需要,有意识地选用信息技术工具处理信息。<br>3. 了解未成年人的权利,提升自我法治素养,培养"学法、知法、守法、用法"意识。<br>4. 知道利用技术与工程能提高生产效率和工作效率,知道技术与工程对科学发展有促进作用,知道简单工程存在一定的约束条件及验收标准。<br>5. 在集体劳动中团结 |

| 育人目标\年级要求 | 有梦想,会做人,能超越本我 | 有追求,会生活,会超越自我 | 有智慧,会学习,敢超越超我 |
|---|---|---|---|
| | 4. 初步具备崇尚真知、独立思考、大胆尝试等科学品质。 | 法,能进行初步的创意设计,并利用影像、文字或实物表达自己的创意。<br>5. 能结合校园现实生活创编校园微电影,将不同学科的知识融为一体,增强综合探索与学习迁移的能力。 | 协作,提升与他人合作劳动的能力。在劳动过程中自觉遵守劳动纪律,形成诚实劳动、合法劳动的意识。 |
| 七年级 | 1. 能自尊自爱,正确认识自我,关爱他人,尊重他人,有社会责任感,能欣赏和鉴别美好事物,形成健康的审美情趣,有正确的价值观和积极向上的情感态度,有自信自强的良好品格,做到内化于心,外化于行。<br>2. 了解中华优秀传统文化的主要代表性成果及其意义,为中华民族创造的文明成就感到自豪。<br>3. 能够增进热爱家乡、热爱祖国的情感,形成人类命运共同体意识。 | 1. 能初步理解人类命运共同体和全人类共同价值的概念,能用所学语言描述文化现象和文化差异,表达自己的价值取向,认同中国文化,树立国际视野,具有比较、判断文化异同的基本能力。<br>2. 体验互联网交互方式,感受互联网和物联网给人们的学习、生活和工作方式带来的改变。<br>3. 理解社会主义核心价值观的内涵,在日常生活和社会活动中积极践行。<br>4. 能分析、解释模型所涉及的要素及结 | 1. 能识别不同语调与节奏等语音特征所表达的意义;能听懂发音清晰、语速较慢的简短口头表达,获取关键信息,积累日常生活中常用的习惯用语和交流信息的基本表达方式。<br>2. 主动学习互联网知识,增强数据安全意识,进行安全防护。<br>3. 能说出生命系统的构成层次,认识生命系统的层次性、开放性和复杂性,初步形成生物体的结构和功能、物质与能量、稳定与变化、进化与适应的 |

| 育人目标 年级要求 | 有梦想,会做人, 能超越本我 | 有追求,会生活, 会超越自我 | 有智慧,会学习, 敢超越超我 |
|---|---|---|---|
| | | 构,解释并模拟相关的科学现象和过程,展示对相关概念、原理、系统的理解,思考和表达事物整体与局部的关系。 5. 在劳动中主动克服困难,初步形成不怕辛苦、积极探索、追求创新的精神。 | 观念。 4. 能利用不同的工具和材料,制作或创作工艺品,体会传统工艺守正创新的内涵与意义。 |
| 八年级 | 1. 能多角度、辩证地看待事物和分析问题。 2. 懂得自律,诚实守信,能够得体地与人交往,团结互助,能够友好地与他人相处,学会合作。 3. 把握习近平新时代中国特色社会主义思想的核心要义,树立中国特色社会主义道路自信、理论自信、制度自信、文化自信。 4. 感受语言文字的丰富内涵,对国家通用语言文字具有深厚感情。 5. 热爱中国音乐文化,能从中汲取民 | 1. 有积极主动的学习态度和较强的自信心,能主动参与课内外各种英语实践活动,注意倾听,勇于克服困难,主动学习并积极使用现代信息技术,具备初步的信息素养。 2. 维护公共秩序,讲社会公德,爱护公共财物,在公共生活中做一个文明的社会成员。 3. 能灵活运用二维方式展现三维空间的物体,形成事物动态变化的图景;掌握分析与综合、比较与分类、抽象与概括、归纳与演绎、 | 1. 能制订明确的英语学习目标和计划,合理安排学习任务,主动预习和复习,能整理所学内容,把握重点和难点,能主动反思英语学习中的进步与不足,根据问题查找原因并加以解决。 2. 了解法律对个人生活、社会秩序和国家发展的作用,理解法治的本质及特征。 3. 知道不同层次的天体系统,认识地球所处的宇宙环境,能运用太阳、地球和月球的相对运动 |

| 育人目标<br>年级要求 | 有梦想，会做人，<br>能超越本我 | 有追求，会生活，<br>会超越自我 | 有智慧，会学习，<br>敢超越超我 |
|---|---|---|---|
|  | 族文化智慧，坚定文化自信，领略世界音乐文化的多样性，包容不同音乐的表达方式，尊重文化差异。 | 联想与想象等基本的思维方法。<br>4. 能够尝试运用史料说明历史问题，学会根据可信史料对历史进行论述，初步形成重证据的意识和处理历史信息的能力。 | 解释相关的自然现象，初步形成人地协调的观念。<br>4. 初步了解人类社会形态从低级到高级的发展趋势。能够将唯物史观运用于历史学习，结合史实进行阐述和说明。 |
| 九年级 | 1. 有好奇心、求知欲，崇尚真知，勇于探索创新，养成积极思考的习惯。<br>2. 正确对待人工智能带来的伦理与安全挑战，在网络应用中，能体会信息传输过程中协议的作用，识别网络谣言和不良数据。<br>3. 体会中华文化的源远流长与博大精深；理解中华优秀传统文化的核心思想理念、人文精神和传统美德，弘扬民族精神，具有强烈的民族自豪感。<br>4. 能够养成在实践活动中乐于合作、勇于克服困难等品质。 | 1. 能在教师引导下，尝试欣赏英语歌曲、韵文的音韵节奏，有将语言学习和做人、做事相结合的意识和行动。<br>2. 合理选用人工智能，比较使用人工智能和不使用人工智能处理同类问题效果的异同。主动利用数字设备开展创新实践活动。<br>3. 掌握并应用重组思维、发散思维、突破定势等创造性思维的基本方法，能基于科学观念和科学方法，从多角度提出具有新颖性和合理性的观点。 | 1. 能在学习活动中积极与他人合作，共同完成学习任务，能在学习过程中积极思考，主动探究，发现并尝试使用多种策略解决语言学习中的问题，积极进行拓展性运用。<br>2. 正确认识自己，能够自我反思，不断完善自我，保持乐观的态度，学会合作，树立团队意识。<br>3. 知道现代技术与工程具有系统性和复杂性，知道科学对技术与工程具有指导意义，知道工程需要经历明确问题、设计方案、实施计划、检验作品、改 |

| 年级要求＼育人目标 | 有梦想,会做人,能超越本我 | 有追求,会生活,会超越自我 | 有智慧,会学习,敢超越超我 |
|---|---|---|---|
| | 5. 多角度观察生活,发现生活的丰富多彩,能抓住事物的特征,为写作奠定基础。表达自己对自然、社会、人生的感受、体验和思考,力求有创意。<br>6. 强化诚实劳动的劳动习惯和品质,形成劳动效率意识和劳动质量意识。<br>7. 在与他人合作交流解决问题的过程中,能够严谨、准确地表达自己的观点,并能较好地理解他人的思考方法和结论。 | 4. 能利用图书馆、网络搜集自己需要的信息和资料,帮助阅读。<br>5. 感受经典名著的艺术魅力,丰富自己的精神世界。<br>6. 能将影视与其他艺术学科,以及信息科技等课程的学习相结合,将影视艺术思维、数字媒体艺术思维、信息思维和科技思维等进行综合融通,开展创意活动,提升审美和人文素养。<br>7. 初步具有为社会发展和国家建设付出辛勤劳动的意愿,形成不畏艰辛、锐意进取、精益求精、不断创新的精神。 | 进完善、发布成果。<br>4. 掌握中外戏剧艺术史的基本常识,初步认识中外戏剧艺术的不同文化背景,尤其是了解中国戏曲艺术所具有的独特的审美特征,坚定文化自信。<br>5. 能够回顾解决问题的思考过程,反思解决问题的方法和结论,形成批判性思维和创新意识。 |
| 高一年级 | 1. 具有理想信念和社会责任感,初步形成正确的世界观、人生观和价值观。热爱祖国,拥护中国共产党。<br>2. 弘扬中华优秀传统文化,继承革命文化,发展社会主义 | 1. 掌握适应时代发展需要的基础知识和基本技能,丰富人文积淀,发展理性思维,不断提升人文素养和科学素养。<br>2. 坚持锻炼身体,养成积极健康和行为 | 1. 具有强烈的好奇心、积极的学习态度和浓厚的学习兴趣。<br>2. 能够自主学习,独立思考,形成良好的学习习惯和适合自身的学习方法。 |

| 育人目标<br>年级要求 | 有梦想,会做人,<br>能超越本我 | 有追求,会生活,<br>会超越自我 | 有智慧,会学习,<br>敢超越超我 |
|---|---|---|---|
| | 先进文化,培育和践行社会主义核心价值观,增强文化自信。<br>3. 树立为中国特色社会主义、人民幸福、民族振兴和社会进步作贡献的远大志向。 | 习惯与生活方式,珍爱生命,强健体魄。 | |
| 高二年级 | 1. 具有科学文化素养和终身学习能力。<br>2. 遵纪守法,履行公民义务,行使公民权利。维护社会公平正义,具有法治意识、道德观念。热心公益、志愿服务,具有奉献精神。 | 1. 自尊自信自爱,坚韧乐观,奋发向上,具有积极的心理品质。具有发展、鉴赏和创造美的能力,具有健康的审美情趣。<br>2. 学会独立生活,热爱劳动,具有社会适应能力。 | 敢于批判质疑,探索解决问题,勤于动手,善于反思,具有一定的创新精神和实践能力。 |
| 高三年级 | 1. 具有自主发展能力和沟通合作能力,正确认识自我,具有一定的生涯规划能力,历练敢于担当、不懈奋斗的精神。 | 1. 学会交流与合作,具有团队精神和一定的活动组织能力,具备全球化时代所需要的交往能力。<br>2. 尊重和理解文化的多样性,具有开放意识和国际视野。 | 学会获取、判断和处理信息,具备信息化时代的学习和发展能力。 |

## 第四节　设计有力量的学习经历

学校以"鱼跃教育"为导向,为满足学生全面发展、整体发展和个性发展的需求,致力于实现培养学生奋勇向上的优秀品质的育人目标,提供适应学生需求的整体课程结构,培养学生成为未来民族希望和国家栋梁之材所需要的最基本素养,建构了学校课程框架结构与体系。"有质量"的学校课程体系建设,为学生设计有力量的学习经历,力求以专业的课程引领和课程实施满足学生发展的个性化、差异化需求,让每一个学生都能实现特长发展、个性发展。

### 一、学校课程逻辑

基于"给予每一个生命鱼跃龙门的力量"的课程理念,"跃龙门课程"的逻辑图如下,见图 1-2。

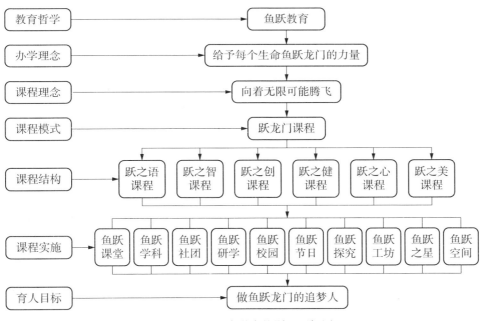

图 1-2　上海中学东校课程逻辑图

### 二、学校课程结构

为促进学生全面而有个性地发展,学校"跃龙门课程"包含"跃之语课程、跃之智课程、跃之创课程、跃之健课程、跃之心课程、跃之美课程"等六大课程领域,见图 1-3。

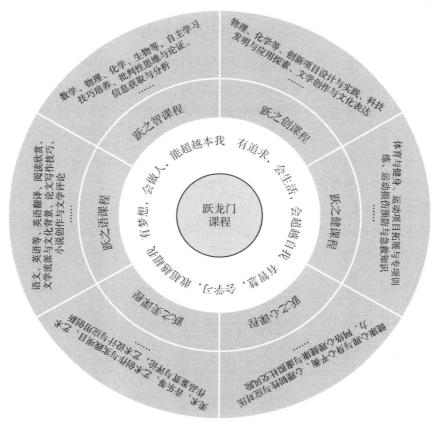

图 1－3　上海中学东校课程结构图

上图中,学校将国家课程、校本课程整合为六大板块,形成了多彩的"跃龙门课程"。"跃龙门课程"给予每一个学生鱼跃龙门的力量,引领学生向着无限可能腾飞。

1. 跃之语课程:"跃之语"中的"语"指语言课程,关注的是学生的语言与表达。语文与英语这两门学科指向的都是语言文字的运用与表达,培养学生的语言与交流能力。学校"跃之语"课程主要是国家课程中的语文与英语学科,课程严格按照上级要求完成国家规定的基础课程。语文和英语学科还积极开展各类内容丰富多彩的拓展课程,旨在全方位培养锻炼学生的语言和表达能力。语文和英语学科都有大量涉及文化类和语言类的拓展课程。例如,把课本中的叙事性文章改编成戏剧形式,鼓励创意表达,大单元学习主题,体现项目式学习与跨学科融合思想。语文课堂上进行"我心目中的英雄"的演讲,以语言为载体,利用历史故事、英雄楷模等加强对国家的了解,促进学生的国家认同,唤醒爱国热情和圆梦动力,弘扬和培育民族精神,增强文化自信。语言课程内容包括指导学生现代诗朗诵和写作的"诗社(创作班)""诗社(朗诵班)""话剧社""英语趣配音""VOA 听力""英语舞台剧""玩转英语课本剧"等。文化类课程则更加多样,如"中国戏曲史简介""汉字文化""漫威超级英雄的文化映射""漫谈唐诗史""英美概况"等。通过这些内容丰富的课程,学生扩展了视野,丰富了知识,陶冶了情操,了解了中外文化,增强了文化自信。无论是 2017 年高中课标还是 2022 年义务教育课标,都突出学习的"情境性""实践性"。课程内容贴近学生真实生活;课程形式活泼有趣;上课地点灵活多变。"跃之语"课程夯实"基础",重视"拓展",重视语文和英语课程的基础性,课程中关注"听说读写"。校本课程中每周安排"竞赛班""高阶班""提高班",关注每个阶段学生的学情,给予分层拓展。拓展课程中有关注学科重点知识的"怎么写好考场作文""课外文言文讲练""中考语文现代文阅读能力提升""英语自然拼读与听力训练""主题阅读与写作"等,也有学生感兴趣的《哈利·波特》原著小说鉴赏""英语影视赏析与配音""《西游记》十二讲"等丰富有趣的课程内容。

2. 跃之智课程:"跃之智"课程中的"智"指文理相通,将上述人文类课程融入于此;理科课程,关注的是学生的逻辑与思维。数学、物理、化学等学科指向的都是逻辑能力与思维提升,培养学生的科学精神,所以"跃之智"中的理科课程主要是国家课程中的数学、物理、化学等学科以及其他学科课程中的相关内容。"跃之智"课程内容丰富,严格按照上级要求完成国家规定的基础课程,积极开展丰富多彩的拓展和探究类课程,旨在全方位培养学生的逻辑能力和相关学科核心素养。逻辑与思维能力是人类智慧的核心之一,它是指人们对世界进行认知、理解和处理时所运用的一系列复杂的心智活动。这种能力包括但不限于观察、比较、分析、综合、抽象、概括、判断或推理等过程。通过逻辑思维,人们能够理清复杂的问题,找到解决问题的途径,做出理性的决策,推动科学、技术、文化等领域的发展进步。科学家们普遍认为,逻辑思维在解决科学问题的过程中起着至关重要的作用。基于以上原因,学校的科学课程(数学、物理、化学等课程以下简称科学课程)不仅有扎实的基础课程,同时开设科学探究课程、数学建模课程、科学拓展课程等。例如,各学科的联赛班、培优班,旨在为学生提供更广阔的知识海洋,并邀请数学、物理、化学、生物等方面的资深专家教授定期开展讲座。同时,学校开设了理科建模选修课,并配合学农活动"田野调查"优秀课题答辩活动开展理科建模实践活动,学生在实践中实现了"跃之智"的飞跃,鼓励学生参与上海市数学建模联校活动并取得了突出的成绩。在拓展课程方面,学校开设了概率论与数理统计初步、TI 图形计算器探索之旅、微积分初步、数学文化与数学史、生活中的博弈论、中国传统智力玩具的探究、统计问题选讲、正方形折纸、生物学前沿进展、DIS 实验的深度应用——物理研究、三维设计与打印、生活中的生命科学、物理定律背后的故事、物理学家小传、一根绳子有多长、不一样的化学、基于生活情境的化学实验探究、不简单的物理实验、光催化二氧化碳实验研究、高中化学气相色谱初步、肥皂中的化学奥秘、玩转逻辑等课程,通过丰富多彩的选修课为学生提供科技创作的舞台,培养学生创新的个性品质、创新的思维方法,创新技能和方法,实现"跃之智"的课程目标。

3. 跃之创课程:"跃之创"课程激发了学生的好奇心、想象力、探求欲。习近平总书记在中共中央政治局第三次集体学习中指出"要在教育'双减'中做好科学教育加法,激发青少年好奇心、想象力、探索欲,培育具备科学家潜质、愿意献身科学研究事业的青少年群体",注重引导学生开展创造性劳动、日常性劳动体验与劳动能力。上海市教委在《关于印发上海市中小学 2023 学年度课程计划及其说明的通知》中提到"初中探究性课程落实综合实践活动要求,侧重跨学科研究性学习、社会实践,建议以跨学科主题学习的形式进行"。整合国家课程中的信息技术、物理和科学等学科,关注科学创新与科技探索,实施跨学科项目化学习。上海中学东校是以科创教育为特色之一的完全中学,目前是上海市普通高中新课程新教材实施研究与实践项目学校。学校建立空天数字科技馆、航模体验馆、元宇宙、工业机器人、无人机、ROBOT-AI、宇航探索与前沿信息技术、3D 打印等多个创新实验室。依托上海交通大学、上海海洋大学、上海电机学院、上海科技大学、中国科学院微小卫星创新研究院等院校,构建具有科创特色的系列课程,促进学生个性化学习和综合素质提升。每学期邀请各学科领域的专家、学者面向师生开展科普讲座。通过探访参观科普场馆、高校实验室、科创企业等,开展学生研学活动和研学任务。每学期由学校各学科老师开展适合不同年级、不同爱好学生的校本科创课程。学生在体验、实践的过程中浸润科创意识与劳动意识,提升劳动能力。

4. 跃之健课程:"跃之健"课程中的"健"指的是身心健康,学生通过课程的学习,掌握科学的运动方式;提升身心健康水平,培养体育精神、创新意识和体育实践能力。"跃之健"课程内容丰富,严格执行国家教育部制定的《体育与健康课程标准》,除此之外,还积极开展各种形式多样、内容丰富的拓展和专项类课程,旨在提升学生身心健康水平,发扬体育精神,增强社会责任感和规则意识。例如,高中开设了"专项化"课程:足球、篮球、乒乓球、羽毛球、健美操和赛艇6个项目,专项化教学在体育教学中具有重要意义。通过学习不同的技能,学生可以发展他们的协调性、力量和耐力等素质,从而促进他们的全面发展。再如,设有内容丰富的拓展课程:初中的龙舟课程、柔道课程、射箭课程;高中的赛艇课程、体育舞蹈课程等。通过这些内容丰富的课程,提升了学生的核心素养、增强了学生的身心健康水平。参加这些团队体育活动,还可以塑造学生良好的体育品格,发扬团队体育精神,增强社会责任感和规则意识。在目前"新课标、新教材"的教学背景下,单一的技术教学已被淘汰,取而代之的是大单元教学。大单元教学强调的是将学科知识进行整合,形成具有逻辑性和系统性的"大单元",旨在帮助学生更好地理解和掌握学科知识,提高学习效率。"跃之健"课程将传统的教材内容进行重新整合,形成一个或多个大单元,涵盖多个领域或章节的知识点。同时,每个大单元都有一个清晰的结构,从导入到展开再到总结,环环相扣,逐步推进。例如:龙舟大单元课程,从预备划桨、起航、途中到冲刺等,激发了学生的兴趣和积极性。除了传统的体育课和专项课以外,还组织学生进行了形式多样的比赛,如:田径运动会、篮球3对3比赛、篮球5对5比赛、乒乓球比赛、拔河比赛等。"跃之健"课程特色突出,有着自己的鲜明亮点——"活力满满"。学校的赛艇、龙舟、柔道都是上海市特色项目,同时,上海中学东校也是上海市高中学校体育"一条龙"乒乓球项目龙头学校。通过课程的学习,学生能够树立健康观念,形成健康文明的生活方式;遵守体育道德规范和行为准则,塑造良好的体育品格,发扬体育精神,增强社会责任感和规则意识。

5. 跃之心课程:"跃之心"课程分为自我与社会两部分。课程名称分别为道德与法治课及心理课,两部分互为补充。道德与法治课旨在指导学生理解社会主义核心价值观的内涵及其重要意义,在日常生活和社会活动中自觉践行,坚定道路自信、理论自信、制度自信、文化自信,能够在生活和学习中自觉维护国家主权尊严和利益,树立为中华民族伟大复兴而奋斗的理想;树立法治观念,遵守基本的社交礼仪,理性维护社会公德,言行一致,团结同学,宽容有爱;维护公共秩序,讲社会公德,爱护公共财物,在公共生活中做一个文明的社会成员;引导学生养成健康文明的生活方式,懂得生命的意义和价值,热爱生活;全面认识自己,了解并悦纳自己的个性、能力特点,养成自尊、自信的人生态度;向内能与情绪友好相处,向外能与环境、人际和谐共处,具有良好的沟通能力,学会合作,树立团队意识。心理课旨在帮助学生掌握学习科学规律,制定合理的目标和生涯规划,并调动资源向目标和方向积极前进,用成长型思维应对挫折和困难,发挥潜能,心态平和,与他人和谐相处,积极向上。另外,基于多元智能理论中的人际沟通智能和自我认识智能的内涵,根据上海中学东校寄宿制的实际情况,"跃之心"课程尤其重视起始年级环境适应的能力。在国家课程的基础上增加或者着重进行生命教育(尊重生命、爱惜生命等)、环境适应(寄宿制度、开学适应、熟悉校园等)、自我认识与悦纳(个性特点、优缺点、兴趣爱好等)、人际交往(人际合作、友情、亲情、师生关系等)、与情绪友好相处(认识情绪、接纳情绪、调节情绪等)、学习与考试心理(记忆规律、自控力、压力应对、时间管理等)、生涯规划(生涯感知、认识职业、生涯访谈等)、心理健康常识科普等课程。

6. 跃之美课程:"跃之美"课程中的"美"指学校美育课程,旨在通过美术、音乐、舞蹈等艺术课程教育,引导学生感受美、欣赏美、鉴赏美、体验美、创造美,形成健全的人格和美好的心灵。课程依据国家艺术课程标准,立足地方课程,结合校本课程,积极实施校园美育浸润行动。以学生审美发展为中心,注重个性化成长;以审美教育为核心,注重情感化体验;以实践活动为载体,注重创新能力培养。通过美育课程的学习,使学生掌握基本的审美知识和技能,培养正确的审美观念和审美能力,提高学生的艺术素养和文化素养,促进学生的全面发展。"跃之美"课程立足美育课程和艺术实践活动两个方面。开设的美育课程有绘画、雕塑、摄影、音乐、舞蹈等基础性课程,以课堂教学为抓手,做好艺术教育的普及工作。同时,根据学校校情积极开发校本课程,开设了"碑帖拓片""合唱"等校本课程。近年来,先后开设"小幅油画风景""黑白木刻""篆刻""扎染""合唱""室内乐合奏""音乐欣赏"等拓展型课程,通过课堂教学,以艺促智、以艺育德,提高学生的审美素质和艺术修养。此外,学校定期组织学生开展丰富多彩的课余文艺活动,针对不同年级学生开展不同层次的艺术实践。例如:预初、初一年级的"彩绘京剧脸谱""彩绘油纸伞"等现场绘画活动,初二年级的"手绘 T 恤"美术展览活动,初三年级的艺术节大合唱展演活动等。以校管弦乐团、舞蹈团为抓手,为学生艺术特长发展搭建平台;以校园艺术节、音乐会、艺术展览为途径,展示学生艺术才华;让学生在艺术活动中感受艺术的魅力,提高审美素养,提升艺术实践能力和创新能力。通过与上海海事大学等区域内高校、艺术机构的文化交流活动,拓宽学生的国际视野,提高学生的跨文化交流能力。同时,还建立科学的美育评价机制,通过评价反馈及时调整美学教育的方式,提高美学教育质量。

上述每一类课程都包含了国家课程、校本课程的内容整合。每一类课程中所包含的课程均按照学科特点进行归类。例如,数学与物理这两门学科都体现对逻辑与思维能力的培养,激发探索抽象世界的欲望,因此将二者划归于"跃之智"课程是比较科学的。通过国家必修课程实现对学科教学的任务要求,通过校本课程激发不同学生的各种潜能,培养学生奋勇向上的优秀品质,为祖国培养综合性优秀人才,实现"鱼跃教育"。

## 三、学校课程设置

立足学生需求,结合学校课程资源,对课程内容体系进行系统设置,详见表1-2。

表1-2 上海中学东校课程设置表

| 年级 | 学期 | 跃之语课程 | 跃之智课程 | 跃之创课程 | 跃之健课程 | 跃之心课程 | 跃之美课程 |
|---|---|---|---|---|---|---|---|
| 六年级 | 上 | 语文、英语等、现代诗朗诵、探索语言的奥秘 | 数学、科学等、科学家传记、科学故事汇 | 科学、探究、创意机器人、创意启蒙与想象 | 体育与健身、基础体能训练与运动技能提升 | 心理、情绪管理与自我认知、社交技能与人际关系 | 美术、音乐、视觉艺术探索与创意表达、手工制作 |
| | 下 | 语文、英语等、理解与表达、创意写作、故事编排 | 数学、科学等、速算拓展、逻辑思维训练营、创意思维拓展 | 科学、探究、小发明与创造力训练、组合拼图与创意设计 | 体育与健身、团队合作与游戏项目、健康生活与身体保健知识 | 心理、社交技能与人际关系、心理健康与压力释放技巧 | 美术、音乐、手工制作与美术设计、艺术欣赏与文化传承 |

| 年级 | 学期 | 跃之语课程 | 跃之智课程 | 跃之创课程 | 跃之健课程 | 跃之心课程 | 跃之美课程 |
|---|---|---|---|---|---|---|---|
| 七年级 | 上 | 语文、英语等、现代诗歌创作、文学欣赏与鉴赏、议论文写作技巧 | 数学、科学、历史等、数学文化赏析、科学工艺作品制作 | 科学、地理等、创意思维与问题解决、手工制作与创意工艺 | 体育与健身、运动技能深化与战术训练 | 心理、自我价值观与自尊心培养、情绪调节与情绪表达 | 美术、音乐等、素描技巧训练、手工制作与创意工艺品 |
| | 下 | 语文、英语等、文学欣赏与鉴赏、议论文写作技巧、情感表达与诗歌创作 | 数学、科学、历史等、批判性思维训练、问题解决与技能培养 | 科学、地理等、创新游戏与趣味挑战 | 体育与健身、体育竞技与比赛模拟、营养与健康饮食指导 | 心理、情绪调节与情绪表达、友谊与团队合作 | 美术、音乐等、艺术作品鉴赏与评价、艺术思维与创造性表达 |
| 八年级 | 上 | 语文、英语等、古诗词朗诵、文化探索与历史故事 | 数学、物理、历史、生命科学等、综合思维与跨学科探究 | 物理、无人机、机器人、创意写作与故事编排 | 体育与健身、体能训练与身体素质提高、体育赛事与竞技锻炼 | 心理、如何应对挫折、情感管理与情绪调节 | 美术、音乐等、艺术表现与创作实践、艺术设计与手工制作 |
| | 下 | 语文、英语等、议论文写作与辩论技巧、人物塑造与小说创作、团队合作与沟通技巧培养 | 数学、物理、历史、生命科学等、电影中的科学原理、数学建模、创业思维与实践项目 | 物理、无人机、机器人、电子制作与程序设计、视觉艺术与创意表达 | 体育与健身、体能训练与身体素质提高、心理健康与情绪管理技巧 | 心理、情感管理与情绪调节、人际交往与沟通技巧 | 美术、音乐等、艺术表现与创作实践、艺术文化与艺术家介绍 |

| 年级 | 学期 | 跃之语课程 | 跃之智课程 | 跃之创课程 | 跃之健课程 | 跃之心课程 | 跃之美课程 |
|---|---|---|---|---|---|---|---|
| 九年级 | 上 | 语文、英语等、诗词创作、文学经典解读与分析、议论文写作与辩论实践 | 数学、物理、化学等、科学小论文撰写、创新思维与设计、复杂问题解决与应变 | 物理、化学等、创新项目设计与实践、科技发明与应用探索、文学创作与表达 | 体育与健身、运动项目拓展与专项训练、运动技能综合应用与比赛策略 | 健康心理与身心平衡、心理韧性与应对压力、网络心理健康与虚拟社交风险 | 美术、音乐等、美术材料与工具应用、创意设计与手工艺品制作 |
| | 下 | 语文、英语等、文学经典解读与分析、议论文写作与辩论实践、创意写作与作品发表 | 数学、物理、化学等、复杂问题解决与应变训练、学科拓展与深化课程 | 物理、化学等、创新项目设计与实践、科技发明与应用探索、文学创作与文化表达 | 体育与健身、运动项目拓展与专项训练、运动损伤预防与急救知识 | 健康心理与身心平衡、心理韧性与应对压力、网络心理健康与虚拟社交风险 | 美术、音乐等、创意设计与手工艺品制作、艺术作品分析与批评 |
| 高一年级 | 上 | 语文、英语等、英语翻译、阅读欣赏、文学流派与文化背景、论文写作技巧、小说创作与文学评论 | 数学、物理、化学、生物等、自主学习技巧培养、批判性思维与论证、信息获取与分析 | 数学、物理、化学等、逻辑思维、创意思维与产品设计、科技创新与工程实践 | 体育与健身、运动训练与运动生理学基础、体育比赛与竞技心理调适 | 心理、心理健康与自我控制、心理卫生与心理疾病预防、心理适应与人际关系处理 | 美术、音乐等、绘画基础与色彩理论、创意设计与平面艺术 |
| | 下 | 语文、英语等、英语翻译、阅读欣 | 数学、物理、化学、生物等、自主学 | 数学、物理、化学等、逻辑思维、创 | 体育与健身、运动生理学基础、 | 心理、心理健康与自我控制、心 | 美术、音乐等、绘画基础与色彩理 |

| 年级 | 学期 | 跃之语课程 | 跃之智课程 | 跃之创课程 | 跃之健课程 | 跃之心课程 | 跃之美课程 |
|---|---|---|---|---|---|---|---|
|  |  | 赏、文学流派与文化背景、论文写作技巧、小说创作与文学评论 | 习技巧培养、批判性思维与论证、信息获取与分析 | 意思维与产品设计、创意媒体与影视制作 | 体育比赛与竞技心理调适、运动营养与体态管理 | 理卫生与心理疾病预防、心理适应与人际关系处理 | 论、艺术风格与艺术流派介绍 |
| 高二年级 | 上 | 语文、英语等、英语翻译、阅读欣赏、文学批评与文学理论、科研论文写作与实践 | 数学、物理、化学、生物等、综合分析与判断力训练、创新思维与实践项目 | 数学、物理、化学等、逻辑思维、创新企业与商业模拟、工程设计与制作实践 | 体育与健身、运动训练方法与科学训练计划、体育运动理论与战术分析 | 心理、心理健康与自我控制、心理健康与生活质量提升、情绪管理与压力调适 | 美术、音乐等、绘画技巧与创作方法、雕塑基础与立体艺术 |
|  | 下 | 语文、英语等、英语翻译、阅读欣赏、文学批评与文学理论、剧本创作与舞台表演 | 数学、物理、化学、生物等、综合分析与判断力训练、创新思维与实践项目 | 数学、物理、化学等、逻辑思维、创新企业与商业模拟、创意写作与出版实践 | 体育与健身、运动训练方法与科学训练计划、运动损伤康复与运动伤害预防 | 心理、心理健康与自我控制、情绪管理与压力调适、心理咨询与自我成长 | 美术、音乐等、艺术展览与现代艺术潮流 |
| 高三年级 | 上 | 语文、英语等、英语翻译、阅读欣赏、现代文学与社会话题、学术论文写作与 | 数学、物理、化学等、创业思维与企业模拟、复杂问题解决挑战、学科拓展与 | 数学、物理、化学等、逻辑思维、创新研究与学术论文写作、创业计划与实 | 体育与健身、运动训练科学与运动技术创新、体育运动管理与组织策划 | 心理、心理健康与自我控制、成长心理与职业规划、心理健康与学业压 | 美术、音乐等、艺术创作与实践项目、艺术作品鉴赏与评论、艺术设计与 |

| 年级 | 学期 | 跃之语课程 | 跃之智课程 | 跃之创课程 | 跃之健课程 | 跃之心课程 | 跃之美课程 |
|---|---|---|---|---|---|---|---|
|  |  | 研究、创意写作与出版实践 | 深化课程 | 践、艺术创作与展览实践 |  | 力管理、情绪调节与心理韧性培养 | 应用创新 |
|  | 下 | 语文、英语等、英语翻译、阅读欣赏、现代文学与社会话题、学术论文写作与研究、创意写作与出版实践 | 数学、物理、化学等、创业思维与企业模拟、复杂问题解决挑战、学科拓展与深化课程 | 数学、物理、化学等、逻辑思维、创新研究与学术论文写作、创业计划与实践、艺术创作与展览实践 | 体育与健身、运动训练科学与运动技术创新、体育运动与职业生涯规划 | 心理、心理健康与自我控制、成长心理与职业规划、心理健康与学业压力管理、情绪调节与心理韧性培养 | 美术、音乐等、艺术创作与实践项目、艺术作品鉴赏与评论、艺术设计与应用创新 |

## 第五节　让学习成为活跃的生命履历

在课程具体实施过程中,学校主要通过以下九种方式促进课程实施:建构"鱼跃课堂",提升课程实施质量;建设"鱼跃学科",强化学科课程特色;创设"鱼跃社团",发展学生兴趣爱好;推进"鱼跃研学",落实研学旅行课程;激活"鱼跃校园",开发环境隐性课程;丰富"鱼跃节日",浓郁文化教育氛围;做实"鱼跃探究",落实项目学习课程;做好"鱼跃工坊",上好劳动教育课程;创意"鱼跃空间",发展学生个性特长。如此,让孩子们的学习成为活跃的生命履历。

**一、建构"鱼跃课堂",提升课程实施质量**

"鱼跃课堂"首先应该包含聚焦学生行为、适合学生成长的教学目标,科学正确的教学内容,多元得体的教学方法;其次,应该是教师和学生心灵互相碰撞,互相用心倾听的课堂,通过课堂对话让各种思考和情感互相交流;再次,应该包含较高的思维层次、广阔的开放程度以及浓厚的文化意味。另外,应该基于课程标准和教材内容,且又符合学生的实际,让学生在收获知识和技能的同时,学会创造性地解决问题,在"鱼跃课堂"中不断地经历和体悟,不断地实现人的综合发展。总之,"鱼跃课堂"要以学生的发展为本,全面落实立德树人的教学任务。具体来说,这意味着教师应该从学生的需求和特点出发,设计符合其发展需求的教学内容和活动。教师应该注重培养学生的道德品质、思维能力和创新潜力,通过鼓励学生独立思考、合作探究等方式,促进其全面发展。同时,"鱼跃课堂"应该致力于营造积极向上的教育氛围,激发学生的学习兴趣和学习动力,引导他们积极探索、实践和创新。

"鱼跃课堂"在实践操作方面,依托国家课程标准,学校在课程结构上下足功夫,突出教学主线,统整教学内容,除了课程标准中的各类学科教学课程之外,还开设了符合自身办学实际的校本课程,如各类拓展课程及探究课程,这一做法旨在更好地满足学生的学习需求和多样化发展的需要,丰富学生的学习体验和提升他们的综合素养。

这些课程主要包括专题教育类、探究实验类、兴趣特长类和实践体验类等四大板块。专题教育类课程旨在深入探讨某一特定主题或领域,帮助学生深化对知识的理解和应用;探究实验类课程注重培养学生的实践能力和科学精神,通过实验和探究活动激发学生的好奇心和创造力;兴趣特长类课程针对学生的兴趣爱好和特长进行培养和引导,为他们提供个性化的学习空间;实践体验类课程则通过社会实践、参与性活动等形式,帮助学生将所学知识与实际生活相结合,培养他们的综合能力和社会责任感。通过以上课程板块的开设,学校统整现有的学校课程和教育内容,构建起更加完善的学校课程体系。这样的"鱼跃课堂"体系不仅能够满足学生的个性化需求,还能够促进他们的全面发展,培养他们的创新精神和实践能力,为其未来的学习和发展奠定坚实的基础。

教师是课程内容顺利开展的关键,为了落实"鱼跃课程"的各项指标,学校要求每一位教师都要根据教学大纲和学科要求,合理安排教学内容和教学活动,确保教学过程紧密围绕教学目标展开。在课程设计上,应该注重教学内容的层次性和逻辑性,合理组织知识结构,使之能够有机连接、相互补充。同时,教师还应该注重教学资源的优化利用,充分挖掘各类教学资源,为学生提供丰富多彩的学习体验。为了帮助和指导教师合理地开展教学工作,学校各学科教研组积极探索各类教研活

动,包括但不限于听评课、集体备课、主题学习、主题研修、专家报告等内容,在活动中教师们互相交流课堂教学心得,研讨教育教学方法,在互相学习中不断进步、不断成长。为了帮助年轻教师快速成长,学校积极搭建平台,每两周开展一次见习教师课堂教学培训,每一位见习期教师都有一位经验丰富的教学师傅指导教学,定期开展见习教师听评课活动,以期见习教师的课堂质量符合"鱼跃课程"的总体要求。学生是课堂的主体,也是教育工作开展的对象,学校非常重视学生的课堂表现和课堂反馈。通过各种渠道精细化地进行课堂跟踪,包括定期开展学生课堂满意度评价,对学生在课堂中可能遇到的各种困难进行问卷调查,邀请学生参与课堂教学相关的访谈,等等。对于在测评、问卷以及访谈中出现的问题,及时进行有效的沟通和解决。学校还开设各类展示平台,学生可以把自己课堂所学通过这些平台展示出来,如科技节中各类知识与趣味一体的活动,艺术节上学生精彩纷呈的表演活动,英语配音大赛中学生流利的语言,古诗文竞赛活动中学生学富五车的知识储备,速算小能手评选中学生智慧与速度的较量,说题大赛中学生娓娓道来的精彩演绎,等等,都是学生展现课堂所学的完美舞台。

**二、建设"鱼跃学科",强化学科课程特色**

各学科依托新课程标准和新教材,在双新背景下,建设"鱼跃学科",创设学科教学情境,设计适合学生身心发展的教学活动和相关任务。同时,以教研组为单位,设计适合本校学生学习的校本教材,开展多样的学科活动,强化学科课程特色,以提高学生自主学习的动力,发展学生思维,从而提升学生的核心素养和学科竞争力。建设"鱼跃学科",强化学科课程特色,我们的主要做法如下。

1. 依托双新,创设情境,强化课程特色。在双新背景下,创设教学情境、设计学习任务是当下课程设计的根基。上海中学东校充分发挥教师年轻化的优势,积极探索新的课堂形式,以情境任务为驱动,引导学生主动思考与表达,提升学生的学科素养。同时,在情境化测评方面,东校教师也进行了有效的探索。

2. 跨界融合,协同发展,强化课程特色。上海中学东校积极探索教育内容、教育方式、教育主体和教育空间等的跨界融合,协同发展。通过多主体、多系统、多层级的创造性实践,推动教与学的方式变革,培育师生创新创造能力,提升教育教学质量。比如语文学科,在教学实践中,不断发掘"书评跨界融合""文史哲跨界融合"等实践,努力打造语文学科特色,形成上海中学东校的教学品牌。

3. 校本读本，固本增效，强化课程特色。上海中学东校各学科以教研组为单位，依据新课程标准和新教材，积极编写适合本校学生的校本读本。比如《有趣的物理》《数学的美》《语文单元学习任务丛书》《英语学习》等。这些读本既有对教材的梳理与优化，也有对学科内容的延伸与拓展，能够帮助学生全面理解、运用学科知识，强基固本，提质增效。

4. 学科活动，异彩纷呈，强化课程特色。上海中学东校积极推动多种形式的学科拓展活动。学校每个学期都会开设几十门选修课供学生学习。选修课涵盖了文学、理学、金融、艺术、生活技能等多个方面，为学生提供了更广阔的学习空间，满足学生多样化的需求。同时，学校已经形成了"班级—年级—学校"的学科活动链以及跨学科合作活动的传统。这些活动，丰富了学生的校园生活，有助于提升教师和学生的创造力与团队合作能力。

### 三、创设"鱼跃社团"，发展学生兴趣爱好

依据学校的整体课程规划，尊重学生的兴趣、爱好和经验，挖掘各种资源，开设由专业老师指导、学生自主活动的丰富多样的社团课程和活动。"鱼跃社团"旨在让每一位学生在探究、实践、活动中拓展兴趣，发展潜能，培养合作能力，营造有活力、创造力、人文关怀、归属感的校园文化。

学校"鱼跃社团"涵盖了艺术、体育、科创、人文社科等四大类社团。艺术类社团包括表演、舞蹈、绘画、合唱、乐器等类型，旨在引导学生在艺术创作中发现美，发展想象力和创意，提升美学修养。体育类社团包括龙舟、射箭、篮球、羽毛球、跆拳道、击剑、围棋等活动，引导学生在亦静亦动的活动中提升身体素质，发展体育核心素养。科创类社团包括船模、三维打印、编程、数学建模等，旨在通过动手动脑的探究性活动，激发学生的科学探究意识，培养观察分析和推理能力，锻炼学生的科技思维能力。人文社科类社团包括文学、外语、哲学、心理、历史、模拟联合国等，旨在探究语言、社会与自我的规律，培养批判性思维，丰富精神世界，营造具有自由、思辨和人文关怀的校园氛围。

为丰富学生的在校生活，拓宽学生的知识面，培养学生的兴趣爱好，发展学生的能力和特长，促进学生素质的全面发展，学校将依据本校师生的实际情况开设社团。本校教师、学生均可按申报要求向学生处申请开办社团。社团由校团委、学生处制定基本规则制度，由专业教师指导，由社团成员自主实践。各社团有固定的活

动时间和场所,有个性化的《社团活动计划》《社团活动记录表》和《社团课学生名单》,每学年按评选规则推选模范社团。社团活动分为兴趣选修课、社团活动指导课和社团自主活动。兴趣选修课旨在拓宽学生兴趣的广度和深度,由教导处组织,学校教师根据自己的爱好、兴趣、特长于学校管理系统中申报,或聘请校外辅导教师开设。每位学生每学期必选1节选修课。社团活动指导课旨在辅助学生的自主社团活动,为社团自主活动确立方向,夯实理论基础,为社团自主活动中出现的困难答疑解惑。课程贴合社团活动实际,具有一定的灵活性。社团活动指导课由学生处组织,本着人尽其用的原则,合理安排社团课程的指导老师,由指导老师负责该课程的内容。参加相应社团的学生需按时、认真参与社团活动指导课。社团自主活动旨在发挥学生的主观能动性,探究兴趣,开发潜能,培养团队合作能力。社团学员的选拔采取学生自愿报名和辅导教师选拔相结合的方法,每个学生原则上每学年只能参加一门社团课程。社团成员在社长、副社长的带领下,按时参加活动,遵守活动纪律,在规定的社团时间完成某主题的社团活动。每次活动需有签到、活动记录,每学期社团至少有1个成果展示。社团成果展示将作为学校校园文化的一部分。学校也将创设社团交流平台,定期交流,鼓励社团干部分享成功经验、社团发展中的困难或促成社团之间的跨学科合作。另外,学校还鼓励社团内部加强文化建设,形成社团文化,增加成员归属感。

**四、推进"鱼跃研学",落实研学旅行课程**

充分传承上海中学的优良传统,立足浦东,依托各大院校如上海海洋大学、上海电机学院、上海科技大学等以及各类场馆,如上海天文馆、上海航海博物馆等,让学生走出课堂,亲身感受不同地区的自然、历史、文化和社会情况,从而开阔视野,增加对世界和社会的认识和理解,在增长知识的同时,培养学生的各种能力,如实践能力、团队合作能力、领导力、思考力等,进一步促使学生在活动中锻炼自我管理、自我约束和自我发展的能力,提高个人素质,践行社会主义核心价值观,形成正确的世界观、人生观、价值观,引导学生主动适应社会,促进书本知识和生活经验的深度融合,进一步落实"立德树人"的根本任务。基于此,学校研学旅行课程主要有以下四种形式。

1. 红色研学:贯彻落实《中华人民共和国爱国主义教育法》等文件要求,深入开展中华优秀传统文化教育,充分利用红色资源、爱国主义教育基地和文化场馆等资源,通过实地参观、学习、体验等方式,积极引导学生感悟中国共产党的丰功伟绩,加强筑牢中华民族共同体意识教育,增强国家观念,在学思践悟中厚植爱国情怀,坚定理想信念。

为了深入开展红色研学活动,学校精心制定详尽的活动计划和严密的安全预案,并通过每周升旗仪式、校内广播、海报、班会等多种渠道对红色研学活动进行广泛的宣传和动员,提高学生的参与热情与积极性。在研学过程中,各年级各班以小组为单位,通过实地参观、聆听讲座或介绍、小组讨论等多种方式,引导学生深入思考和感悟,使他们真切领悟老一辈革命烈士英勇无畏的牺牲精神与舍身为国的献身精神。最后,学校采用微信小视频、校园新闻稿等形式,展示学生在红色研学活动中的精彩瞬间,并将他们在研学过程中的感受设计成手抄报、班级小报,在学校展出,以此进一步弘扬红色精神,激发学生的爱国情怀。

通过红色研学,进一步帮助学生更深入地理解中国革命历史和文化,培养他们的爱国情感和团队合作精神,提高他们的思想素质和文化自信。同时,通过亲身参与和体验,学生可以更好地认识和了解中国近现代历史的演变和发展,进一步增强他们的历史意识和文化认同感。

2. 国防研学:深入贯彻新时代关于国防教育的理论、方针、政策,落实"立德树人"总方针,结合中学生年龄阶段、课程结构等特征,开展以"爱国主义"为主题的国防教育研学活动。国防研学以"高一年级赴东方绿洲生存训练"作为学校常规研学项目,以新生适应性训练、参观国防教育场馆、开设国防教育讲座等活动为补充,旨在引导学生在学习实践中了解国防常识、关注国防故事、增强国防意识,培育爱国情怀。

为了深入开展国防研学活动,学校精心组织国防研学活动方案,精确到每一天每个时间节点的具体活动安排。发挥学生会、学生社团自主管理作用,精心筹划各个部门之间的分工合作、各班级对学生进行分组管理等,比如纪检部的出勤考核和纪律要求、生活部的食品采购和卫生检查等。在基地教官的指挥和班主任老师的协助下,活动内容丰富且精细,比如:国防教育参观活动、小组之间打靶射击比赛、翻越障碍物比赛、徒步军事训练、应急急救模拟训练、火灾地震模拟逃跑线路、搭建帐篷、食品采购、卫生评比、联欢晚会等活动。开展活动的同时,学校采用微信小视频、校园新闻稿等方式,展示学生参与国防研学的精彩瞬间,将学生在研学过程中的感受设计成手抄报、班级小报，在学校展出。

通过开展国防教育研学活动，提高学生自信、自强、自律的意识；让学生融入团队，挑战个人，提升集体意识和团队荣誉感；锻炼学生身体协调能力，增强体魄，传承红色基因，塑造军人意志，培育爱国主义情怀，走好新时代的长征路。

3. 自然研学：充分利用学校周边农业相关的基地资源，以"高二年级赴东海大农场学农"活动为常规性研学活动，以周边农业资源的调研、参观、学习为辅助，学农研学主要包含认识农作物、学习基本农业操作技能（下地劳动）、学习农业相关技能（如编织中国结等）、观看农业相关教育视频、农运会、农业调研与论文撰写等。引导学生在学习实践中认识农作物、提升农业操作技能，培育"三农"情结，培养对大自然的热爱之情，发展劳动素养。

为了深入开展自然研学活动，学校精心设计自然研学活动方案，以班级为单位进行学生小组的分配。充分调动、发挥学生会的自管作用（学生会各个部门制定与学农活动相关的工作方案，检查评比细则等）。年级组事先组织学生进行学农课题的选题与筹备。在基地老师的指导下，明确耕种、采摘要领，掌握基本的农业操作技能，尝试用田园果实制作美食，体验小组成员团结协作的快乐。同时，在论文指导老师带领下，开展田野调查与农户走访活动，了解农业相关政策，完成论文开题与论文写作。各班级成员在学生会组织下开展农运会及学农联欢，增进集体荣誉感，体验学校常规课堂之外的不一样的活动乐趣。开展活动的同时，学校采用微信小视频、学农黑板报、校园新闻稿等方式展示学生劳动的精彩瞬间。学生将自己在劳动过程中的感受设计成手抄报、班级小报，在学校展出。

学生通过亲自参与劳动实践，厚植"三农"情结，感悟农民的艰辛，进而学着欣赏劳动，真正热爱劳动，用劳动为自己以后的幸福人生增加厚度。

4. 科创研学：党的二十大报告指出，教育、科技、人才是全面建设社会主义现代化国家的基础性、战略性支撑。必须坚持科技是第一生产力、人才是第一资源、创新是第一动力，深入实施科教兴国战略、人才强国战略、创新驱动发展战略，开辟发展新领域、新赛道，不断塑造发展新动能、新优势。为此，学校依托上海海洋大学、上海科技大学等各大院校以及周边科普场馆，如上海天文馆、中国科学院微小卫星创新研究院等，通过实地参观、学习、体验等方式，让学生体验科学的神奇与乐趣，激发他们对科学的兴趣和好奇心，从而积极主动地探索和学习科学知识。

为了深化科创教育,学校精心策划一系列科创研学活动,制定详尽的活动计划,明确活动时间、地点、参与人员及预期成果,确保活动有序开展。同时,整合科创教育资源,与各方进行充分的沟通和联系,以确保活动的顺利进行。此外,学校还通过每周升旗仪式、校内广播、海报、班会等多种渠道,对科创研学活动进行广泛的宣传和动员,从而提高学生的参与热情和积极性。在活动中,学生通过实地参观、动手实验、小组讨论等方式,深入了解科技知识,感受科技的魅力和力量。为了巩固研学成果,学校积极采用微信小视频、校园新闻稿等形式,展示学生参与科创研学的精彩瞬间,进一步激发他们的科创热情,为培养更多具有创新精神和实践能力的优秀人才奠定坚实基础。

### 五、激活"鱼跃校园",开发环境隐性课程

为了激活"鱼跃校园",学校坚持以校园环境建设为载体,把开发隐性课程教育功能作为加强学生思想道德教育的新途径。"鱼跃校园"依托学校校园自然风景、人文景观、校园文化活动等物质、精神环境元素,积极营造和谐、向上的文明校园氛围,传承、弘扬学校的精神文化,为学生全面发展提供有力支持,为教师和谐成长赋能。

"鱼跃校园"涵盖了校园环境建设、校园精神建设、校园制度建设等三方面。校园环境建设包括教学设施、运动设施、生活设施、安全设施、景观绿化等硬件设施建设,旨在通过对现有硬件设施的提升和改造,精心设计校园景观,为学生健康成长提供舒适、整洁、文明、和谐的校园环境,促进学生身心健康发展。校园精神建设包括学校育人理念、育人目标、校训、校风、校园广播、宣传栏文化、社团活动展演等文化建设,营造温馨、和谐、积极向上的氛围,增进师生和谐沟通,增强师生归属感和集体荣誉感。校园制度建设包括学生管理制度、教师教学制度、校园活动制度等制度建设,为学校各项工作的有序开展提供制度保障,体现了较强的人文关怀和教育理念,保障学生全面发展。"鱼跃校园"的文化实施,是学校发展的重要组成部分,它不仅涉及学校的精神风貌、教育理念、历史文化传统等因素,还对提高学生的综合素养,促进学校的可持续发展,以及学生的成长和教师的工作提供有力的支持。校园文化具体实施由校务办、综合处、教导处等部门联合制定学校整体发展规划,并分部门具体落实,按计划有序推进,由全校师生共同努力和参与。形成了明确的办学理念,逐步加强精神文化建设,营造和谐氛围,形成特色文化,推动学校持续、

健康发展。

校园环境建设:绿化和美化校园是提升学校环境质量的重要手段。学校合理规划校园绿地,借助毕业生留校礼物种植樱花树、枫树等多样化的植物,形成四季有绿、三季有花的美丽校园风景。通过设置景观文化石、学生寝室绿化美化行动、文明寝室评选活动等营造更具艺术气息和文化底蕴的校园;学校先后被评为"上海市绿色学校""浦东新区花园单位"。硬件设施建设是校园文化环境建设的基础。学校积极投入资金改善教学设施,更新多媒体设备,建设校园融媒体中心,建设网球场等体育设施,完善学生宿舍、食堂等生活设施,为师生提供舒适、便捷的生活环境。安全是校园环境建设的重要方面。学校积极完善校园安全设施,如新建监控系统,确保校园安全。同时,利用班会课、课外活动时间进行消防安全演习,利用社会实践活动带领学生到东方绿舟安全实训基地现场学习,不断加强安全教育,提高师生的安全意识和自防自救能力,确保校园和谐稳定。

校园精神建设:校园精神文化建设是校园文化的核心。学校始终坚持社会主义核心价值观的引领作用,弘扬爱国主义、集体主义、社会主义精神,引导师生树立正确的世界观、人生观和价值观。不断加强师德师风建设,提高教师的文化素养和道德水平,树立良好的教师形象,为学生树立榜样。通过开展各种形式的课外活动、社会实践等,提高学生的文化素养、创新能力和实践能力。近年来,学校在"学会做人,学会生活,学会学习"的育人目标引领下,逐步形成"一高两强"的办学特色,即"高立意,强基础,强规范"。不断丰富学校文化内涵,确立了"为学生终身发展奠基,为教师和谐成长赋能"的办学理念,确立了"尊重个体差异,促进素养提升"的课程理念。形成积极向上、富有特色的精神文化氛围,塑造了学校的独特气质和品格,促进学校的全面发展和进步。

校园制度建设:校园制度建设是校园管理中的重要环节。学校校园制度建设完善、明确,包含教学管理、学生管理、行政管理、后勤保障等制度建设,形成了较为规范的制度体系。制度建设遵循科学、合理的原则,符合教育规律和管理规律。在制定和修改制度时,广泛征求师生的意见和建议,确保制度的民主性和公正性。同时,在制度执行过程中接受师生的监督,保障制度的公正执行。通过科学、合理、民主的制度建设,规范了学校的管理行为,提高了学校的治理水平,为学校的长远发展和进步提供坚实的制度保障。学校先后被评为"浦东新区文明单位""浦东新区行为规范示范学校"。

## 六、丰富"鱼跃节日",浓郁文化教育氛围

校园三大节日建设是学校文化建设的重要组成部分,"鱼跃节日"依托艺术节、科技节、运动会三大校园节日。通过举办丰富多彩的活动旨在打造具有本校特色的校园文化生活,增强学生对学校的归属感和荣誉感,提高学生的综合素质和创新能力。

1. 校园艺术节:艺术节是学校文化建设中的一项重要活动,是展示全校师生美的思想、美的情感、美的创造能力的舞台。为学生提供了一个发现美、欣赏美和创造美的机会,旨在展示学生的艺术才华和创造力,通过艺术展示和创作,推动校园文化的多样性和创新性。学校在每年12月份举行校园艺术节,以"文化育人""艺术育人"为宗旨,以"参与性""综合性""创新性"为原则,以展示学生丰富的校园生活和多样的艺术特长为基础,以宣传学校艺术教育成果为主导,通过开展丰富多彩的艺术活动,营造浓郁的校园文化氛围,培养学生的核心素养,丰富校园文化生活,提升学校的办学品位。

艺术节项目及实施方案根据学校的实际情况和学生的需求进行定制。涵盖多个艺术领域,包括绘画、书法、音乐、舞蹈、戏剧等不同艺术类别。活动形式丰富多样,音乐类比赛项目有声乐表演、舞蹈表演、器乐表演三大类活动。通过独唱、合唱等声乐表演,展示学生的歌唱才华和团队合作能力。通过民族舞、现代舞、街舞等舞蹈表演,展现学生的舞蹈技巧和创意。通过钢琴、小提琴、古筝等乐器表演,让学生展示演奏技巧和对音乐的理解,展现他们的戏剧才华和创造力。绘画类比赛项目有节徽设计、硬笔书法比赛、书画作品展览等活动,各项活动设置报名通道,进行初步筛选,确保参赛作品的质量,为参与者提供必要的培训和指导,帮助他们提高艺术技能和表演水平。组织专业评委进行评审,确保公平公正,为获奖者颁发证书,设立作品展览专区,展示学生优秀作品,激励他们继续发挥艺术才能。活动结束后进行总结会议,收集反馈意见,为下一次活动提供参考。

2. 校园科技节:科技节是学校文化建设中的另一项重要活动,旨在提高学生的科技创新能力和实践能力。依托学校科技节活动,通过科技创想、科技体验、科技竞技等系列科技教育课程,培养学生的创新精神和实践能力,激发创新意识,增强文化自信,提升青少年科学素养。学校在每年5月份举行科技节,每年科技节都有

科技主题,并在该主题下设计全校性项目、学段类项目和年级类项目,以此来培养学生的创新能力、实践能力和团队合作能力。

全校性项目包括金点创意、科技漫画、节徽设计等类型,旨在引导学生在丰富的创造性活动中发展想象力和创意,开拓视野,结合科技热点和发展趋势,兼顾创新和价值,勇于探索智慧校园或社区的建设。学段类项目根据初中生和高中生的不同知识储备、实践能力的差异,设计科技多米诺、牢固建筑物等团队项目。学生通过自行设计、拆卸组装、结构优化等方式设计出凸显特色和个性的作品,激发学生的科学探究意识、培养观察分析和推理能力。年级类项目结合各年级近阶段所学,创设有趣有挑战性的活动,拓展课堂上的教学内容,锻炼学生的思维能力。例如,预初学生在学习完地质结构后,进行"地理建模"项目;高二学生在学习完光学知识后,设计"反直觉玩意"项目。

3. 校园运动会:运动会是学校文化建设中的又一项重要活动,旨在提高学生的身体素质和团队协作能力。运动会为学生提供了一个展示自我、挑战自我的平台,有助于提高学生的身体素质,促进身体健康。学校在每年10月份举行校园运动会,活动项目通常以团队的形式进行,有助于培养学生的团队合作精神。通过全校性项目、学段类项目、年级类项目等运动竞赛活动,弘扬体育精神,让学生感受体育精神的魅力,学会尊重对手、尊重自己,培养积极向上的生活态度和价值观。

校园运动会的项目丰富多样,旨在满足不同类型学生的兴趣和需求。田径项目是校园运动会的重要组成部分,包括短跑、长跑、接力赛、跳高、跳远、铅球等。这些项目能够全面检验学生的速度、力量、耐力和灵敏性。此外,校园运动会还包括跳绳、拔河、趣味接力等集体项目,通过参与这些项目,学生不仅能够锻炼身体,还能够培养团队合作精神、竞争意识和创造力。

### 七、做实"鱼跃探究",落实项目学习课程

从学校实际情况出发,为进一步提升教育教学质量,尝试解决双新改革中真实存在的问题,学校教师积极从大处着眼,小处入手,选立课题,寻找适合自身发展的契合点,通过课题推进开展项目化学习,做实"鱼跃探究",落实项目学习课程。

基于不同学科特点和素养目标,设计自主或小组探究活动,创设多种问题情境,引导学生找到解决问题与创造的过程,转化陌生情境为自己熟悉的问题,转化

常规的问题解决为新问题的创造性思考。引导学生在动手动脑的探究活动中开拓视野、训练思维、增进理解、提升操作实践能力,"鱼跃探究"注重培养学生的科学探究意识和严谨求实的学习习惯。学校结合具体实际,研发系列科学探究课程、课题研究。

初中年级在落实科学、物理、化学的国家课程之外,还开设以化学为主要内容的拓展课。课程宗旨是"动手动脑做科学探究",目的是使学校学生获得丰富多样的过程性学习体验。从学校的新摇号生源特点出发,以一系列可操作、趣味性强、富于知识性的教学同步拓展实验为主要内容,通过教师引导,以学生动手实验为主,落实教学目标。化学拓展课引导学生联系生活实际,拓展知识,了解身边环境到处都蕴含着丰富的化学知识,感受化学学习的乐趣、激发学习动力;提高观察能力、动手实验能力,形成创新意识。授课对象为六年级学生,开展探究性学习。课程涉及能源、水、空气、元素、常见现象与物质等五大板块。每节课都以学生活动为主,课程内容定期根据学生的反馈做适当调整。

高中年级在落实语文、数学、英语、物理、化学等国家课程之外,开设以学科拓展为主要内容、以项目学习为主要途径的选修课。课程宗旨是充分尊重个体差异,因材施教,促进素养提升,目的是使学校学生获得适合自己的丰富多样的不同的体验。授课对象主要为高一年级学生,每周一次,开展探究性学习。如"基于生活情境的化学实验探究""三维设计与打印""油画风景临摹""探索医学的奥秘""生物学前沿进展"等课程。

学校整体布局,统一规划,教师充分挖掘现有资源,针对双新改革中的部分痛点开展课题研究。引导学生通过课题探究实践,发展观察、对比、概括、归纳的能力,有效地提高学生的科学思维、科学表达能力,形成正确的科学观念,最终将课程项目化。如生物学科教师整合建构模型,探究落实责任,开展生物模型手工制作活动,打造指尖上的第二课堂,受到学生的热烈欢迎。在模型制作的过程中,除了调动生物基础知识之外,还体现了与数学的融合,空间想象能力的培养;各种色调的搭配、颜色的选用等也体现了与艺术的融合,选材上也是丰富多彩,而且尽量环保,还体现了与化学的融合。化学采用项目学习的方式开展科技创新实践活动,让学生在动手实验的过程中习得客观的常识和基本技能。艺术学科教师开展情境化教学,结合当下流行的话题,如动画电影《长安三万里》,探索中国风元素的运用,从中感悟诗歌艺术、建构艺术形式语言知识,感受传统文化时代化的创意表达;引导学生以诗词为题材,数字绘画为表现形式,体现人文、数学、信息等跨学科的项目化学习方式;进行动画与音乐的创编与制作,探寻传统文化时代化的惊艳表达。

通过多年的积累,多个课题,如《寄宿制初中生"生活指导"实践研究——以上海市 S 校为例》《中学生化学表征能力培养的策略研究》《基于翻转课堂的高中数学概念教学的实践研究》《依托"主题式"阅读提升高中生阅读素养的实践研究》均已结题。另有 14 个课题正在研究中,其中包括校长主持的区级重点课题《大中学校融通下的中学科创课程建设与实施研究》和 2023 年上半年开题的四个市级课题《学校科创课程中的数学教学实践研究》《"大思政"理念下高中思想政治学科整体性教学设计与实施研究》《指向创造力培养的学校综合实践课程实施的行动研究》《科学素养导学的跨学科整合的实践研究》。

新课程最大的特色是创新,创造力提升应尤其注重开放性的探究环境创设,注重综合性学习和实践经历的过程,加强大问题引领的高阶思维渗透,尽管我们不清楚学生未来面临的生活和挑战,但是具备创造力的学生有能力获取知识并解决科学上、社会中的问题。通过创造性思维的培养,学生不仅能够在课堂中学到足够的知识和技能,也有能力应对课堂之外的生活难题。

## 八、做好"鱼跃工坊",上好劳动教育课程

"鱼跃工坊"希望每位学生都能像鱼儿一样,在劳动教育的大海中畅游,超越自我,不断成长和进步。而"工坊"则体现了实践性、创造性和共享性的统一。工坊是一个集合了各种劳动实践和创造活动的场所,学生可以在这里动手实践、实地探索,并与他人分享经验和成果。这符合劳动教育的核心理念,即通过实践活动培养学生的动手能力、创造力和团队合作精神。因此,"鱼跃工坊"不仅是一个名称,更是对劳动教育理念的寄托和表达,鼓励学生在劳动的海洋中畅游,追逐梦想,放飞自我,成就未来。

"鱼跃工坊"是一项旨在促进学生全面发展的综合性劳动教育规划。通过劳动与社区、文化、科技、环保、农业等多领域的融合,以及各项实践活动的组织和实施,培养学生的劳动精神、社会责任感、创造力和环保意识,促进其健康成长和全面素养的提升。该工坊旨在为学生提供多样化的劳动教育体验,让他们在实践中探索、

成长、分享与收获,成为未来社会有担当、有情怀、有责任的新生代。学校"鱼跃工坊"的实施路径如下。

1. 劳动＋社区——社会公益先锋队。学生将成为社区的志愿者,参与社区服务活动,包括协助交通、扶老助幼、社区调解等,为社区的美好发展贡献一份力量。此外,学生将组织和参与慈善义卖活动,将自己的手工制品、爱心物品等进行义卖,筹集善款用于支持慈善事业,让爱心传递得更远。这些活动可以点燃学生的社会责任感,让他们认识到自己身为一名学生也能为社会做出积极的贡献,培养他们热爱社会、服务社会的意识和行为习惯。另外,还能培养学生的团队合作精神,通过参与公益活动,学生将学会团结协作,共同完成各项任务,实现更大的社会价值。

2. 劳动＋文化——创意手工传承者。创意手工将与非遗传承结合,旨在打造一场融合创意和传统工艺的盛会。活动将以非遗文化为灵感来源,通过手工制作、艺术创作等形式,将传统技艺与现代创意相结合,展现出独特的魅力和价值。学生将有机会学习和体验非遗技艺,感受传统工艺的魅力,同时也能够发挥自己的创意,为非遗文化注入新的活力和生机。在活动内容方面,除了有手工制作、艺术创作等项目外,还将增设非遗传统工艺制作环节。学生将学习传统的非遗技艺,如中国结、剪纸、刺绣等,了解非遗文化的历史渊源和文化内涵。通过实践操作,他们将亲身体验传统工艺的魅力,感受其中蕴含的智慧和美学。

3. 劳动＋科技——科技未来探索家。为适应新时代劳动需求,提升学生劳动技能,学校依据新课标梳理学科知识与劳动实践的融合点,结合学校教学资源和师资条件开发各具特色的探究式、主题式、项目式科技劳动校本课程。比如科学实践探究、工程设计挑战、编程开发竞赛、机器人制作项目。(1)科学实验探究:学生将参与各种科学实验项目,探索自然规律和科学原理,如化学实验、物理实验、生物实验等,培养实验技能和科学思维;(2)工程设计挑战:学生将面临各种工程设计挑战,如桥梁设计、塔楼建造、汽车制作等,通过动手设计和实践,培养工程思维和创新能力;(3)编程开发竞赛:学生将参与编程开发竞赛,学习编程语言和算法,设计和开发各类应用程序和游戏,培养编程技能和创意能力;(4)机器人制作项目:学生将学习机器人制作的基础知识和技能,参与机器人制作项目,设计和搭建自己的机器人作品,体验机器人科技的乐趣和魅力。在这些活动中,学生将有机会探索科技的未来之路,参与各种创新项目和挑战,培养科学思维、实验技能和创新能力。通过多学科融合,加强课程的综合性;引入新技术、新成果,增强课程的时代性;创设真实劳动情境,强化课程的实践性。

4. 劳动＋环保——生态环保小卫士。学校将开展海滨滩涂清理、节能技能培养、海洋情况调研等活动,旨在唤醒学生环保意识,积极参与环保行动,共同保护环境。(1)海滨滩涂清理:学生将积极参与海滨滩涂垃圾清理活动,在临港新片区的海岸线和滩涂地带,清理海洋垃圾,保护海洋生态环境;(2)节能技能培养:学生将参与节能技能培养项目,学习节约用水、节约用电、垃圾分类等环保知识和技能,培养环保意识和生活自理能力;(3)海洋情况调研:学生将调查研究,了解临港新片区海岸线和滩涂地带的环境保护问题,激发他们参与环境保护行动的责任感和行动意识。通过举办各类环保活动,学生将了解环保的重要性和紧迫性,培养其环保意识和行动意识,成为环保的倡导者和践行者,共同保护临港新片区的美丽环境。

5. 劳动＋农业——田野躬耕助力员。学生离开校园参与农田实践活动,如农耕体验、农业参观、农民座谈,了解农民农耕农业实况,体会农业为民、农民之辛勤。(1)农耕体验:学生亲自参与农作物的种植、管理和收获,体验农民的日常劳作,了解种植技术和农业生产的辛勤。体验农民的日常劳作,让学生深刻体会到农业生产的辛勤和耕作的艰辛,培养学生吃苦耐劳、勤劳致富的劳动精神;(2)农业参观:安排专业人员讲解农业科学知识和现代农业技术,介绍作物生长规律、土壤养分管理等内容。通过参观现代农业场地,学生可以亲眼目睹农业生产的全过程,了解农作物的生长规律、土壤养分管理等基础知识,从而拓展和加深对农业科学的理解;(3)农民座谈:组织学生与当地农民进行座谈会,了解他们的生活和工作情况,听取他们的意见和建议,探讨农产品销售渠道、营销策略和市场需求,促进农产品销售和农民收入增加。通过农民沟通活动,搭建起学校与农村的桥梁,推动农村发展和农民生活改善,实现城乡融合与社会和谐发展。

## 九、创意"鱼跃空间",发展学生个性特长

学校"鱼跃空间"涵盖了机器人、无人机、飞行器制作实践、工业机器人、人工智能鱼、宇航探索与前沿信息技术6门科技教育课程。自2018年秋季起,学校与上海交通大学、上海海洋大学、上海电机学院、上海科技大学紧密合作,开展科创系列特色课程,并建设有无人机、ROBOT-AI、工业机器人创新实验室及宇航探索与前沿信

息技术等科创实验室。

ROBOT-AI(人工智能与机器人)科创课程,对象为高中生。以 VEX 为教学器件,从零基础起步,系统学习机械搭建、电控、传感、编程等软硬件相关知识,并在课程中充分锻炼逻辑思维能力、分析问题和解决问题的能力,最终实现能体现创意的自主搭建和程序控制,为今后深入人工智能及机器的学习打下基础。无人机科创课程,对象为高中生。以无人机为主要载体的航空科技,为对航空航天方向及飞行器制作感兴趣的同学提供飞行器制作的理论及实践指导。"飞行器制作实践"航天贯通课程,对象为初中生。初中的无人机课程,通过结合初中学生的认知能力和学习能力,把高中的无人机课程进行调整,让无人机课程辐射到学校初中的学生,为对航空航天方向及飞行器制作感兴趣的同学提供飞行器制作的理论及实践指导。"工业机器人"科创课程,对象为高中生。通过充满趣味性、互动性的授课形式,使学生初步接触、学习工业机器人相关的专业知识,并在指导教师指导下,将理论知识逐步应用到机器人巡线、避障、人脸识别实践任务中。"人工智能鱼"科创课程,对象为高中生。围绕仿生机器鱼的设计与制作流程,通过一系列实践体验课程,结合互动式、访谈式等创新性的教学模式。"宇航探索与前沿信息技术"课程,对象为高中生。设置天文学基础、飞行器设计、前沿技术探索实践、卫星重要部组件开发实践等四个门类,该课程与高中教学密切相关,基于高中物理、地理等学科知识,从实践的角度深化高中知识的学习。

总之,学校全面贯彻党的教育方针,立足学校育人思想,不断深化课程改革,努力实现"给予每一个生命鱼跃龙门的力量"的办学理念。

(撰稿人:上海中学东校　徐岳灿　王雪花　朱晓艳　李亚南)

# 第二章
# 厘定学校课程目标

　　学校课程目标是对学校课程育人的总体要求。厘定学校课程目标,可以通过深入研读,把握政策方向,让课程目标具有广泛的代表性;分析需求,明确目标定位,让课程目标具有高度的明确性;集体研讨,形成初步框架,让学校课程目标具有普遍的可靠性;细化目标,确保可操作性,让学校课程目标具有落地的可行性;征求意见,完善目标体系,让学校课程目标具有逻辑的连贯性;持续监控,动态调整目标,让学校课程目标具有时代的适应性。

学校课程目标是根据教育目的和培养目标,在学科内容的基础上加以具体化。施良方教授认为,作为课程工作者,如何处理教育目的、培养目标、课程目标、教学目标之间的关系,是一个很实际的问题。鉴于教育目的是由国家宪法规定的,培养目标是教育目的的具体化,是由教育有关行政部门确定的,这些都是我们要理解和执行的问题。我们要处理的是课程目标和教学目标如何具体化的问题。[①]

美国学者拉尔夫·泰勒认为,课程和教学的目标来源于对学生、社会和学科领域的研究结果。但是,由此而来的可能性目标,还需要经过哲学和心理学这两把"筛子"的过滤,才能正式成为学校课程目标。也就是说,只有用一定的哲学和心理学观点对可能的目标进行分析、评价之后,才能确定课程和教学的目标。[②] 那么,从研究学生、社会和学科领域中获得的可能的教育目标,经过哲学和心理学这两把"筛子"过滤后便可成为课程和教学的目标吗? 显然,这是一个复杂的问题,学者们认为,要成为课程目标,还要符合一定的标准才行。厘定学校课程目标,实现这样的标准,我们认为应该注意把握以下几点。

第一,深入研读,把握政策方向,让学校课程目标具有广泛的代表性。通过深入研读国家教育政策方针、课程标准,理解教育改革方向,促进学校课程目标符合人的发展逻辑,回归"眼中有人"的素养教育。[③] 这就需要让课程目标符合最大多数学生的利益,但也不能忽视少数学生的需求,通过组织对学生、家长、教师及其他社会人士的调研,尽可能多地听取多方意见和建议,在客观条件允许的情况下,尽量照顾到每位学生的需求。这是一件非常困难的事情,但在课程目标厘定时考虑到普适性和个性化的不同需求,还是可以通过分层分级设定目标来让课程目标更具代表性。为了更好地做到这一点,学校需要成立专门的议事组织,一般应包括教育行政人员、教师、学生、家长以及社会各界的代表,以此来提高设定课程目标决策的民主化程度,增加透明度。

第二,分析需求,明确目标定位,让课程目标具有高度的明确性。学校应对课程目标进行细致的梳理和定位。培养目标表述不清晰、不准确、不完整就会

---

① 施良方. 简论课程目标的三种取向[J]. 课程·教材·教法,1995(6):60—62.

② 杨爱丽. 西方学校课程中的目标确定与陈述[J]. 外国中小学教育,1993(5):26—29+35.

③ 王迪、陈磊、籍莹莹. "双减"背景下学校课程建设的逻辑与策略[J]. 宜宾学院学报,2022,22(11):61—68.

出现课程内容设计、实施与评价的窄化、简单化和片面化，①也就无法起到指示方向的作用。为确保课程目标的高度明确性，需要对课程标准进行精细的解读，认真研究每一个用来表述目标的词，对相关的术语进一步加以区分和细化，确保每一个目标用词的准确性和明确性。部分学者对此的主张是尽量操作化，但也有学者反对过分行为化的目标。我们认为课程目标的明确性还是要从以学生为主体的角度出发，以学生视角来描述具体的目标，结合课程标准的要求，对正确价值观、必备品格和关键能力进行细化描述，尽可能采用可量化的标准来确定课程目标。

第三，集体研讨，形成初步框架，让学校课程目标具有普遍的可靠性。课程理念是课程的理性追求，课程目标则是理性思考落地的具体描述。② 学校设定的课程目标，要经得起质疑，即设立这样的目标意义何在？这就需要在设定课程目标时，有可靠的理论基础。如果目标设立的理论基础是有问题的或缺乏证据支持，甚至仅仅是来自目标制定者的臆想，不管看起来多么合适，都不应被写入正式的课程目标。我们认为课程目标应当符合当前科学理解、符合社会主义核心价值观、符合人类共同的价值取向。所有的课程目标都要建立在哲学、心理学、生理学等的基础上，让课程目标符合学生的认知规律，符合学生的身心发展规律。通过上述方式设立的课程目标才可能经得起反复的推敲，具有普遍的可靠性。

第四，细化目标，确保可操作性，让学校课程目标具有落地的可行性。推进课程改革要求学校对国家课程计划严格地执行，但在实践过程中，随意更改、增减计划内课程的现象并不少见。③ 因此，为确保国家课程的落地，在学校课程目标明确的前提下，细化目标是保障可操作性的关键。细化目标有利于学校结合师资情况、实际教学条件、学生家长的情况来评估目标的可达成度，从而让学校课程目标具有可行性。细化目标的过程，就是对课程目标中各类术语进行界定和量化的过程，目的是让课程目标更加准确、更加便于检测和衡量。如"学会"一词的细化，可以从完成任务的数量、质量、难度、正确率、速度等角度去衡量，即设定可以量化评价的标

---

① 吕红日. 促进学校课程整合的基本理解与实施策略[J]. 江苏教育, 2021(10): 65—67.
② 钱伊琳. 育人目标引领下的学校课程建设与思考[J]. 教育视界, 2019(17): 20—22.
③ 崔效锋. 学校课程规划方案内外一致性探讨[J]. 中小学班主任, 2022(12): 80—84.

准来进一步阐释"学会"的含义。当课程目标所描述的教学意图一目了然时,学生就可以结合目标中细化的评价标准自动对标,教师也可以更好地客观地把握学生学习的进度和难点,提供个性化的学习指导。

第五,征求意见,完善目标体系,让学校课程目标具有逻辑的连贯性。原则上,研制学校课程规划通常要求设计者充分考虑学生心智发展的协调性与课程领域的全面性,避免某门课程的重要内容乃至整个课程门类发生遗漏。① 学校通过绘制课程图谱,可以有效地形成较为全面、前后衔接的课程体系,进而可以厘清各年级、各学科、各单元之间的相互关系,为进一步解决实际编制工作中各自为战的情况奠定基础。为更好地改善各类学科课程目标之间相互割裂的状况,在设定学校课程目标时,可构建联合攻关团队,促进学科间的联系,也为跨学科课程开发和实施提供平台。此外,还需要邀请专家、学者、家长代表等外部力量,对课程目标进行评审和反馈,从不同角度审视课程目标,促进课程目标全方位的连贯性。

第六,持续监控,动态调整目标,让学校课程目标具有时代的适应性。课程目标的设定并非一蹴而就,而是一个持续的过程。学校在课程目标的实施过程中,应注重对其进行持续的监控和评估。建立课程"评价—监控"机制作为五育课程体系的机制保障。② 通常,基础教育课程目标生成的来源主要有三个,即学生需要、社会生活需要和学科发展。从源头入手,通过进行定期的教学评估、成效评估及学生反馈等,了解课程目标的达成情况以及课程的适切度,并根据教育教学的实际情况和社会发展的变化,对课程目标进行动态调整以更好地适应时代变化。

总之,学校课程目标是对学校课程育人的总体要求,是落实"五育并举"教育目标的主要载体,可作为课程实施的基本依据和课程评价的主要准则。只有学校课程目标具有广泛的代表性、高度的明确性、普遍的可靠性、落地的可行性、逻辑的连贯性以及时代的适应性,才能够系统而深入地厘清课程目标,为学校教育教学工作的实施提供有力的指导,有助于提升学校的办学质量,为学生的全面发展奠定坚实的基础。

---

① 吕红日.学校课程规划中"空无课程"的思辨与研究[J].江苏教育,2020(10):54—56+60.
② 屈玲,冯永刚."五育并举"学校课程体系的构建及保障[J].中国电化教育,2023(12):41—47.

**一校一策**

书院课程：
让每一个生命拥有气韵
生动的书卷气

上海市书院中学由 1958 年 3 月创建的"书院农业中学"不断发展并更名而来，以丰富的发展资源与温馨的人文环境，成为临港新城腾飞的雄健之翼。学校目前有 8 个教学班，215 位在校生，36 位教师。现有教学楼两幢、实验楼一幢及其他一些附属建筑，办学条件不断改善。学校先后荣获"上海市安全文明校园""上海市心理健康达标校""浦东新区文明单位""浦东新区新优质学校""浦东新区教师专业发展学校""浦东新区见习教师规范化培训优秀基地学校""浦东新区语言文字规范化示范校""浦东新区健康促进学校""浦东新区绿色学校""浦东新区未成年思想道德建设示范校"等荣誉称号。现依据《中共中央国务院关于深化教育教学改革全面提高义务教育质量的意见》《教育部关于全面深化课程改革落实立德树人根本任务的意见》《教育部关于加强中小学地方课程和校本课程建设与管理的意见》《基础教育课程教学改革深化行动方案》《关于实施新时代基础教育扩优提质行动计划的意见》以及《义务教育课程方案和课程标准（2022 年版）》等政策文件，制定学校课程规划。

## 第一节　让书卷气成为我们共同的气质

学校所在的书院镇是一个历史悠久、文化底蕴深厚的地区，以其独特的乡愁文化、非物质文化遗产项目以及对红色历史和教育传统的传承而著称。综合分析学校的历史文化背景，在地文化可归纳为耕读文化，学校文化可凝练为书香文化。在此基础上，我们逐步形成了新时代学校的课程哲学。

### 一、学校教育哲学

读书被誉为"精神的美容"，书卷气自有一种迷人的优雅。拥有了书卷气，便消除傲气、娇气、霸气、激愤气、粗俗气、痞子气、卑微气、小市民气；拥有了书卷气，便增加了静气、秀气、灵气、自在气、文明气、富足气、高贵气、泱泱大气。让读书成为习惯，让书香飘满校园。学校是涵养书卷气的地方，书卷气采自于书卷，得益于修养，彰显于言行。学校教育可以从根本上改变一个人的气质，升华一个人的灵魂，"读书改变气质"即为上海市书院中学校训。

学校的教育哲学则是"自华教育"。取自"腹有诗书气自华"的最后二字。"自"内含主动的意味，体现着人成长过程中的内驱力。"华"则含有升华的意思，体现着人在成长中的蜕变。"自华教育"彰显了以学生为本的教育理念，是完成立德树人根本任务的有效途径。"自华教育"蕴含着自主成功、自强成才、自尊为人、自律成长。逐步形成"自华"特色的自华课堂、自华德育、自华教师、自华管理、自华校园……让"自华"成为每一个书中人的生命自觉。学校的办学愿景为：生有书生气，师有书卷气，校有书香气。

书院中学期望每一个学生都能拥有"书生气"，这并不仅仅是指外表上的文雅和整洁，更是指内在的气质和修养。通过课程教育，学生能够形成良好的学习习惯、高尚的道德品质和深厚的文化底蕴，具备独立思考、自主学习和终身学习的能力，能够在未来的生活和工作中持续进步和发展。

书院中学期望每一位教师都能展现出"书卷气"，这代表着教师的学识、素养和教养。教师不仅要在专业领域有深厚的学术功底，更要有广博的知识和跨学科的视野。他们应该具备高尚的师德、先进的教育理念和有效的教学方法，能够引导学生发现和探索知识的奥秘，激发他们的学习兴趣和创新精神。

书院中学期望学校成为一个充满"书香气"的学习环境，这里有着浓厚的学术氛围和深厚的文化底蕴。学校将致力于建设高品质的教育设施、提供优质的教育资源和创造良好的学习环境，以保障学生的学习和发展。同时，学校将积极开展各种文化活动、学术交流和社会实践，让学生在多元化的学习体验中开阔视野、提升素养。

学校的办学理念为：让书卷气成为我们共同的气质。通过践行办学理念，书院中学将成为一个充满人文关怀和学术气息的学习殿堂。在这里，学生将沉浸在书香之中，汲取知识的营养，茁壮成长；教师将与学生们共同成长，形成良好的师承关系；学校将成为文化传承和创新的重要基地。最终，让书卷气成为书院中学师生共同的追求和气质。学校的教育信条如下：

我们坚信，书卷气能滋养心灵，让智慧之树根深叶茂；

我们坚信，书卷气能塑造品格，让道德之花芬芳四溢；

我们坚信，书卷气能启迪思维，让创新之火熊熊燃烧；

我们坚信，书卷气能凝聚力量，让团结之魂坚不可摧。

**二、学校课程理念**

基于上述教育哲学，学校的课程理念是：让生命拥有气韵生动的书卷气。这一课程理念有丰富的内涵。

——课程即生命的气质。这一理念强调课程不仅仅是知识的传递，更是塑造学生生命气质的重要途径。课程是为了提升生命气质的。书院中学注重通过课程培养学生的品格、情感和态度，让他们在学习过程中体验生命的价值和意义。具体来说，学校会将人文素养、社会责任和家国情怀等元素融入课程中，引导学生形成正确的世界观、人生观和价值观，从而培养出具有独特生命气质的优秀人才。

——课程即美好的拥有。课程应该是学生成长过程中美好的拥有。这意味着课程不仅要满足学生的知识需求，更要带给他们愉悦和满足感。书院中学致力于为学生提供丰富多样的课程选择，让他们在探索未知世界的过程中感受到学习的乐趣。同时，学校注重课程的实用性和生活化，让学生能够将所学知识应用于实际生活，从而增强他们的获得感和成就感。

——课程即生动的气韵。课程不应该是枯燥无味的，而应该是生动有趣的。书院中学注重通过创新的教学方法和手段，让课程变得更加生动有趣。学校会利用现代教育技术，如多媒体教学、网络教学等，为学生提供更加直观、形象的学习体验。同时，学校也会鼓励学生积极参与课堂互动，让他们在交流中碰撞思想，激发学习的热情和动力。

——课程即个性的发展。每个学生都是独一无二的个体，他们有着不同的兴趣、特长和发展需求。书院中学注重通过课程促进学生的个性发展，会提供多样化的选修课程和拓展活动，满足学生的不同需求和兴趣。同时，学校也会关注学生的学习特点和优势，为他们提供个性化的教学支持和指导，帮助他们在各自擅长的领域实现更好的发展。

在学校课程理念的指引下,构建学校的课程体系,通过整合现有课程,开发新课程,逐步形成具有书卷气的"书院课程"模式。

## 第二节　让生命拥有如兰的书卷气

实现学生全面而均衡的发展,塑造具备深厚人文素养和坚实学术基础的未来栋梁。通过系统而富有挑战性的课程学习,希望激发学生对知识的渴望和对学习的热爱,培养他们独立思考、批判性思维和解决问题的能力。同时,注重学生的道德品质和社会责任感的培养,期望他们能够以人文关怀引领社会发展,以创新精神推动科技进步。最终,学校的课程旨在让每一个学生都能够在书卷气的熏陶下,形成自己独特的学术兴趣和专长,为未来的生活和社会职业生涯奠定坚实的基础,成为对社会有积极贡献的优秀人才。

### 一、育人目标

以"书院"为名,在书院中学,让生命拥有如兰的书卷气成了一种必然使命。众所周知,书卷气——内秀于心,外毓于行。由此形成了学校的育人目标:培育富有书卷气的时代新人。

——书卷气是高雅的清气,爱家国,有清气;

——书卷气是持恒的静气,爱生活,有静气;

——书卷气是生动的灵气,爱探索,有灵气;

——书卷气是盎然的生气,爱运动,有生气。

### 二、课程目标

学校的课程目标旨在培养学生具备"四爱四气"。首先,强调爱家国有清气,通过课程让学生深入理解家国情怀,培养他们的道德品质和社会责任感。其次,注重爱生活有静气,鼓励学生体验生活的美好,学会在忙碌中寻求内心的宁静与平衡。此外,倡导爱探索有灵气,激发学生的好奇心和求知欲,培养他们的创新精神和批判性思维。最后,提倡爱运动有生气,通过体育课程让学生保持活力,培养健康的生活方式和积极向上的精神风貌。分年级分学期"四爱四气"具体课程目标如表2-1所示。

表 2-1　上海市书院中学课程目标表

| 年级＼目标 | 爱家国 有清气 | 爱生活 有静气 | 爱探索 有灵气 | 爱运动 有生气 |
|---|---|---|---|---|
| 六年级 | 1. 尊重并了解国家的历史文化，通过课堂学习与校园活动，增强对国家的归属感和自豪感。<br>2. 诚实守信，明辨是非，遵纪守法，理解并践行社会主义核心价值观，形成正确的道德观念和行为习惯。<br>3. 参与爱国主义教育实践活动，如参观红色教育基地，形成爱国情感和责任感。 | 1. 珍视生活，学会感恩，自理自立，热爱劳动，掌握基本的生活技能，勤劳节俭，通过日常行为养成节约资源、保护环境的良好习惯。<br>2. 初步形成静心思考的能力，通过阅读、写作等活动，提升内在修养，形成平和宁静的生活态度。<br>3. 发现生活中的美好，通过艺术、音乐等方式，丰富精神世界，提升生活品质。 | 1. 保持好奇心和求知欲，乐学善学，通过科学小实验、趣味数学等活动，形成探索精神和创新能力。<br>2. 勤于思考，学会提问和独立思考，能在学习中发现问题、解决问题，形成良好的学习习惯。<br>3. 形成跨学科学习的能力，通过项目式学习、综合实践等方式，提升综合运用知识解决问题的能力，初步掌握适应现代化社会所需的知识和技能。 | 1. 坚毅勇敢、自信自强，强身健体，养成体育运动的习惯。通过体育课和课间活动，提高身体素质和协调能力。<br>2. 积极参与团队运动，养成合作精神和竞争意识，增强集体荣誉感。<br>3. 学会运动技能，形成体育道德，通过运动会、体育竞赛等活动，促进体育精神的形成。 |
| 七年级 | 1. 深入学习国家历史和文化，通过举办"我与祖国共成长"主题班会等活动，形成国家认同感和自豪感，热爱祖国、热爱人民、热爱中国共 | 1. 开展生活技能教育，通过"厨艺大比拼"等活动，养成生活自理能力，提升生活品质，具有良好的生活习惯。<br>2. 初步学会静心思考，通过阅读、 | 1. 热爱自然，保护环境、爱护动物，通过科学小实验、趣味数学等活动，激发科学兴趣，初步形成探索精神和创新能力，具有学会学习的能力。 | 1. 通过多样化的体育活动，提升学生的身体素质和运动技能，掌握基本的健康知识和适合自身的运动技能。<br>2. 通过开展校园 |

| 目标 \ 年级 | 爱家国 有清气 | 爱生活 有静气 | 爱探索 有灵气 | 爱运动 有生气 |
|---|---|---|---|---|
| | 产党。<br>2. 积极开展爱国主义教育,参与"爱国故事分享"等活动,学习伟大建党精神,弘扬民族精神。<br>3. 结合时事教育,关注国家大事,养成政治敏锐性和社会责任感。 | 写作等活动,形成内在的修养和审美情趣。<br>3. 通过"心灵成长"系列活动,助力解决成长中的困惑,形成健康的生活态度。 | 2. 开展跨学科学习,通过"科技小发明"等实践活动,乐于提问,敢于质疑,学会在真实情境中发现问题、解决问题,具有探究能力和创新精神。<br>3. 通过参与学科竞赛和科技活动,形成竞争意识和团队合作精神。 | 运动会、体育竞赛等活动,初步形成竞技精神和团队合作意识。<br>3. 养成运动习惯,积极参与课外体育活动,增强身体素质,健全人格。 |
| 八年级 | 1. 加深对国家历史和文化的理解,通过"国家历史文化知识竞赛"等活动,增强国家认同感和文化自信,努力学习和弘扬社会主义先进文化、革命文化和中华优秀传统文化。<br>2. 通过参观红色教育基地、观看爱国主义影片等方式,厚植爱国情感,领会改 | 1. 通过"生活技能大比拼"等活动,提升生活技能,初步形成独立生活能力。<br>2. 提升静心思考的能力,通过阅读经典文学作品、参加心灵成长讲座等方式,初步形成内在修养。<br>3. 通过生活教育,养成珍惜生活、感恩生活的习惯,形成积极向上的生活态度。 | 1. 通过科学实验、科技制作等活动,激发科学探索欲望,形成科学精神和创新能力。<br>2. 通过"综合实践项目"等方式,开展跨学科学习,形成综合素质和解决问题的能力。<br>3. 通过积极参与科技竞赛和创新活动,形成创新意识和实践能力。 | 1. 加强体育教学和训练,提升学生的运动技能和竞技水平。<br>2. 通过开展多样化的体育活动和比赛,形成团队合作精神和竞技意识。<br>3. 形成运动健康和运动安全意识,养成通过运动健康成长的习惯,珍爱生命,树立生命安全与健康 |

| 目标<br>年级 | 爱家国<br>有清气 | 爱生活<br>有静气 | 爱探索<br>有灵气 | 爱运动<br>有生气 |
|---|---|---|---|---|
| | 革创新的时代精神,懂得坚持走中国特色社会主义道路的道理,初步树立共产主义远大理想和中国特色社会主义共同理想。<br>3. 关注国家发展动态,形成政治素养和社会责任感,具有中华民族共同体意识与社会主义法治意识。 | 力与自我保护能力。 | 4. 通过科学实验、科技制作等活动,激发科学探索欲望,形成科学精神和创新能力。<br>5. 通过"综合实践项目"等方式,开展跨学科学习,形成综合素质和解决问题的能力。<br>6. 通过积极参与科技竞赛和创新活动,形成创新意识和实践能力。 | 意识,形成积极的心理品质。 |
| 九<br>年<br>级 | 1. 孝亲敬长,团结友爱,深入理解和传承中华优秀传统文化,通过"传统文化艺术节"等活动,增强文化自信和民族自豪感,具有维护民族团结,捍卫国家主权、尊严和利益的意识。<br>2. 热心公益,具有集体主义精神,通过主题班会、 | 1. 通过生活技能教育和实践活动,提升生活品质,形成独立生活能力和自我管理能力。<br>2. 养成静心思考的习惯,通过阅读、写作等方式,提升内在修养和审美情趣。<br>3. 通过生命教育和心理健康教育,树立正确的生命观和价值 | 1. 通过科学实验、科技创新等活动,激发科学兴趣和探索精神,提升科学素养和创新能力。<br>2. 开展跨学科学习和综合实践活动,提升综合素质和解决问题的能力。<br>3. 积极参与学科竞赛和科技活动,提升竞争意识和团队合作 | 1. 通过体育教学和训练,提升运动技能和竞技水平,为中考体育测试做好准备。<br>2. 开展校园运动会、体育节等活动,提升学生的体质和团队合作精神。<br>3. 养成良好的运动习惯和健康生活方式,初步形成终身体 |

| 目标＼年级 | 爱家国<br>有清气 | 爱生活<br>有静气 | 爱探索<br>有灵气 | 爱运动<br>有生气 |
|---|---|---|---|---|
| | 演讲比赛等方式,形成爱国情感和社会责任感,明确人生发展方向,保持奋斗进取的精神状态,积极为社会作力所能及的贡献。<br>3. 关注国家发展大局,关心时事政治,热爱和平,尊重和理解文化的多样性,初步具有国际视野和人类命运共同体意识,能将个人追求融入国家富强、民族复兴、人民幸福的伟大梦想之中。 | 观,形成健康的生活态度,追求美好生活,向善尚美,富于想象,具有健康的审美情趣和初步的艺术鉴赏、表现能力。 | 精神,学会交往,善于沟通,具有基本的合作能力、团队精神。 | 育的意识,树立公共卫生意识与生态文明观念。 |

## 第三节　构建充满书卷气息的课程

基于"让书卷气成为我们共同的气质"的办学理念,学校致力于构建一个充满书卷气息的课程,培养具有深厚文化底蕴和广阔视野的新时代学子。

**一、学校课程结构**

学校课程结构在设置上参考多元智能理论,从多角度开展教育教学工作,努力践行立德树人根本任务,培养德智体美劳全面发展的社会主义接班人。初步形成了书院课程体系,分为:"华之语课程""华之智课程""华之创课程""华之艺课程""华之健课程"和"华之心课程",见图2-1。

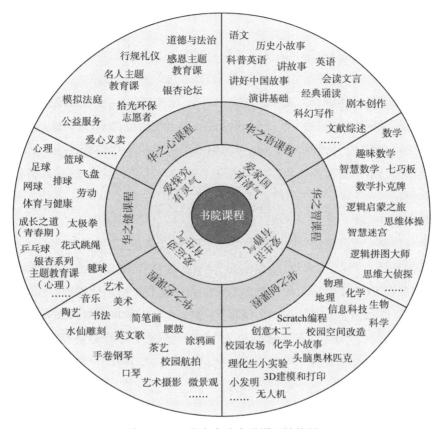

图2-1 上海市书院中学课程结构图

"书院课程"结构图说明如下。

华之语课程:这一类课程主要关注学生的语言和文学教育。学校强调母语和英语的学习,注重阅读、写作和口语表达能力的培养,致力于培养学生的批判性思维和跨文化沟通能力,以便他们能够有效地在多元文化环境中交流。

华之智课程:这类课程专注于学生的逻辑与思维教育,致力于培养学生在面对复杂问题时运用理性思维进行分析和判断的能力,强调逻辑思维、批判性思维和创新思维的培养,注重提升学生的思考深度和广度。提供如数学、逻辑启蒙之旅、思维体操等课程。

华之创课程:这类课程强调科学思维、实践能力和创新能力的培养,注重提升学生的科学素养和解决问题的能力。学校提供物理、化学、科学、生物等课程,引导学生探索自然世界的奥秘,通过实验操作、观察记录、数据分析等方法,培养学生的实验技能和科学探究能力。

华之艺课程:这类课程专注于艺术和审美教育。学校提供音乐、舞蹈、美术等艺术类课程,帮助学生发掘自己的艺术潜能,培养他们的审美能力和文化素养。

华之健课程:这类课程关注学生的身心健康。学校提供体育、心理健康、成长教育等课程,帮助学生形成健康的生活习惯和积极的心态,培养他们的自我管理和适应能力。

华之心课程:这类课程致力于培养学生的道德品质和社会责任感。学校提供德育、社会实践、志愿服务等课程,鼓励学生积极参与社会公益活动,培养他们的同理心和公民意识。

## 二、学校课程设置

学校的课程设置围绕"华之语、华之智、华之创、华之艺、华之健、华之心"六大课程门类展开。"华之语课程"注重培养学生扎实的语言基础和跨文化交流能力;"华之智课程"注重逻辑知识的传授和思维能力的提升;"华之创课程"注重激发学生的创新思维和创业精神;"华之艺课程"注重培养学生的审美素养和艺术表达能力;"华之健课程"关注学生身心健康和运动技能的培养;"华之心课程"则着重于学生的心理健康和情感教育。六大课程门类相互融合,共同助力学生全面发展。分年级分学期具体课程设置如表 2-2 所示。

表 2-2　上海市书院中学课程设置表

| 课程＼年级 | 华之语课程 | 华之智课程 | 华之创课程 | 华之艺课程 | 华之健课程 | 华之心课程 |
|---|---|---|---|---|---|---|
| 六上 | 语文、英语、会读文言、历史小故事、讲故事、朗诵 | 数学、智慧数学、趣味数学、七巧板、逻辑启蒙之旅 | 科学、地理、信息科技、综合实践、多肉培育、模型制作、Scratch 编程、科技前沿系列主题教育课 | 艺术、水仙雕刻、陶艺、英文歌、口琴、原创音视频、银杏叶课程、创意叶片书签 | 体育与健康、劳动、心理、花式跳绳、网球、校园定向赛 | 道德与法治、感恩主题教育课、行规礼仪、鸟哨故事 |

| 课程　　年级 | 华之语课程 | 华之智课程 | 华之创课程 | 华之艺课程 | 华之健课程 | 华之心课程 |
|---|---|---|---|---|---|---|
| 六下 | 语文、英语、会读文言、历史小故事、讲故事、朗诵 | 数学、智慧数学、趣味数学、d七巧板、逻辑启蒙之旅 | 科学、地理、信息科技、综合实践、多肉培育、模型制作、Scratch编程、科技前沿系列主题教育课 | 艺术、水仙雕刻、陶艺、英文歌、口琴、原创音视频、银杏叶课程、创意叶片书签 | 体育与健康、劳动、心理、花式跳绳、网球、校园定向赛 | 道德与法治、感恩主题教育课、行规礼仪、鸟哨故事 |
| 七上 | 语文、英语、历史、讲好中国故事、演讲基础 | 数学、数学扑克牌、思维体操、智慧迷宫 | 生物、地理、理化生小实验、综合实践、创意木工、头脑奥林匹克、3D建筑建模、无人机驾驶 | 艺术、书法、简笔画、涂鸦画、腰鼓、原创音视频、经典影视赏析 | 体育与健康、劳动、书院系列主题教育课（心理）、毽球 | 道德与法治、名人系列主题教育课、时事政治 |
| 七下 | 语文、英语、历史、讲好中国故事、演讲基础 | 数学、数学扑克牌、思维体操、智慧迷宫 | 生物、地理、理化生小实验、综合实践、创意木工、头脑奥林匹克、3D建筑建模、无人机驾驶 | 艺术、书法、简笔画、涂鸦画、腰鼓、原创音视频、经典影视赏析 | 体育与健康、劳动、书院系列主题教育课（心理）、毽球 | 道德与法治、名人系列主题教育课、时事政治 |

| 年级＼课程 | 华之语课程 | 华之智课程 | 华之创课程 | 华之艺课程 | 华之健课程 | 华之心课程 |
|---|---|---|---|---|---|---|
| 八上 | 语文、英语、历史、科普英语、国学经典 | 数学、逻辑拼图大师、数学中的艺术、校园空间改造、3D室内装潢设计 | 物理、化学小故事、综合实践、校园农场、跟着中海博玩"福船" | 艺术、校园文创、木雕、手卷钢琴、航拍摄影、银杏果系列课程 | 体育与健康、劳动、成长之道（青春期）、篮球 | 道德与法治、拾光环保志愿者、为老服务志愿者 |
| 八下 | 语文、英语、历史、科普英语、国学经典 | 数学、逻辑拼图大师、数学中的艺术、校园空间改造、3D室内装潢设计 | 物理、化学小故事、综合实践、校园农场、跟着中海博玩"福船" | 艺术、校园文创、木雕、手卷钢琴、航拍摄影、银杏果系列课程 | 体育与健康、劳动、成长之道（青春期）、篮球 | 道德与法治、拾光环保志愿者、为老服务志愿者 |
| 九上 | 语文、英语、历史、科普英语、英语剧 | 数学、思维大侦探、不可能图形、校园空间改造 | 物理、化学、综合实践、3D打印、激光切割 | 艺术、手卷钢琴、艺术摄影、创意手办 | 体育与健康、劳动、棋类、飞盘 | 道德与法治、公益服务、职业体验 |
| 九下 | 语文、英语、历史、科普英语、英语剧 | 数学、思维大侦探、不可能图形、校园空间改造 | 物理、化学、综合实践、3D打印、激光切割 | 艺术、手卷钢琴、艺术摄影、创意手办 | 体育与健康、劳动、棋类、飞盘 | 道德与法治、公益服务、职业体验 |

## 第四节　走进"自华"育人新境界

学校"书院课程"通过"自华课堂"，鼓励学生主动学习；通过"自华学科"，强化学科核心素养；通过"自华社团"，发展学生兴趣特长；通过"自华之旅"，拓宽学生视野;通过"自华校园",浸润学生心灵;通过"自华联盟",汇聚优质资源;通过"自华农场",体验劳作乐趣;通过"自华之星",激励学生成长;通过"自华探究",培养学生探究精神。这些途径共同构建了学校全面、多元、深入的课程实施体系,创新"自华"育人新篇章。

## 一、建构"自华课堂",提升课程实施质量

"自华课堂"是一个旨在培养学生独立思考和自主学习能力的课堂教学模式。它强调学生的主体性,鼓励学生主动参与课堂活动,发挥个人潜能,形成自我认知和价值观念。在"自华课堂"中,教师充当引导者和启发者的角色,帮助学生发现问题、分析问题和解决问题,培养他们的创新思维和实践能力。

为了实现"自华课堂",学校从三方面入手构建。首先,促进教师转变传统的教学观念,尊重学生的个性差异,关注学生的全面发展。通过开设创意木工、涂鸦画、航拍摄影等学生喜闻乐见的校本课程,由老师带着学生"玩",开展项目化学习,师生在共同完成项目的过程中,逐步转变对教与学的认知,适应新时代的发展。其次,促进教师采用多样化的教学方法,如案例分析、小组讨论、角色扮演等,激发学生的学习兴趣和积极性。学校通过引入 C30 智能教学系统,在所有学科全面铺开,促进教师教和学生学的高度精准,利用现代化数字技术,为教育教学减负增效。此外,教师还为学生提供丰富的学习资源和实践机会,促进学生的自主学习和探究学习。基于 C30 智能教学系统,教师将各类学习资源分享到每一位学生,将课堂延伸,增加师生之间的互动。并通过智慧数学、数学扑克、理化生小实验、化学小故事等校本课程,进一步拓展学生的视野,激发学生潜能。

## 二、建设"自华学科",强化学科课程特色

"自华学科"是一种强调学科特色、注重学生个性化发展的学科建设理念。它主张学科课程应具有鲜明的特色,注重培养学生的学科兴趣和学科素养,同时充分尊重学生的个性差异,提供多样化的学科课程选择。在"自华学科"的指导下,学校将致力于打造具有品牌特色的优势学科,提升学科教学质量和学术水平。

为了建设"自华学科",学校将采取一系列的措施。首先,学校深入挖掘各学科的特色和优势,制定符合学校实际的学科建设规划。以 2022 版新课标为指导,梳理各类学科的增长点,通过将国家课程、地方课程和校本课程有机融合进四年八个学期中,形成有梯度的学科体系,促进学生的健康成长。其次,教师积极探索多样化

的教学方法和手段,注重培养学生的学科兴趣和探究能力。以 C30 智能教学系统为依托,将线上线下打通,以学生喜闻乐见的形式开展教育教学工作,切实开展教育教学的数字化转型,提升课堂效能,落实减负任务。同时,学校不断加强学科教学资源建设,提供丰富的学习材料和实践平台。学科教室建设是一个重要抓手,在现有美术室、音乐室、听说教室、计算机室、资源教室、劳技室、陶艺室、安全实训室、拓展室、阅览室等的基础上,学校将进一步建设地理教室、历史教室等专用学科教室,同时改建现有的物理、化学、生物等实验室为综合实验室,提升各类专用室的利用率。此外,学校继续加强和外部的交流与合作,引进优质的教育资源和教学理念,提升学科建设的水平和影响力。通过学区和集团,引入国学诵读、花式跳绳、网球等专业课程。通过选派优秀教师走出去,参与馆校合作项目培训,培养学校自己的"金牌博老师",将博物馆课程、游学课程等引入学校。

### 三、创设"自华社团",发展学生兴趣爱好

"自华社团"是书院中学为了培养学生兴趣爱好、发展学生个性特长而创设的学生社团组织。这些社团以学生的自主管理和自我发展为核心,通过开展各种形式的活动,提高学生的综合素质和社会适应能力。在"自华社团"中,学生可以根据自己的兴趣爱好选择加入相应的社团,积极参与社团活动,发挥自己的潜力和创造力。

为了成功创设"自华社团",学校参照校本课程的管理制度,制定社团管理制度和活动计划,明确社团的宗旨、目标和活动内容。每学期初由教师申报各类社团,学校管理部门审核并制定每个学期的社团活动计划,通过社团活动丰富学生在校生活,提供多样化的课后服务,满足不同学生的个性化需求。学校还鼓励师生共同参与社团的创建和管理,选拔有能力的学生担任社团负责人,同时聘请专业教师进行指导。学校目前有简笔画、涂鸦画、口琴、英文歌、头脑奥林匹克、多肉培育、校园文创、棋类、3D打印、激光切割、无人机等多种社团可供学生挑选,还将根据学生需求,不断更新和调整现有社团,尽可能让每个学生都能有1～2个乐于参与的社团。在此过程中,学校注重培养学生的自主管理能力、团队协作精神和创新实践能力,鼓励学生积极参与、自主策划和组织活动。将校园各类活动如简笔画展、英文歌比赛、科技节展示、校园定向赛等,以项目化的形式,全程放手让学生操办,在真实情境中锻炼学生各方面的能力。此外,学校一直在努力提供必要的场地、设施和经费

支持,确保社团活动的正常开展。学校将进一步综合开发校园空间,充分利用每一个校园空间。现有各类专用室将进行功能叠加,综合利用,确保每个专用室能承接 2 个以上的社团活动;各类走廊墙面将作为简笔画、涂鸦画社团的主阵地和展示平台;为满足体育类社团的全天候开展,学校将用建设各类廊棚的方式弥补无体育馆的短板;为增加校园农场空间,学校将对实验室楼顶进行改造升级,构建空中农场。此外,学校将为校园空间改造社团大开绿灯,学校仓库的各类闲置资源都将成为社团的宝库。

### 四、推进"自华之旅",落实研学旅行课程

"自华之旅"是书院中学推进研学旅行课程的一项重要举措。它旨在通过组织学生参与各种形式的研学旅行,让学生在真实的情境中亲身体验、探究知识,培养他们的实践能力和创新精神。在"自华之旅"中,学生将走出课堂,深入社会、自然和文化等多个领域,通过实地考察、交流学习等方式,拓宽视野、增长见识,提升综合素质。

为了成功推进"自华之旅",学校制定了详细的研学旅行课程方案,明确课程目标、内容、实施方式和评价标准。学校将以综合实践活动为抓手,有效落实研学旅行课程。学校每学期初根据实际情况,确定研学目的地,并根据目的地特点,编制相关课程并实施。目前研学旅行目的地分为学校周边、浦东新区内及上海市内,夏令营、冬令营、社团课程中将利用节假日开展更远的研学旅行课程。馆校合作课程将是学校重点开发的研学旅行课程,以各级各类博物馆资源为依托的课程将更受学生欢迎,目前已开发的课程有"跟着中海博玩'福船'"。学校为更好地开展研学旅行课程,与相关机构、企业和社会团体等都建立了长期合作关系,将进一步共同开发符合新课标的研学旅行的资源和平台,同时将选派优秀教师深入调研,参与到研学旅行课程的开发中去,形成社会之旅、自然之旅、人文之旅三个门类的研学旅行课程。学校为了给学生提供更好的保障措施,确保学生的安全和健康,依托全员导师制,将研学旅行课程小班化,在实施过程中,注重学生的主体性和探究性,引导学生积极参与、自主探究和合作学习,在全员导师的带领下,更好地完成课程目标。

### 五、激活"自华校园",开发环境隐性课程

"自华校园"是一个旨在通过营造积极向上的校园文化氛围,促进学生全面发

展的教育理念。它强调校园环境的隐性课程作用，认为校园环境对于学生的成长和发展具有潜移默化的影响。在"自华校园"中，学校将致力于打造一个充满活力、健康、和谐的学习环境，让学生在其中感受到自我价值的实现和个性的发展。

为了激活"自华校园"，学校非常重视校园文化建设，制定了符合学校实际的校园文化建设计划。为构建书院特色的校园文化，经过这些年的积累，逐步建起了三座名人铜像、"書"字影壁、校园石刻、校园"竹简"、银杏书香园、黑瓦白墙的"杏香书院"影壁等。后续将继续沿着书院特色的建设计划努力，除了学校层面的建设计划外，还将通过校园空间改造课程、简笔画、涂鸦画、3D建筑建模、3D室内装潢设计、校园文创、校园定向赛等课程，将师生的课程成果作为校园文化建设的一部分永久展示，全方位构建出一座新时代丰满且充满活力的书院。除了建设，学校需要加强校园环境的整治和美化，提供良好的学习和生活环境。校园空间改造课程将对校园重新进行全方位的空间设计，通过对校园环境的整治、优化和美化，以满足学生日益丰富的空间需求，同时，通过劳动课程的助力，将校园日常的清洁、维护等工作交还到学生手中，让学生成为校园真正的主人。除了静态的校园环境外，学校的文化氛围也是学校的重要组成部分，学校通过文艺演出、科技竞赛、专题讲座、作品展览等多种形式，丰富校园生活，激发学生的活力和创造力。此外，"自华校园"十分注重学生的心理健康和情感关怀，通过"心灵树洞"写信给未来的自己，激励自己努力学习；在"心灵驿站"放松休息，汲取前行的动力；在"心灵之窗"宣泄负能量。学校心理室通过开设书院系列主题教育课程，为师生提供必要的心理辅导和支持。

### 六、创建"自华联盟"，开发家校共育课程

"自华联盟"是一个旨在促进家校共育的合作联盟，通过整合学校和家庭的教育资源，共同为学生的全面发展提供支持。在"自华联盟"中，学校和家庭将形成紧密的合作伙伴关系，共同参与学生的教育过程，充分发挥各自的优势，提升教育效果。

为了创建"自华联盟"，学校与家长建立起了有效的沟通渠道，及时交流学生的情况，共同制定教育计划。每学期期初的全员导师全员家访，是学校建立家校沟通渠道采取的"走出去"的办法，通过上门，让学校增加对学生和家长的了解、理解，有利于为每个学生量身定制适切的教育教学策略。期中、期末的家长会则是学校"请

进来"的办法,开展家长教育培训,提升家长的教育理念和方法,提高家庭教育质量,通过学校宣传、教师与家长面对面等形式,进一步加强家校共建体系。此外,学校还利用微信、钉钉、C30智能教学系统、学校公众号等信息技术手段,构建了家校线上沟通平台,鼓励家长加强与学校和老师的沟通交流,共同助力学生成长。学校通过组织家长参与学校课堂、课外活动、综合实践活动、志愿服务活动、研学旅行课程等,增进家长对学校教育教学工作的了解,促进家校沟通的有效性。同时借助家长的专业知识和资源,丰富课程内容,开设家长讲座、家长课堂、家长工坊等家长资源课程。为了保障"自华联盟"的有效运行,学校建立了完善的组织架构和规章制度,明确各方的职责和权益,后续将进一步研发家校社共育课程,将社会力量纳入办学中来,为学生提供更加丰富的课程资源。

### 七、开发"自华农场",落实劳动教育课程

"自华农场"是书院中学为了落实劳动教育课程而开发的一个实践基地。它为学生提供了一个真实的劳动环境,让学生通过亲身体验,了解劳动的价值和意义,培养他们的劳动技能和劳动精神。在"自华农场"中,学生可以参与农作物的种植、养护、收获等各个环节,学习农业知识,感受劳动的艰辛与乐趣。

为了成功开发"自华农场",学校选择合适的场地,进行土地整理和基础设施建设,确保农场具备基本的生产条件。目前校园农场1.0版的自制种植箱和校园农场2.0版的拼装种植箱已经投入使用,校园农场3.0版的水培项目也进入实施阶段,后续将借助校园农场课程继续开展迭代升级工作。学校将进一步发掘校园空间来扩大"自华农场"规模,如教学楼楼梯间、实验楼楼顶平台、操场西侧围墙、学生食堂北侧空间、停车场边缘空间等将逐步纳入校园农场中来。此外,"自华农场"校外劳动教育基地已初具规模,占地约3亩,建有两个温室大棚,相关种植课程、温室育苗课程、多肉种植和培育课程等都在有序开展中。为更好地建设"自华农场",学校邀请上海市农科院专家到校指导,开展科普讲座、种植指导等活动,并建立起了长期合作关系,为后续"自华农场"的发展奠定了基础。"自华农场"建立的初衷就是为了落实劳动教育,学校定期组织学生参与劳动实践,通过亲身参与农作物的种植、养护和收获等活动,让学生感受劳动的艰辛与乐趣。学校组织开展农业相关的主题活动,如农业知识竞赛、农产品展览、农产品义卖等活动,丰富"自华农场"的内涵。

## 八、评选"自华之星",发展学生个性特长

"自华之星"是书院中学为了发展学生个性特长而设立的一个荣誉奖项。它旨在激励学生在某个领域或某个方面展现出卓越的表现或独特的才华,促进学生个性化发展。通过评选"自华之星",学校希望能够激发学生的自信心和创造力,培养他们的领导力和团队合作精神。

为了推进"自华之星"评选,学校制定了详细的评选标准和程序,明确评选的条件和流程。结合学生在国家课程、地方课程和校本课程参与中的综合表现,开展"自华之星"评选活动。具体评选方式如下。

1. 将国家课程、地方课程和校本课程依据华之语课程、华之智课程、华之创课程、华之艺课程、华之健课程和华之心课程进行划分,根据各年级学生每学期的课程进行课程积分测算,按年级根据课程积分评选"华之语"少年、"华之智"少年、"华之创"少年、"华之艺"少年、"华之健"少年和"华之心"少年。每学期评价一次。

2. 各类课程按 A、B、C 等第评价,等第 A 的课程积分为 10 分,等第 B 的课程积分为 8 分,等第 C 的课程积分为 6 分。先按六类课程分别计算华之语课程积分、华之智课程积分、华之创课程积分、华之艺课程积分、华之健课程积分和华之心课程积分,并按前 45% 取"华之语"少年、"华之智"少年、"华之创"少年、"华之艺"少年、"华之健"少年和"华之心"少年。

3. 根据华之语课程积分、华之智课程积分、华之创课程积分、华之艺课程积分、华之健课程积分和华之心课程积分求和获得"自华之星"积分,按前 45% 取"自华之星"综合奖。

4. 根据学生各方面的表现,还将设置"自华之星"单项奖,包括"劳动之星""创新之星""合作之星""进步之星""安全之星"等。具体评价量规见表 2-3。

表 2-3　上海市书院中学"自华之星"单项奖项评价量规体系

| 奖项名称 | 评选标准 | 评选周期 | 评选方式 |
|---|---|---|---|
| 劳动之星 | 在劳动教育活动中表现突出,积极参与,技能掌握熟练 | 每学期一次 | 综合评价、教师推荐、学生投票 |
| 创新之星 | 在各类教育活动中展现出创新思维和独特创意,成果显著 | 每学年一次 | 创新成果展示、专家评审 |

| 奖项名称 | 评选标准 | 评选周期 | 评选方式 |
|---|---|---|---|
| 合作之星 | 在团队劳动项目中表现出色,展现良好的团队合作和协作精神 | 每季度一次 | 团队项目评分、同伴评价 |
| 进步之星 | 在各类教育过程中有明显进步,技能提升或态度转变显著 | 每月一次 | 前后对比、教师评价 |
| 安全之星 | 在各类实践中始终遵守安全规定,无安全事故记录 | 每学期一次 | 安全观察记录、违规记录 |

通过以上荣誉奖项评奖办法,可以激励学生在各类教育活动中展现优秀表现,促进他们的全面发展,并营造积极向上的学习氛围。

### 九、做实"自华探究",做好项目学习课程

"自华探究"是一种以项目为基础的学习方式,旨在通过学生的主动探究和实践,培养他们的创新思维、解决问题和团队合作能力。在"自华探究"中,学生围绕一个具体的项目,通过观察、调查、实验等方式,收集信息、分析数据,最终形成解决方案或作品。这种学习方式强调学生的自主性和实践性,鼓励学生发挥自己的想象力和创造力,积极探索未知领域。

为了做实"自华探究",学校制定了具体的项目学习课程计划,明确课程目标、内容、实施方式和评价标准。各学科通过跨学科主题学习,以项目化形式,引导学生开展各类探究学习。如在物理、化学、生物、科学等理科学科中,严格落实各学科课程标准,尤其注重实验探究项目,每学期都制定学期实验计划并认真执行。学校为满足学生个性化的探究项目选题,依托丰富的校本课程和社团体系,让学生根据自己的兴趣和特长进行选择。同时,学校组织教师进行培训,提高教师对探究项目的教学设计能力和指导能力,并充分发挥全员导师制的作用,开展探究项目的导师带教,为学生创建个性化的支持体系。此外,学校尽力提供必要的学习空间和资源,如全面开放各类实验室、专用教室、图书馆、阅览室和电脑机房等,确保学生能够顺利进行探究活动。在实施过程中,注重学生的主体性和探究性,引导学生自主探究、合作学习,在真事真做中探寻真知。

总之,学校着眼于学生全面成长和未来发展,推进教育改革创新,优化治理体

系,建强教师队伍,用"大思政课"创新育人格局,以此来促进五育融合,全面发展素质教育,以数字化驱动育人模式变革,打造未来学校新样态,促进学生全面健康成长,为浦东教育高质量发展勇建新功。

（撰稿人：上海市书院中学　刘景菲　赵华）

# 第三章

# 巧构学校课程框架

　　架构符合学校情境的课程结构体系,是梳理课程类型并明确各类型关系的过程。科学的分类是构建学校课程框架的前提和关键。学校课程结构设计,要关注学校课程的宏观、中观和微观三个层面,要基于特定的逻辑,对存在于学校的国家课程、地方课程和校本课程进行合理分类并建构其间的联系,使之形成一个有序的课程图谱。

有人认为,学校应当参照课程计划并根据自己特定的教育思想、教育目标来设计自己的课程体系,形成具有自己特色、个性的课程结构。一个整体的学校课程结构应由三方面组成:课程质的结构、类的结构和量的结构。[1] 学校课程框架即学校课程结构,是依据课程目标梳理课程类型,并明确各类型关系的过程。

从社会学角度分析课程结构所蕴含的社会学特征,课程结构主要分为宏观、中观和微观三个层面:宏观层面主要考察权力在国家课程、地方课程以及学校课程配置中的作用;中观层面主要探讨不同学科之间地位呈"阶层化"的实质;微观层面则通过对学科内部知识结构的分析,揭示其蕴含的价值取向。[2] 我们认为,在学校范围内,宏观课程是学校的整体课程,中观课程是一个领域或学科的课程,微观课程是一门校本课程或者一个单元的课程,甚至一堂课呈现的学习经历。

有学者认为,基于核心素养的学校课程结构设计就是将国家课程、地方课程、校本课程整合,形成一个有序、和谐、具有学校特色的整体,形成有序的学校课程体系。[3] 学校课程结构设计,就是对存在于学校的国家课程、地方课程和校本课程进行合理分类并建构其间联系,使之形成一个有序的课程图谱。这个课程图谱,包含横向分类及其关系,因此,科学的分类是构建学校课程框架的前提。

通过对不同学科和知识领域进行合理分类,我们可以更好地组织和设计课程,使其具有逻辑性和系统性,做到不交叉、不重复。可以依据学生的素养发展目标、课程功能系列,基于学习领域统合课程门类,也可以对国家规定的课程进行校本化重组等。科学的分类有助于学生逐步建立起扎实的知识基础,并为他们提供广泛的学习选择,满足不同学生的兴趣和发展需求。[4] 可见,科学的分类是构建学校课程框架的关键。构建学校课程框架需要平衡各种类别课程的关系,兼顾不同类型课程之间的比例,明确分类的标准等。例如,上海市三墩学校根据多元智能理论,学校"如墩式课程"包含"墩之心课程、墩之语课程、墩之智课程、墩之创课程、墩之健课程和墩之艺课程"等六大课程领域。每一类课程都体现三级课程的科学整合。

以科学的分类支撑学校课程的有效实施,需要注重课程的整合与衔接。在学

① 冯国文. 构建现代学校课程结构模式[J]. 课程·教材·教法,1999(5):7—10.
② 吴永军. 课程结构的社会学分析[J]. 南京师大学报(社会科学版),2001(1):83—88.
③ 黎明. 基于核心素养的学校课程结构设计[J]. 湖北教育(政务宣传),2020(2):26—28.
④ 赵文平. 论学校课程结构的构建[J]. 教育理论与实践,2013,33(19):52—56.

校课程框架中,不同学科之间并非孤立存在,它们相互关联、相互渗透。在此基础上,还要进一步按照年级和学期进行课程设置,以形成整体性的课程框架。从已有的实践和研究来看,当前学校课程结构的内容设计主要有三种模式:一是领域—科目—模块;二是基础—拓展—活动;三是立体整合。① 如此,以科学的分类支撑学校课程的高质量实施。例如,上海市三墩学校结合学校课程资源,对课程的内容体系进行系统设置,通过"如墩课堂""如墩社团""如墩研学""如墩探究""如墩节日""如墩团队""如墩实践""如墩专题"等八条多样化路径来落实课程实施,让"给予每一个生命如墩的力量"的课程理念落地、生花、结果。

钟启泉教授指出:创建富有个性的学校文化正是课程改革的核心课题,以学校文化的底蕴去奠定新生代学习发展的基础。② 巧构学校课程框架应该在国家课程标准的指导下,引入文化概念,将文化概念植入学校课程框架,使得学校课程框架带有鲜明的文化特征。如此,课程育人就有了学校文化的价值赋能,富有个性特色的学校文化对学生成长将会产生深远的意义。

**一校一策**

如墩式课程:
给予每一个生命
如墩的力量

上海市三墩学校是浦东新区一所公办九年一贯制学校,位于浦东新区大团镇三宣公路 245 号和 395 号,由东、西两个校区组成。东部校区前身为创办于 1907 年的明义小学堂,后为三墩中心小学;西部校区前身为创办于 1958 年的三墩农业中学,后为三墩初级中学。2002 年 8 月,三墩中心小学和三墩初级中学合并为现在的上海市三墩学校。学校坚持立德树人,打造健康快乐的诗意校园。以学生健康品

---

① 杨清.学校课程结构设计:从自发到自觉[J].教育科学研究,2016(11):49—53.
② 丛洲.我理想中的学校课程结构[J].全球教育展望,2004,33(7):74—76.

质的养成为目标,致力于办老百姓家门口的好学校。学校曾获得区文明单位、区行为规范示范校、区爱国卫生运动标兵单位、区国防教育先进基层单位、区心理健康达标校、上海市体育校园联盟学校、上海市模范退休教工之家、上海市优秀文化团队、上海市安全文明校园、上海市绿色学校等荣誉称号。现依据《中共中央国务院关于深化教育教学改革全面提高义务教育质量的意见》《教育部关于全面深化课程改革落实立德树人根本任务的意见》《义务教育课程方案和学科课程标准(2022 年版)》《教育部办公厅基础教育课程教学改革深化行动方案》《教育部关于加强中小学地方课程和校本课程建设与管理的意见》,研制本校课程规划。

## 第一节　生命如墩,教育如墩

学校所在的大团地区历史、文化悠久。三墩的地名一直沿袭至今,其来历与历史上的抗倭斗争有关。明朝时期,南汇沿海经常遭受倭寇入侵,肆意烧杀抢劫,祸害百姓。为了防御倭寇的入侵,明洪武十九年(1386 年)信国公汤和奉命在南汇沿海修建防御工事。按军事体制的要求,在下沙盐场中设置 9 个团的建制,自南而北称为一团、二团至九团。在老护塘上自一团至九团修筑了 12 座烽火墩,一墩直至十二墩。今大团境内所筑烟墩排列第一、第二、第三,故称一墩、二墩、三墩。三墩,位于三墩社区北市梢。

"墩"是一个古老的词汇,在我国丰富的汉字文化中,墩字独具特色,寓意深厚。墩,本意是土堆,特指厚实粗大的石块、木头或建筑物基础等。墩字的字形由"土"和"敦"组成,敦字有厚实、雄伟之意,因此墩字也寓意着坚固、稳重,含有敦实、可爱、踏实、敦厚、淳朴、忠诚、信仰、宽容、团结、谨慎、判断力、爱学习、有毅力、具创造力量、稳定与平衡等意象特征。对于国家、民族来说,这是一种精神;对于学校来说,是一种文化;对于教师来说,是一种品质;对于学生来说,是一种个性。我们认为,生命如墩,教育如墩,它应该是踏实、诚实、稳重、扎实、厚实、本源、本真的。

**一、学校教育哲学**

教育,就像那坚实的墩台,支撑着我们的生命之塔,稳固而持久。生命本身,也如同一座座墩台,承载着我们的经历和成长,历久弥新。在这个比喻中,墩台不仅象征着基础和支撑,更代表着连续性和发展性。学校牢牢站立在"如墩文化"土壤之上,根据教育规律和学校特色建设科学性、系统性、系列性、操作性和独特性的原则,采用传承与创新相结合的策略,进一步充实与完善学校的办学思想体系,凸显个性化特征。根据自身对办学的理解和独特的文化符号,学校把办学理念确立为:让踏实稳重成为生命底色。因此,学校提出如下教育哲学:如墩教育。这一教育哲学有以下深刻的内涵。

——"如墩教育"即教人以诚的教育。生活中,我们总会遇到各种各样的人,有的人轻浮,有的人急躁,有的人则踏实稳重……我们笃信:让踏实稳重成为生命的底色,不仅是一种人生态度,更是一种人生智慧,一种人生修养。而踏实稳重的人,他们懂得事物的成长和发展需要时间的积累和沉淀,他们懂得人生的真谛不在于速度,而在于深度和广度。踏实稳重也是一种人生修养。一个踏实稳重的人,他们对自己有要求,对生活有热爱,他们知道如何去尊重他人,如何去爱护他人。他们知道,只有自己的踏实稳重,才能赢得他人的尊重和信任。

——"如墩教育"即内容厚实的教育。在这个知识爆炸的时代,教育不再仅仅是传递信息的简单过程,而应成为一场丰富心灵、拓展视野的深刻体验。如墩教育,正是这样一场内容厚实、引人入胜的教育之旅,旨在为学生提供丰富多样的知识体系,培养他们的综合素质,使他们在未来的生活和工作中具备竞争力。

在"如墩教育"中,我们强调的不仅仅是知识的深度,更是其广度。我们鼓励学生跳出传统课堂的束缚,通过参与各种实践活动,将理论知识与实际操作相结合,从而提升自身的实践能力和创新能力。我们相信,只有这样,学生才能真正理解和掌握知识,将其内化为自己的能力和素质。"如墩教育"同样注重品格的塑造。我们相信,一个人的品格决定了他的行为和选择,因此,我们在教育过程中始终将品格教育放在重要位置。我们努力培养学生良好的道德品质和深厚的人文素养,使他们成为有责任、有担当的社会公民。此外,"如墩教育"还注重学生的个性发展。每个学生都是独一无二的个体,因此,我们努力为每个学生提供个性化的成长路径,充分挖掘他们的潜能,帮助他们实现自己的人生价值。

——"如墩教育"即坚守本真的教育。在繁华纷扰的现代社会,教育的目标往往被各种外在因素所左右,而"如墩教育",却始终坚守那一份对本真的执着。我们坚信,教育的真谛在于激发每个孩子的内在潜能,帮助他们找到自己的兴趣和热爱,让他们在成长的过程中,不仅获得知识,更获得快乐。"如墩教育"的老师们是孩子们的朋友,也是他们的引路人,更是农村教育的守望者。老师用爱心和耐心,去理解每一个孩子,去引导他们发现自己的优点,去鼓励他们挑战自己的极限。老师用知识和智慧,为孩子们点亮前行的道路。"如墩教育",不仅追求短期内的成绩和效果,更看重孩子们长期的成长和发展。我们相信,只有坚守本真的教育,才能培养出有思想、有情感、有责任感的下一代。"如墩教育",不仅教育孩子们,更教育我们每一个人。

——"如墩教育"即踏实稳重的教育。踏实稳重是一种人生态度。在面对生活的种种挑战和困难时,踏实稳重的人总能保持冷静和理智,他们不急不躁,一步一个脚印地去解决问题,去克服困难。他们知道,只有踏实稳重,才能在生活中站得更稳,走得更远。踏实稳重是一种人生智慧。在快节奏的现代社会,人们往往追求速度和效率,而忽略了事物的本质和内在价值。

我们知道,要真正做到踏实稳重,并非易事。需要我们对自己的生活有深入的理解和认知、有足够的耐心和毅力、有坚定的信念和决心。只有这样,才能让踏实稳重成为生命的底色,让生活更加美好。教育是精神的浸润与扎根,是厚实的生活体验和丰盈的成长,是坚韧的生命质感和强大的内在力量,是初心如磐的持恒坚守,是深耕细作的笃实前行,是沉毅温柔的静待花开。让我们将如墩之力传递给每一个生命体,让每个人都能勇敢面对生活的风浪与挑战。因此,学校确定校训:一步一脚印。为此,我们秉持如下教育信条:

我们坚信,

教育如墩,生命如墩。

我们坚信,

踏实稳重是生命的底色。

我们坚信,

一步一个脚印是生命最舒展的姿态。

我们坚信,

给予每一个生命如墩的力量是教育的使命。

## 二、学校课程理念

在"让踏实稳重成为生命底色"的办学理念引领下,学校提出如下课程理念:给予每一个生命如墩的力量。其具体内涵如下。

——课程即生命的眷注。课程是生命的眷注,它承载着我们对未来的期望和祝福。教育和生命,相辅相成,彼此依存。教育为生命提供了方向和力量,而生命则为教育赋予了意义和价值。在这个旅程中,我们既是学习者,也是实践者,我们在教育的墩台上不断建造,也在生命的墩台上不断前行。让我们珍惜每一次教育和学习的机会,使我们的生命之塔更加宏伟壮丽;让我们用心体验每一个生命墩台,使我们的教育之旅更加丰富多彩。

——课程即力量的给予。课程的力量对于学生潜能的激发是无法小觑的。课程不仅仅是为了传授知识,更是为了培养学生的创新思维、实践能力和综合素质。我们关注学生的个体差异,充分挖掘学生的潜能,使他们在学习过程中不断挑战自我,实现自我价值。课程为孩子的发展打开一扇希望之门,也许会在未来的某个时刻影响他一生的发展。在生命广阔的河流里,每个存在都犹如坚实的墩子,独一无二且坚韧不拔。每个生命都应该被赋予如墩的力量,去面对生活的风浪和挑战。

——课程即持恒的坚守。构建"如墩"课程体系,依托"五育融合"的六类课程,用"持恒发展、发展持恒"的方法引导墩校学子德性成长、全面发展。挖掘课程的持恒着力点,引导学生简单事情重复做,坚持做,做中学,学中悟。反复夯实,不断锤炼,方能守住根本,历练品性。以踏实稳重为底色体验多彩生活,在持恒坚守中探寻生命本质。

——课程即个性的张扬。19 世纪著名的课程论学者斯宾塞曾说:"教育的目的是培养人的个性。"我们开发各种能张扬学生个性,弘扬传统特色、地方特色、学校特色并具有实践功能、蕴含德行发展的开放课程,在课程实施中注重五大领域的融合,又重视每个学生的个性发展,努力满足每个学生的个性需求,滋养每个生命的个性生长。我们认为,张扬应是长期的厚积,适时的薄发,是冷静思考后的必要发言。个性孕育创新,创新展示个性。

基于以上理念,学校的课程模式命名为:如墩式课程。这是一个朴素但有现实意义的模式,在我们看来,教育是生命的墩台,它为我们提供了坚实的知识和技能基础,让我们能够在这个复杂多变的世界中立足。它教会我们如何思考,如何学习,如何解决问题,从而为我们的生命之旅铺设一条坚实的道路。每一次学习的经历,都像是在墩台上加盖一层砖石,让我们用脚踏实地的态度去体验生命的美好,使我们的生命之塔更加厚实,更加高大,更加坚固。

## 第二节　做踏实稳重的人

　　学校所处的大团地区历史悠久、底蕴敦厚,培养了大批行为世范、品评卓逸的英豪雅士。学校寻根溯源,以"如墩教育"为哲学,致力于为学生健康快乐成长提供适切的教育,为每一个生命奠定成功的基石。学校以"如墩式课程"为抓手,致力于实现培养"为人诚实、基础扎实、做事踏实"的新时代人才的育人目标,因此,建构了学校课程框架与体系。

### 一、育人目标

　　学校倡导每个学生都做踏实稳重的人,学校致力于培养"为人诚实、基础扎实、做事踏实"的具有良好品质、专业素养和社会责任感的新时代人才。育人目标具体如下——

　　为人诚实:爱家国,亲乡土,有爱心;

　　基础扎实:爱学习,会思考,有信心;

　　做事踏实:爱劳动,勤健身,有恒心。

### 二、课程目标

　　基于以上课程理念,将学校育人目标进一步细化,形成 1—9 年级的课程目标,具体如表 3-1。

表 3-1　上海市三墩学校课程目标

| 育人目标<br>年级 | 为人诚实 | 基础扎实 | 做事踏实 |
|---|---|---|---|
| 一年级 | 1. 认识国旗国徽,知道社会主义核心价值观。<br>2. 爱祖国、爱家乡、爱学校、爱父母、爱班级、爱同学。<br>3. 懂礼貌讲诚信,守约定,不撒谎,与同伴友好 | 1. 喜欢学习汉字,学习朗读、默读,在阅读中积累词语,有表达交流的自信。<br>2. 对数学学习产生兴趣并树立信心,形成初步的量感和应用意识等,感悟分析问题和解决问题的基本方法。<br>3. 激发和培养对音乐的兴趣,开发音乐的感知力,在 | 1. 初步感知劳动的艰辛与乐趣,学会尊重他人的劳动付出。喜欢劳动,具有主动劳动、积极参加劳动的愿望。<br>2. 知道基本运动技能的内容,学习初步的安全自护 |

| 育人目标　　年级 | 为人诚实 | 基础扎实 | 做事踏实 |
|---|---|---|---|
| | 相处。主动向师长问好，会用谢谢、请、您好等礼貌用语。<br>4. 讲卫生，不乱扔垃圾，见到垃圾自觉捡起来。<br>5. 热爱生命，懂得自我保护，远离伤害。 | 艺术实践中初步建立规则意识和合作意识。能感知身边的美，初步形成设计意识。<br>4. 认识常见物体的基本外部特征，在老师指导下，观察具体事物的构成要素，初步分清观点和事实。具有简单交流、评价探究过程和结果的意识。乐于分享和表达自己的看法。<br>5. 感知并学习适应环境的变化。 | 知识和健康技能。<br>3. 遵守学校纪律，维护课堂秩序。积极参与学校和班级活动，有集体荣誉感，能够关心和帮助他人。<br>4. 学会自己的事情自己做，减轻父母负担。 |
| 二年级 | 1. 认识党旗，积极加入中国少年先锋队。知道社会主义核心价值观。<br>2. 爱祖国、爱家乡、爱学校、爱父母、爱班级、爱同学。<br>3. 主动与人沟通；培养阳光心理，举止文明，不打架，不骂人。<br>4. 懂礼貌讲诚信，守约定，不撒谎，与同伴友好相处。<br>5. 遵守学校纪律， | 1. 学习独立识字。尝试阅读整本书。积累喜欢的成语和格言警句，背诵优秀诗文。积极参加讨论，写自己想说的话，学习使用标点符号。积累活动体验。<br>2. 形成初步的几何直观和应用意识。对身边与数学有关的事物有好奇心，能参与数学学习活动，尝试对他人的想法提出建议。<br>3. 能自然有表情地演唱，培养乐观态度和友爱精神。<br>4. 能积极参与艺术活动，学习制作工艺品，初步形成综合探索与学习迁移能力。<br>5. 知道地球是人类和动植物的共同家园，知道简单的制作问题需要定义和界 | 1. 初步形成以自己的劳动服务他人的意识。<br>2. 积极参与简单的家庭烹饪等家务劳动。在劳动过程中遵守纪律，不怕脏、不怕累，初步养成有始有终、认真劳动的习惯。<br>3. 学习初步的安全自护知识和健康技能。<br>4. 积极参与体育及各种校园活动，初步掌握简单的技术动作，感受运动给自己的生 |

| 育人目标<br>年级 | 为人诚实 | 基础扎实 | 做事踏实 |
|---|---|---|---|
| | 维护课堂秩序。<br>6. 热爱生命，懂得自我保护，远离伤害。 | 定。利用发散思维、重组思维等方法提出不同想法。初步养成良好的学习习惯。树立节约资源保护环境意识。<br>6. 感知并学习适应环境的变化。 | 活带来的乐趣。<br>5. 了解生活中的规则，具有初步的规则意识。<br>6. 学会自己的事情自己做，减轻父母负担。 |
| 三年级 | 1. 初步感知基本国情，积极参加中国少年先锋队的活动。初步理解社会主义核心价值观的要求，在日常生活和集体活动中加以践行。<br>2. 初步养成健康的生活卫生习惯，关心公共卫生，掌握基本的交往礼仪，诚实守信。<br>3. 孝敬父母，尊重师长，体会父母的养育之恩和师长的辛劳。<br>4. 自觉遵守行为规范和校规校纪，养成良好的学习、生活 | 1. 养成主动识字的习惯，学会默读，能初步把握文章主要内容，增强表达的自信心。学会认真倾听并能简要转述。能就不理解的地方向人请教。在活动中学习合作。<br>2. 积累数学活动经验，形成数感、运算能力和初步的推理意识、数据意识，尝试从数学中发现和提出数学问题，探索分析和解决问题的方法。<br>3. 能正确书写字母、单词、句子。对英语学习有积极性，有主动了解中外文化的愿望，热爱自己的国家和文化。敢于表达，不怕出错。<br>4. 具有丰富的音乐情绪与情感体验，能自信自然地进行艺术活动，发展交流与合作能力。能创作美术作品，学会以视觉形象的方式与他人交流。<br>5. 积极参加学校各项活动， | 1. 懂得"一分耕耘，一分收获"的道理。懂得在劳动中遵规守约，初步学会与他人合作劳动。<br>2. 主动分担家务，协助参与家庭环境卫生清洁。<br>3. 具有规则意识并学会遵守规则。<br>4. 积极参加学校各项体育体锻活动。<br>5. 做事有耐心，在克服困难中增强自信心。<br>6. 建立和谐的人际关系，具有良好的合作精神，体验集体活动和个人活动的区别，在实践活动中尊重他人。 |

| 育人目标 / 年级 | 为人诚实 | 基础扎实 | 做事踏实 |
|---|---|---|---|
| | 和行为习惯。<br>5. 在校园生活中学会谦让,乐于助人。<br>6. 热爱自然,了解自然是我们生活的共同家园。 | 绘画、舞蹈、朗诵等,养成多种兴趣爱好。<br>6. 能区分植物和动物的主要特征,利用模型解释简单的科学现象。提出可探究的科学问题,乐于动手操作感兴趣的事物,质疑他人观点。 | |
| 四年级 | 1. 初步感知基本国情,积极参加中国少年先锋队的活动。初步理解社会主义核心价值观的要求,在日常生活和集体活动中加以践行。<br>2. 初步养成健康的生活卫生习惯,掌握基本的交往礼仪,诚实守信。<br>3. 孝敬父母,尊重师长。<br>4. 自觉遵守行为规范和校规校纪,养成良好的学习、生活和行为习惯。<br>5. 热爱自然,了解自然是我们 | 1. 养成良好的书写习惯,能复述作品大意。阅读整本书,养成读书看报的习惯,课外阅读总量不少于 40 万字。观察周围世界,能写下见闻、感受和想象。能提出学习和生活中的问题。<br>2. 形成量感、推理意识和应用意识,愿意参与数学学习活动,体验克服困难、解决问题的成就,体验数学美。敢于质疑和反思。<br>3. 能在语境中理解简单句的表意功能,仿写简单句子。乐于参与课堂活动,遇到困难大胆求助。能尝试借助多种渠道学习英语,积极思考。<br>4. 培养音乐感受与欣赏的能力,能自信地、有表情地演唱。<br>5. 培养积极向上的兴趣和爱好,形成坚持进行兴趣活动的习惯。 | 1. 在劳动过程和日常生活中做到勤俭节约、不怕困难。<br>2. 能参加校园卫生保洁、垃圾分类处理、绿化美化等劳动,适当参加社区环保、公共卫生维护等力所能及的公益劳动。<br>3. 具有规则意识并学会遵守规则。<br>4. 增强体能,掌握和应用基本的体育与健康知识和运动技能。<br>5. 做事有耐心,在克服困难中增强自信心。<br>6. 具有良好的心理品质,表现出人际交往的能力与 |

| 育人目标\n\n年级 | 为人诚实 | 基础扎实 | 做事踏实 |
|---|---|---|---|
| | 生活的共同家园。 | 6. 知道人类生活离不开自然资源,可设计简单实验,突破思维定势,提出有一定新颖性、合理性的观点。能发现作品的不足并进行改正。 | 合作精神。 |
| 五年级 | 1. 具有维护国家利益和祖国尊严的意识与行动,理解社会主义核心价值观的内涵,在日常生活和社会活动中积极践行。<br>2. 懂得自律,诚实守信,能够得体地与人交往,学会合作。<br>3. 孝敬父母,尊重师长,懂得感恩。<br>4. 知道违法要承担责任。形成守法意识,具有道德与法治意识。<br>5. 热爱并尊重自然,初步了解可持续发展理念。 | 1. 有较强的独立识字能力,学习浏览,初步领悟文章的基本表达方法,阅读叙事性作品。表达有条理,珍视个人独特感受,积累习作素材,初步运用多种方法整理和呈现信息。<br>2. 形成符号意识、数感、量感、模型意识、应用意识和创新意识,尝试在真实情境中发现和提出问题并分析与解决问题。<br>3. 对开展跨文化沟通与交流有兴趣,能关注生活和媒体上的语言使用。积极参与课堂活动,注意倾听,合作学习。及时预习和复习所学内容。<br>4. 能在艺术活动中展现个性和创意,关注社会生活和社会文化中的音乐现象。能为班级、学校的活动设计物品,学习工匠精神。<br>5. 初步认识常见事物的变化,能使用或建构模型,解释有关的科学现象和过程。提出可探究的科学问题和 | 1. 在基本的田园耕作、植物养护、工艺品制作等生产劳动过程中,感知并理解普通劳动者的光荣和伟大。<br>2. 初步具备从事简单农业生产劳动的能力。<br>3. 增强体能,掌握和应用基本的体育与健康知识和运动技能。<br>4. 做事有责任心,能持之以恒,能明辨是非。<br>5. 不怕困难,具有一定的抗挫能力。<br>6. 具有良好的心理品质,表现出人际交往的能力与合作精神。 |

| 育人目标<br>年级 | 为人诚实 | 基础扎实 | 做事踏实 |
|---|---|---|---|
| | | 研究假设,不盲从,以事实为依据作出独立判断。 | |
| 六年级 | 1. 具有维护国家利益和祖国尊严的意识与行动,理解社会主义核心价值观的内涵,在日常生活和社会活动中积极践行。<br>2. 懂得自律,诚实守信,能够得体地与人交往,学会合作。<br>3. 孝敬父母,尊重师长,懂得感恩。<br>4. 生活上学会注重细节,待人有礼,与同学互相帮助,日常从班集体的角度思考问题,多为班级作贡献。<br>5. 有较强的规则和法治意识,知道法律可以保障我们的生活。<br>6. 热爱并尊重自然,初步了解可持续发展理念。 | 1. 有良好的写字习惯,阅读说明性文章,阅读整本书。能写简单的纪实作文和想象作文,修改自己的习作。策划简单的校园活动和社会活动,开展专题探究活动,学习辨别是非、善恶、美丑。<br>2. 形成模型意识和初步的应用意识、创新意识。对数学有好奇心和求知欲,主动参与数学学习活动,体验成功的乐趣,初步养成认真勤奋、独立思考、合作交流、反思质疑的习惯。<br>3. 感知体验文化多样性,乐于参与英语实践活动,能借助多种渠道或资源学习英语,学习过程中认真思考、主动探究。能从不同角度辩证看待事物。<br>4. 乐于参与艺术表现活动,养成守规则、负责任等良好品质。领略世界美术的多样性和差异性,养成尊重、理解和包容的态度。<br>5. 初步认识地理环境是人类生存的基础,立足家乡、胸怀祖国、放眼世界。初步形成从地理综合视角看待 | 1. 在劳动过程中吃苦耐劳,主动承担力所能及的劳动,养成安全劳动、规范操作、坚持不懈,以及诚实劳动、合法劳动的劳动习惯和品质。<br>2. 在服务性劳动中运用已有劳动技能服务他人、服务学校、服务社区。<br>3. 积极参与到班级和学校的活动中,并学会发掘自己擅长的体育或文娱项目。<br>4. 做事有责任心,能持之以恒,能明辨是非。<br>5. 不怕困难,具有一定的抗挫能力。 |

| 育人目标<br>年级 | 为人诚实 | 基础扎实 | 做事踏实 |
|---|---|---|---|
|  |  | 与分析问题的意识与能力。初步具备崇尚真知、大胆尝试等科学品质。<br>6. 能认识到调整人类不合理的生产和生活方式,可减少对地球的影响。能运用创造性思维,进行初步的创意设计,采取不同方式呈现探究的过程与结果,并进行评价、反思、改进。 |  |
| 七年级 | 1. 树立为中华民族伟大复兴而奋斗的理想。理解社会主义核心价值观的内涵及其重要意义,在日常生活和社会活动中自觉践行。<br>2. 遵守基本的社交礼仪,理性维护社会公德;理解诚信是做人的基本要求,做到言行一致;团结同学,宽容友爱。<br>3. 以德智体美劳全面发展的要求约束和鞭策自己。争当中低年级学生的 | 1. 能熟练使用字典词典独立识字。能正确流利有感情地朗读,养成默读习惯。辩证思考问题,自信、负责地表达自己的观点。每学年阅读两三部名著。阅读浅易文言文。多角度观察生活,为写作奠定基础,努力提高语言文字运用能力。学习跨媒介阅读与运用,形成健康的审美情趣。<br>2. 形成抽象能力、模型观念,进一步发展运算能力。探索在不同情境中从数学角度发现和提出问题并从不同角度寻求分析问题和解决问题的方法。克服困难,树立学好数学的信心。<br>3. 能围绕相关主题,运用所学语言。能针对语篇的内容或观点进行合理质疑,依据不同信息进行独立思 | 1. 在劳动中,初步形成不畏艰辛、积极探索、追求创新的精神。<br>2. 在具有一定挑战性的日常生活劳动中,比较熟练地运用家政技能,提高生活自理能力。<br>3. 知道体育锻炼有益健康。了解心理健康的积极作用,认识心理健康与身心发展的关系。<br>4. 养成自尊自信的人生态度,在生活中磨炼意志,形成良好的抗挫能力。<br>5. 懂得做事要讲 |

| 育人目标 \ 年级 | 为人诚实 | 基础扎实 | 做事踏实 |
|---|---|---|---|
| | 榜样。<br>4. 感念父母养育之恩、长辈关爱之情,能够为父母分忧解难,尊重师长。<br>5. 有强烈的中华文化自豪感,坚定文化自信。<br>6. 敬畏自然,具有绿色发展理念。 | 考。理解与感悟中外优秀文化的内涵。具备初步的信息素养。能合理安排学习任务,主动预习、复习、主动探究。<br>4. 提高音乐感受与评价欣赏能力,编创与展示简单的音乐作品。能利用不同的工具和材料,制作或创作工艺品,体会"守正创新"的内涵。<br>5. 能运用简单模型解释常见现象,解决常见问题。具有在真实情境中提出探究问题和制订探究计划的能力。乐于思考现象发生的原因和规律。<br>6. 初步学会在唯物史观的指导下看待历史,在具体的时空条件下考察历史,依靠可信史料了解和认识历史。<br>7. 能运用多种地理工具获取区域信息,增进热爱家乡、热爱祖国的感情。初步掌握地理实践活动的基本方法,增强信息运用、实践操作等行动力,养成在实践活动中乐于合作、勇于克服困难等品质。 | 善、小、勤、恒,形成认真踏实的做事风格。<br>6. 在劳动中,初步形成不畏艰辛、积极探索、追求创新的精神。<br>7. 在具有一定挑战性的日常生活劳动中,比较熟练地运用家政技能,提高生活自理能力。<br>8. 知道体育锻炼有益健康。了解心理健康的积极作用,认识心理健康与身心发展的关系。<br>9. 养成自尊自信的人生态度,在生活中磨炼意志,形成良好的抗挫能力。<br>10. 懂得做事要讲善、小、勤、恒,形成认真踏实的做事风格。 |
| 八年级 | 1. 树立为中华民族伟大复兴而奋斗的理想。理解社会主义 | 1. 提高书写速度,能区分写实作品与虚构作品,初步领悟作品内涵,从中获得对自然、社会、人生的有益启示, | 1. 形成初步的职业意识和生涯规划意识,进一步增强公共服务意识 |

| 育人目标 / 年级 | 为人诚实 | 基础扎实 | 做事踏实 |
|---|---|---|---|
| | 核心价值观的内涵及其重要意义，在日常生活和社会活动中自觉践行。<br>2. 遵守社交礼仪，维护社会公德；诚信做人，言行一致；团结同学，宽容友爱。<br>3. 以德智体美劳全面发展的要求约束和鞭策自己，争当中低年级学生的榜样。<br>4. 有运用法律武器进行自我保护和维权的法治观念。<br>5. 有强烈的中华文化自豪感，坚定文化自信。<br>6. 维护公共秩序，讲社会公德，爱护公共财物。 | 提高欣赏品味。探索个性化的阅读方法，开展专题研究，建构阅读整本书的经验。自主组织文学活动，关心学校、国内外大事。<br>2. 形成推理能力，发展空间观念和几何直观。能严谨、准确地表达自己的观点，反思解决问题的方法和结论，形成批判思维和创新意识。<br>3. 能根据语篇推断信息之间的逻辑关系。积极使用英语交流，主动反思进步与不足。找到适合自己的学习方法。<br>4. 丰富和提高艺术想象力和创造力，主动参与音乐表现活动，发展自主学习能力和团队合作能力。能创作美术作品，形成设计意识，增强社会责任感。<br>5. 能灵活运用二维方式展现三维空间的物体，能理解科学探究的过程和基本方法。具有生态文明意识。<br>6. 初步学会有理有据地表达自己对历史的看法，形成对国家和中华民族的认同，有理想、有担当。<br>7. 能将所学物理知识与实际情境联系起来，初步形成物质观念、运动和相互作用 | 和社会责任感。<br>2. 具有持续参加劳动的积极性，在劳动过程中持之以恒，诚实守信，有责任担当。<br>3. 认同体育锻炼是健康生活方式的重要组成部分，体育锻炼时能进行自我监控，提高对各类突发事件的应变能力。<br>4. 敬畏自然，具有绿色发展理念。<br>5. 在经历挫折和克服困难的过程中，提高抗挫折能力和情绪控制能力，增强自信心。<br>6. 懂得做事要讲善、小、勤、恒，形成认真踏实的做事风格。 |

| 育人目标<br>年级 | 为人诚实 | 基础扎实 | 做事踏实 |
|---|---|---|---|
| | | 观念、能量观念,会用所学模型分析常见物理问题,具有初步的科学推理能力、论证能力和质疑创新意识。 | |
| 九年级 | 1. 树立为中华民族伟大复兴而奋斗的理想。理解社会主义核心价值观的内涵及其重要意义,在日常生活和社会活动中自觉践行。<br>2. 遵守社交礼仪,维护社会公德;诚信做人,言行一致;团结同学,宽容友爱。<br>3. 以德智体美劳全面发展的要求约束和鞭策自己。争当中低年级学生的榜样。<br>4. 有运用法律武器进行自我保护和维权的法治观念。<br>5. 有强烈的中华文化自豪感,坚定文化自信。 | 1. 体会书法的审美价值,阅读各种文体文章,注重积累、感悟和运用,能与他人合作,共同探讨、分析、解决疑难问题。每学年阅读两三部名著,感受经典名著的艺术魅力,丰富精神世界。学会制订阅读计划。提高独立写作的能力,做到文从字顺。能制订简单的研究计划。开展跨学科学习,能综合运用绘画、表演、创作等多种活动样式开展校园活动和社会活动。<br>2. 形成数据观念、模型观念和推理能力。在项目化学习中,综合运用数学和其他学科知识与方法解决问题。欣赏并尝试创造数学美。养成认真勤奋、独立思考、合作交流、反思质疑的习惯。<br>3. 初步具备运用所学英语进行跨文化沟通与交流的能力。能从不同角度解读语篇,做出正确的价值判断。能根据学习目标和进展合理调整学习计划和策略, | 1. 持续参与日常生活劳动、生产劳动和服务性劳动,增强家庭责任意识,认识到劳动对国家富强、人类发展的意义,积极主动地向优秀劳动榜样学习。能综合运用劳动技能解决问题,发展创造性劳动能力。<br>2. 认同体育锻炼是健康生活方式的重要组成部分,体育锻炼时能进行自我监控,提高对各类突发事件的应变能力。<br>3. 能劳逸结合,注重德智体美劳全面发展。<br>4. 养成自尊自信的人生态度,在生活中磨炼意志,形成良好的抗挫能力。 |

| 育人目标 年级 | 为人诚实 | 基础扎实 | 做事踏实 |
|---|---|---|---|
| | 6. 维护公共秩序,讲社会公德,爱护公共财物,在公共生活中做文明的社会成员。 | 积极进行拓展性运用。有自信自强的好品质。树立国际视野。<br>4. 领略世界音乐文化的多样性,尊重文化差异。了解非物质文化遗产的含义,制作传统工艺品或文创产品,进一步提升综合探索与学习迁移能力。<br>5. 知道科学对技术与工程具有指导意义,具有创造性解决问题的能力。理解不同类型的学习所具有的价值,掌握智能时代多种有效的学习方法,能根据自身实际制订合理的学习目标、计划,安排学习进程,监控学习行为。具有一定的自主学习能力和初步的终身学习意识。<br>6. 能制订简单的科学探究方案,有控制实验条件的意识,具有获取证据、作出解释的能力,能自我反思,听取他人意见,乐于思考实践,体验战胜困难、解决问题的喜悦,严谨认真,实事求是。<br>7. 形成化学观念,解决实际问题。发展科学思维,强化创新意识。养成科学态度,具有责任担当。 | 5. 懂得做事要讲善、小、勤、恒,形成认真踏实的做事风格。 |

## 第三节　让课程拥有如墩的力量

学校以"如墩式课程"为抓手,致力于实现培养"为人诚实、基础扎实、做事踏实"的新时代人才的育人目标,因此,建构了学校课程框架与体系。

### 一、学校课程逻辑

学校秉持"如墩教育"的教育哲学和"让踏实稳重成为生命底色"的办学理念、"给予每一个生命如墩的力量"的课程理念、"做稳重踏实的人"的育人目标,以"如墩式课程"为抓手,建构起有逻辑的课程体系。"如墩式课程"的逻辑如下(见图3-1)。

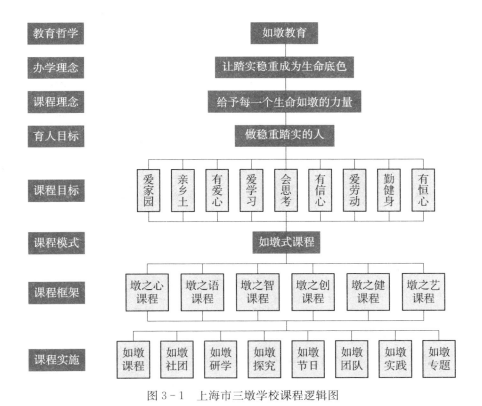

图3-1　上海市三墩学校课程逻辑图

### 二、学校课程结构

根据多元智能理论,学校"如墩式课程"包含"墩之心课程、墩之语课程、墩之智课程、墩之创课程、墩之健课程和墩之艺课程"等六大课程领域,让课程拥有如墩的力量,见图 3-2。

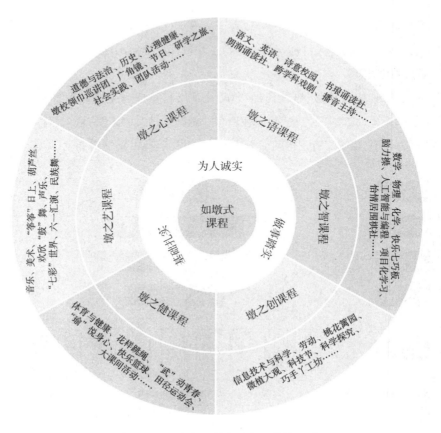

图 3-2 上海市三墩学校课程结构图谱

图 3-2 中,学校将现有的国家课程、地方课程、校本课程,整合为六大板块,形成了多彩的"如墩课程"。

1. 墩之心课程,关注的是自我与社会,整合的是国家课程中的道德与法治、历史、班团队活动、社区服务、社会实践等;也延伸到了部分年级的地方课程心理健康教育与校本课程"广角镜""墩校领巾巡讲团"、研学之旅、节日等。

2. 墩之语课程,关注的是语言与表达,整合的是国家课程中的语文、英语等;也延伸到了校本课程"诗意校园""书琅诵读社""朗润诵读社""跨学科戏剧"、阅读节活动等。

3. 墩之智课程,关注的是逻辑与思维,整合的是国家课程中的数学、物理、化学等课程;也延伸到了校本课程"智力操""快乐七巧板""怡情居围棋社""人工智能与编程"等。

4. 墩之创课程,关注的是科学与探索,整合的是国家课程中的自然、科学、生命科学、劳动、班团队活动、社区服务、社会实践等;也延伸到了部分年级的地方课程跨学科与校本课程"桃花篱园""微植大观""巧手丫工坊""机器人与无人机编程"、科技节活动等。

5. 墩之健课程,关注的是运动与健康,整合的是国家课程中的体育与健身等;也延伸到了校本课程"快乐篮球""快乐足球""花样跳绳""'武'动青春""'瑜'悦身心"、田径运动会等。

6. 墩之艺课程,关注的是艺术与审美,整合的是国家课程中的音乐、美术、艺术等;也延伸到了校本课程"民族舞""葫芦丝""欢欣'鼓'舞""定格动画""'筝筝'日上""'七彩'世界"、六一汇演活动等。

上述每一类课程都体现三级课程的科学整合:国家课程占九年总课时比例约82%,地方课程不超过九年总课时的3%,校本课程占九年总课时比例约15%。这种课程合并不是随意的、盲目的,是根据学科自身的特点以及培养目标而定的。比如,语文与英语这两门学科指向的都是语言文字的运用与表达,培养语言与交流能力,将两者划归于"墩之语"是比较科学的做法。这样的课程架构既兼顾义务教育阶段对学科教学的要求,又通过拓展型课程、探究型课程去激活每一个学生的潜能,培养综合素质的人才,实现"如墩式教育"。

### 三、学校课程设置

立足学生需求,结合学校课程资源,对课程的内容体系进行系统设置,详见表3-2。

表3-2 上海市三墩学校课程设置表

| 学期 | 墩之心课程 | 墩之语课程 | 墩之智课程 | 墩之创课程 | 墩之健课程 | 墩之艺课程 |
|---|---|---|---|---|---|---|
| 一上 | 道德与法治、节日、团队专题、实践、研学之旅等 | 语文、英语等、诗意校园 | 数学等、脑力操、快乐七巧板 | 自然、一米菜园、桃花篱园、科技节 | 体育与健身、快乐篮球、快乐足球、大课间、田径运动会 | 音乐、美术、"筝筝"日上 |

| 学期 | 墩之心课程 | 墩之语课程 | 墩之智课程 | 墩之创课程 | 墩之健课程 | 墩之艺课程 |
|---|---|---|---|---|---|---|
| 一下 | 道德与法治、节日、团队、专题、实践、研学之旅等 | 语文、英语等、诗意校园 | 数学等、脑力操、快乐七巧板 | 自然、一米菜园、桃花篱园、科技节 | 体育与健身、快乐篮球、快乐足球、大课间、田径运动会 | 音乐、美术、"筝筝"日上、啦啦操 |
| 二上 | 道德与法治、节日、团队、专题、实践、研学之旅等 | 语文、英语等、诗意校园 | 数学等、创意手工 | 自然、一米菜园、桃花篱园、科技节 | 体育与健身、快乐篮球、大课间、田径运动会 | 音乐、美术、"筝筝"日上、葫芦丝 |
| 二下 | 道德与法治、节日、团队、专题、实践、研学之旅等 | 语文、英语等、诗意校园 | 数学等、创意手工 | 自然、一米菜园、桃花篱园、科技节 | 体育与健身、快乐篮球、大课间、田径运动会 | 音乐、美术、"筝筝"日上、葫芦丝、色彩创想 |
| 三上 | 道德与法治、心理健康、节日、团队、专题、实践、研学之旅等 | 语文、英语等、诗意校园 | 数学等、纸里星辰、机器人 | 自然、信息科技、一米菜园、桃花篱园、黏土制作、科技节 | 体育与健身、快乐篮球、大课间、田径运动会 | 音乐、美术、"筝筝"日上、民族舞 |
| 三下 | 道德与法治、心理健康、节日、团队、专题、实践、研学之旅等 | 语文、英语等、诗意校园 | 数学等、纸里星辰、机器人 | 自然、信息科技、一米菜园、桃花篱园、黏土制作、科技节 | 体育与健身、快乐篮球、大课间、田径运动会 | 音乐、美术、"筝筝"日上、民族舞 |
| 四上 | 道德与法治、墩校红领巾巡讲团、节日、团队、专题、实践、研学之旅等 | 语文、英语等、诗意校园、书琅诵读社、跨学科戏剧 | 数学等 | 自然、劳动、桃花篱园、科技节 | 体育与健身、快乐篮球、花样跳绳、"武"动青春、大课间、田径运动会 | 音乐、美术、"筝筝"日上 |

| 学期 | 墩之心课程 | 墩之语课程 | 墩之智课程 | 墩之创课程 | 墩之健课程 | 墩之艺课程 |
|---|---|---|---|---|---|---|
| 四下 | 道德与法治、墩校红领巾巡讲团、节日、团队、专题、实践、研学之旅等 | 语文、英语等、诗意校园、书琅诵读社、播音主持 | 数学等 | 自然、劳动、桃花篱园、科技节 | 体育与健身、快乐篮球、花样跳绳、"武"动青春、大课间、田径运动会 | 音乐、美术、跨学科戏剧、"筝筝"日上 |
| 五上 | 道德与法治、节日、团队、专题、实践、研学之旅等 | 语文、英语等、诗意校园、书琅诵读社、跨学科戏剧 | 数学等 | 自然、劳动、桃花篱园、微植大观、巧手丫工坊、科技节 | 体育与健身、快乐篮球、"武"动青春、大课间、田径运动会 | 音乐、美术、"筝筝"日上、欢欣"鼓"舞 |
| 五下 | 道德与法治、节日、团队、专题、实践、研学之旅等 | 语文、英语等、诗意校园、书琅诵读社、播音主持 | 数学等 | 自然、劳动、桃花篱园、微植大观、巧手丫工坊、科技节 | 体育与健身、快乐篮球、"武"动青春、大课间、田径运动会 | 音乐、美术、"筝筝"日上、欢欣"鼓"舞 |
| 六上 | 道德与法治、心理健康、节日、团队、专题、实践、研学之旅等 | 语文、英语等、诗意校园、朗润诵读社、国学通识 | 数学等 | 地理、信息科技、劳动、科学与探索、桃花篱园、微植大观、科技节 | 体育与健身、快乐篮球、活力乒乓、大课间、田径运动会 | 音乐、美术、定格动画 |
| 六下 | 道德与法治、心理健康、节日、团队、专题、实践、研学之旅等 | 语文、英语等、诗意校园、朗润诵读社、国学通识 | 数学等 | 地理、信息科技、劳动、科学与探索、桃花篱园、微植大观、科技节 | 体育与健身、活力乒乓、快乐篮球、大课间、田径运动会 | 音乐、美术、声乐 |
| 七上 | 道德与法治、历史、节日、团队、专题、实践、研学之旅等 | 语文、英语等、诗意校园、朗润诵读社、国学通识 | 数学等、广角镜 | 地理、劳动、科学与探索、桃花篱园、科技节 | 体育与健身、快乐篮球、活力乒乓、"瑜"悦身心、大课间、田径运动会 | 音乐、美术、"七彩"世界 |

| 学期 | 墩之心课程 | 墩之语课程 | 墩之智课程 | 墩之创课程 | 墩之健课程 | 墩之艺课程 |
|---|---|---|---|---|---|---|
| 七下 | 道德与法治、历史、节日、团队、专题、实践、研学之旅等 | 语文、英语等、诗意校园、朗润诵读社、国学通识 | 数学等、广角镜 | 地理、劳动、科学与探索、桃花篱园、科技节 | 体育与健身、快乐篮球、活力乒乓、"瑜"悦身心、大课间、田径运动会 | 音乐、美术、"七彩"世界 |
| 八上 | 道德与法治、历史、节日、团队、专题、实践、研学之旅等 | 语文、英语等、朗润诵读社、节气文化 | 数学、物理等、怡情居围棋社、人工智能与编程 | 生命科学、劳动、桃花篱园、科技节 | 体育与健身、快乐篮球、大课间、田径运动会 | 音乐、美术 |
| 八下 | 道德与法治、历史、节日、团队、专题、实践、研学之旅等 | 语文、英语等、诗意校园、朗润诵读社、节气文化 | 数学、物理等、怡情居围棋社、人工智能与编程 | 生命科学、劳动、桃花篱园、科技节 | 体育与健身、快乐篮球、大课间、田径运动会 | 音乐、美术 |
| 九上 | 道德与法治、节日、团队、专题、实践、研学之旅等 | 语文、英语等、诗意校园 | 数学、物理、化学等 | 跨学科、桃花篱园、科技节 | 体育与健身、快乐篮球、大课间、田径运动会 | 艺术 |
| 九下 | 道德与法治、节日、团队、专题、实践、研学之旅等 | 语文、英语等、诗意校园 | 数学、物理、化学等 | 跨学科、桃花篱园、科技节、职业体验 | 体育与健身、快乐篮球、大课间、田径运动会 | 艺术 |

## 第四节　让踏实稳重成为生命底色

在当前教育改革的背景下,探讨学校课程实施的新路径显得尤为重要。学校通过"如墩课堂""如墩社团""如墩研学""如墩探究""如墩节日""如墩团队""如墩实践""如墩专题"等多样化路径来落实课程实施,最终实现"让踏实稳重成为生命底色"的办学宗旨。

**一、构建"如墩课堂",落实学科核心素养**

　　课堂教学是课程实施最重要的途径。学校通过构建学习共同体,创造安全、润泽课堂,来落实学科核心素养。学习共同体课堂是一种以学生为主体、教师为引导、同伴互助为支撑的新型教学模式。它旨在通过激发学生的内在动力,培养他们的自主学习能力和团队合作精神,从而实现学生、教师、学校共同成长、共同进步。"如墩课堂"包含着以下五个关键词。

　　1. 解放。"如墩课堂"是教学理念解放的课堂。学生是学习的主人,教是为学生"学"服务的。倡导自主、合作、探究的学习方式,解放学生的头脑、双手,解放学生的时空,将更多学习的主动权交给学生,以形成百花齐放、各美其美的教学境界。

　　2. 饱满。"如墩课堂"是教学目标饱满的课堂。"如墩",各有所长、各门学科各负其责,共同培养多样化的人才。在具体的教学中,作为国家课程的基础学科,它体现国家意志,是学生学习的基石,同时培养学生的正确价值观、关键能力以及必备品格。

　　3. 丰富。"如墩课堂"是教学内容丰富的课堂。"如墩"的兼容并蓄、大气开放使它拥有包容多学科的潜质。在五育融合视域下,结合校内外各种优质资源,鼓励教师开发特色校本教材,打造跨学科综合学习空间,让课程内容变得广泛丰富而有情趣,为培养未来高素质人才提供支持。

　　4. 扎实。"如墩课堂"是教学过程扎实的课堂。教师基于学生经验,设计富有挑战性的学习任务,加强知识学习与现实生活、社会实践之间的联系,注重"做中学""创中学""用中学",不断夯实锤炼。引导学生参与学科探究活动,通过以项目为驱动、学生为中心、实践为核心的学习方式引导学生经历发现问题、解决问题、交流分享、反思总结的过程,感悟学科思想方法。

　　5. 润泽。"如墩课堂"是教学生态安全润泽的课堂。作为一所农村学校,学生之间差异性大。"如墩",放慢课堂节奏,留足学生独立学习时间、协同学习时间,让学习充分地展开,深度学习真实发生。教师"弯下腰、蹲下身",尊重每一个学生的思考和感情,激发每一个学生的潜在可能性,触动他们的灵魂,唤起生命的共鸣。

## 二、建设"如墩社团",丰富学生活动体验

"如墩社团"课程,是开启学生全面发展的钥匙,它不仅仅是一堂堂课,更是生活的体验,心灵的探索,个性的释放。在这个舞台上,每个学生都能找到属于自己的光彩,每个梦想都能得到生长的空间。"如墩社团"课程的创新之处在于,它鼓励学生走出传统课堂,打破班级、年级、学段,自主报名走班上课,亲自动手实践,挑战自我,不断创新。在这里,学生不再是被动的接受者,而是主动的探索者。他们通过参与各类社团活动,不仅能够夯实基础,拓宽视野,丰富体验,锤炼品性,更能够在实践中培养自己的综合能力和核心素养。学校"如墩社团"涵盖了艺术类、体育类、科创类、语言类、自然类、益智类等六大类。

艺术类社团包括舞蹈、绘画、乐器等类型,旨在引导学生在丰富的创造性活动中发展想象力和创意,提高审美意识和创新能力。

体育类社团包括篮球、足球、瑜伽等活动,引导学生在亦静亦动的活动中提升身体素质,发展体育核心素养。

科创类社团旨在通过动手动脑的探究性活动,激发学生的科学探究意识、培养观察分析和推理能力。

语言类社团成员在专业老师的带领下,通过国学诵读等活动,提高语言表达能力,深化民族文化认同感。

自然类社团引导学生走进大自然,探索植物、进行田园实践,培养热爱自然、热爱劳动之情。

益智类社团基于不同年龄段学生的认知发展规律,以脑力操、七巧板等形式,创设有趣、有挑战性的活动,锻炼学生的思维能力。

## 三、开展"如墩研学",创设真实学习情境

为了让学生有机会将理论知识应用于实际情境,提高他们的实践能力和解决问题能力,学校德育处特开展"如墩研学"课程。学生在教师指导下,从自然、社会和生活中选择、确定专题进行研究,并在研究过程中主动获取知识、解决问题,是一种强调真实、深入和原创的研究和学习方式。"如墩研学"的课程设计注重跨学科整合,将多个学科的知识点融入研学活动中,让学生在实践中掌握知识,提高综合素质。"如墩研学"旨在通过实地考察和体验,让学生更好地了解社会和自然,拓宽他们的视野和思维方式,培养他们的实践能力和创新精神。

"如墩研学"充分利用学校及周边资源,开展田园研学、红色研学等活动,促进书本知识和社会生活的深度融合,引导学生在真实的实践和体验中积累经验,获得思想道德、实践能力的提升。

1. 田园研学:充分利用"桃花篱园"实践基地,开展田园研学活动。引导学生在学习实践中认识农作物、提升操作技能,培养对大自然的热爱之情,发展劳动素养。

(1)以小组为单位,结合田园研学的内容,人人动手操作,在相应的版面上设计组名、组徽、组员介绍、小组劳动口号等。

(2)劳动项目合作完成。在基地老师的指导下,明确种植、采摘要领,学习种植农作物,尝试用田园果实制作美食。

(3)采用微信小视频、美篇等形式展示学生劳动的精彩瞬间。将自己在劳动过程中的感受设计成手抄报、班级小报,在学校展出。

通过亲自参与劳动实践,感悟农民的艰辛,进而学着欣赏劳动,真正热爱劳动,用劳动为自己以后的幸福人生增加厚度。

2. 红色研学:基于学校特色在地文化,开展革命传统教育、爱国主义教育,引导学生在研学之旅中感知红色文化,传承发扬不怕困难、不畏艰险,勇于斗争、敢于胜利的精神。

以"行"回顾,追忆历史,深化认知。通过打卡"红色泥城馆""淞沪抗日纪念馆""一大会址""四行仓库遗址"等当地红色场馆,深化学生对乡土地貌、独特红色文化资源的理解,感受人民军队在抵御内外敌人的战争中所付出的艰难痛苦,感受人民军队为了和平事业所做的牺牲和贡献,激励学生为实现中华民族伟大复兴而努力奋斗。

以"事"串联,致敬英雄,强化情感。通过"墩校领巾巡讲团"各种形式讲解战争时期的重大历史事件和英雄人物事迹,提高自身对地方革命文化遗产的理解和认知水平,厚植爱国情怀,自觉成为革命精神的继承者和传播者。

以"景"唤情,领略山河,提升境界。对系列红色场馆、遗址的参观考察,通过拍照、心得、随笔等拓宽红色基因传承的经度和纬度,传承革命先烈的家国情怀,赓续红色血脉。

#### 四、设计"如墩探究",激发学生探索兴趣

通过探究,学生可以更深入地理解知识,因为探究过程需要他们进行思考、观

察、分析,从而更深入地理解和掌握知识,进而获得更多的成就感和自信心,使他们更愿意主动学习和探索。

"如墩探究"是一种注重实践和求真的探究方式。强调在探究过程中要实事求是、认真踏实,不浮躁、不敷衍。在教育实践中,"如墩探究"可以应用于各个学科领域,鼓励学生采用科学的方法进行探究,注重实践和求真,培养学生的科学探究意识、严谨求实的学习习惯和灵动的创新思维。基于不同学科特点和培养目标,设计自主或小组探究活动,引导学生在动手动脑的探究活动中训练思维、开拓视野、提升操作实践能力,为未来的学习和工作打下坚实的基础。

从农村学校的生源特点出发,结合校情,"如墩探究"主要研发探究农作物、系列科学小探究课程。通过引导学生自主探究、动手实践,激发他们的创造力和想象力,以帮助学生更好地挖掘、发展自己的潜能和能力。

结合学生生活实际与科学课程内容,充分利用学校及周边社区资源,设计探究农作物、科学小探究系列课程,引导学生通过探究实践,发展观察、对比、概括、归纳的能力,有效地提高学生的科学思维、科学表达能力,形成正确的科学观念。请教家中长辈或实地走访农户,了解三墩过去的农业发展情况。通过深入到田间,了解土地肥力提升、农作物的生长规律、种植方法、养护技巧、品种改良、灌溉技术等,体会劳动改变人民生活的重要价值,从而尊重劳动人民,崇尚劳动。

1. 小学系列科学探究:(1)声音小探究:学生通过制作土电话、进行发声实验等活动,了解声音在不同物质中的传播情况,进而讨论减小噪音和保护听力的方法,如轻声关门、不大声喧哗、在吵闹场所捂住耳朵等,不仅有助于自己的听力安全,而且有利于公共环境减少噪音污染。(2)动物小探究:饲养几种易于接触的动物,如白兔、乌龟、蝌蚪,等等。初步掌握有序观察的方法,了解动物的外部特征和生活习惯,记录并形成观察日记,探索生命的奥秘,了解生命的生长、发育和繁衍等过程。(3)植物小探究:养护各种植物,如各种多肉植物、各种常见盆栽、水仙、月季,观察校园乔木、灌木、藤条植物等,初步掌握有序观察的方法,了解植物的生长条件、四季变化,探索植物生长的奥秘,记录并形成观察日记。(4)生活现象小探究:比如让学生每天观察面包上霉菌的生长情况。通过学生的认真观察,引导学生思考,如你知道霉菌是怎么产生的吗? 面包发霉需要什么条件? 学生边观察边思考,根据观察记录到的现象进行分析,从而得到了霉菌生长跟潮湿、温度、空气、光照等条件有关的结论,掌握避免食物霉变的方法。

2. 中学系列科学探究(以八年级为例):在落实科学、物理、化学的国家课程之外,开设以物理为主要内容的拓展课。课程宗旨是"动手动脑做科学探究",目的是使学生获得丰富多样的体验。以一系列可操作、趣味性强、富于知识性的教学同步拓展实验为主要内容,通过教师引导,以学生动手实验为主,落实教学目标。物理拓展课引导学生联系生活实际,拓展知识,感受物理学习的乐趣、激发学习动力;提高观察能力、动手实验能力,形成创新意识。招生对象为八年级学生,每周一次,开展学习。课程设置总计划为两个学期,涉及力、热、声、光、电磁等五大板块。教学内容还涉及相关精选的影音阅读材料、科幻片和纪录片。每节课以学生活动为主,课程内容会根据学生的反馈做适当调整,详见表3-3。

表3-3　上海市三墩学校(中学)系列探究活动内容表

| 第一学期 | 第二学期 |
| --- | --- |
| ● 测量技巧<br>● 学会使用托盘天平<br>● 测密度鉴物质,成为"初级鉴定师"<br>● 制作试管排箫、红叶小笛<br>● 探究影子<br>● 生活中光的反射<br>● 生活中光的折射<br>● 科幻片《地心引力》中的科学知识<br>● 重心与稳度——制作一个平衡小人<br>● 静电章鱼<br>● 海水发电是否可行——盐水电池<br>● 自制一个电动机——认识电与磁的关系<br>● 生活中的伯努利原理(1)<br>● 生活中的伯努利原理(2)乒乓球炮 | ● 杠杆原理的应用——你会用杆秤吗?<br>● 轻松提起自己——滑轮组的应用<br>● 有趣的涡环现象(空气炮)<br>● 纸锅烧水<br>● 熔化与凝固——蜡烛 diy<br>● 分子表面张力——魔幻泡泡<br>● 另一种拔河比赛——大气压强<br>● 制作希罗喷泉<br>● 浮力、浮沉子与孔明灯<br>● 水火箭<br>● 航天航空史——火箭纪录片<br>● 弹性碰撞——牛顿摆<br>● 共振现象——蛇摆<br>● 碰撞与减震——鸡蛋撞地球 |

## 五、依托"如墩节日",落实主题教育活动

生活中值得纪念的重要日子,是人们为适应生产和生活的需要而共同创造的一种民俗文化。"如墩节日"是指那些具有悠久历史、文化内涵丰富、以特定主题为核心的节日。这些节日通常与某些特定的历史事件、文化传统或社会价值观念有

关,这些节日已经成为墩校文化的重要组成部分。依托"如墩节日",落实主题教育活动,学生可以更好地了解和传承中华文化,更加深入地了解和认同某一主题,增强对该主题的认知和认同感,增强文化自信心和归属感。

根据不同节日文化,学校在中华传统节日、重大节庆日、主题节日和重大纪念日分别开展相应的主题教育活动,让学生了解和体验不同的文化,提升学生理论联系生活实际、活学活用知识经验的意识,在娱乐中学习知识,拓宽视野,增强民族认同感和自豪感。

1. 中华传统节日。利用春节、元宵、清明、端午、中秋、重阳等中华传统节日以及二十四节气,开展介绍节日历史渊源、精神内涵、文化习俗等校园文化活动,学生可以更好地了解和传承中华文化,更加深入地了解和认同某一主题,增强对该主题的认知和认同感,增强文化自信心和归属感。

2. 重大节庆日。利用植树节、劳动节、青年节、儿童节、教师节、国庆节等重大节庆日集中开展爱党爱国、民族团结、热爱劳动、尊师重教、爱护环境等主题教育活动。

3. 重大纪念日。利用学雷锋纪念日、中国共产党建党纪念日、中国人民解放军建军纪念日、九一八纪念日、烈士纪念日、国家公祭日等重要纪念日,设计开展相关的主题教育活动。

4. 主题节日。依托学区化办学,在来源于学习生活的真实活动实践中,优化育人环境,营造积极向上的成长氛围,培养学生的创新精神和实践能力,让学生在活动中充分体验学习的乐趣,综合能力获得进一步发展,核心素养得到进一步提升。

丰收节:学校把"桃花篱园"基地劳动实践与校内劳动教育相融合,充分挖掘劳动教育的综合育人价值,引导学生积极参与力所能及、丰富多样的劳动实践。通过光盘行动"惜"丰收、巧手制作"赞"丰收、劳动岗位"展"丰收、自然笔记"绘"丰收、农耕采摘"享"丰收等丰收节系列活动,让学生亲身体验劳作之美、了解农耕文化、感受丰收之乐。

文化节:学校以"朗读亭""文化长廊"、十大名人雕像、公微诗意校园雅音诗韵系列为平台,构建具有特色的诗意校园文化。通过古诗词书写大赛、古诗词绘画比赛、亲子古诗词诵读比赛等文化节系列活动,让国学的智慧深植于学生的思维中,让国学的优秀道德品质根植在学生的内心中,增文化,育人才,滋养高尚的道德品质和情怀。

科技节:画一幅科学幻想画,读一本科普图书或杂志,看一场科普电影,联系实际写一篇读后感或读书笔记,提一条校园节能"金点子"等。各类科技竞赛活动,如魔方达人竞技赛、纸飞机大赛、游戏嘉年华。

阅读节:以班级为单位,进行一次整本书阅读指导课,一次读书交流会。进行阅读笔记指导(书签、读书小报、摘录名言警句、读后感等),年级组举行读书评比展示活动(低学段:"快乐童谣手"评比活动,中高学段:寓言故事大赛、诗歌朗诵会、成语PK)。校级阅读指导课研讨交流,校级阅读笔记的交流展示评比活动,学区内学校的古诗词邀请赛,邀请作家来校,与学生面对面聊阅读、聊写作。

体育节:秉承"人人参与、人人快乐、人人健康"的理念,开展形式多样、轻松活泼的趣味竞赛体育活动,包括体育赛事、体育知识竞赛、体育表演,等等,使学生活跃身心,丰富校园生活,共同感受校园生活的快乐,同时培养队员团结合作的精神,增强队员集体荣誉感。

## 六、打造"如墩团队",发挥团队引领作用

"如墩团队"是指由一群志同道合的墩校师生、家长组成的集体,旨在共同实现一个或多个目标。团队成员之间有着共同的目标和信念,通过协作、沟通、配合和互补,发挥各自的优势,共同完成任务、实现目标。"如墩团队"是像"墩"一样稳定、扎实、可靠的团队,团队注重队员的个人成长和学习,提供培训和锻炼机会,鼓励学生不断提升自己。

学校充分发挥团队辐射、引领作用,建设特色"家校诵读社""墩校领巾巡讲团",以诵读、巡讲的形式,完成文化传播方式的突破,实践对青少年思想的引领,有效提高家、校、社协作联动的育人功能。

家校诵读社:用好"朗读亭",聘请诵读、语言文字方面的专家学者来校讲课,成立学生、家长与教师共同参与的诵读队伍。充分利用课余和家庭亲子活动,提升学生的诵读素养,用声情并茂、形式多样的诵读方式,融合家校之间的情感交流。通过诵读活动邀请家长、社区居民进校园,了解学校治理情况,对学校工作提出意见、建议,在共同诠释经典文学的美感中推进家校社合作共治。

墩校领巾巡讲团:线上、线下相结合,老师、学生、家长共同创新编写宣讲材料。充分利用少先队宣传阵地——十分钟队会、"国旗下讲话"、红领巾广播、少先队活

动课时宣讲;充分利用各种节日主题活动——六一"云端话队史""童音宣讲　献礼七一""亲子同音　献礼八一""大手牵小手　童心颂党恩"等活动中宣讲;跨出校门走向社会,在各类红色纪念馆里宣讲、到社区活动中心宣讲等,积极巡讲,增强品牌效应。一个个小故事从儿童的视角出发讲述红色历史、时代楷模、时政风云,几代人共同追寻红色故事,探访英雄足迹,在追寻红色记忆中赓续红色血脉。

## 七、开展"如墩实践",提升学生综合素养

"实践出真知",实践是人们自觉自我的行为。"如墩实践"是指墩校学生在一定时间内参与到校内外的各类实践活动中。"如墩实践"有助于拓展学生的学习范围,促进学生素养全面发展,同时也可以培养学生的社会责任感和团队合作意识,提高解决问题的能力。

学校积极开展"社区志愿者""校园小卫士""职场体验官"等实践活动,并在学校日常运行中渗透劳动、品德教育。

1. 社区志愿者:学校积极开展"社区志愿者"活动,宣扬乐于奉献的雷锋精神,加强与社区的联系和资源共享,引导学生学以致用、知行合一、热心公益,打造师生参与、居民欢迎、互助共赢的良好局面。

2. 校园小卫士:结合中低年级学生的认知发展特点,开展"校园小卫士"的环保行动,引导学生自觉主动地维护教室、校园环境,提升讲卫生和爱环境的意识,成为良好学习环境的守护者。

3. 职场体验官:结合劳动教育,链接周边社区资源,开展丰富多样的职场体验活动。引导学生进企业进工厂、采访员工、撰写体验日记,感知现代职业的多样性,提升学以致用、服务社会的意识和能力。

## 八、设计"如墩专题",打造三全育人环境

专题是帮助学生更好地理解、探究某一领域或某一对象的重要工具,它能促进学生更深入地思考问题,拓宽视野。"如墩专题"是指充分考虑墩校学生的兴趣和需求,在某个特定领域进行深入学习和研究的学校专题教育。通过如墩专题的实践,可以提高学生的专业素质和综合能力。学校积极链接社会资源,定期邀请各领域专家、名师、先进人物到校,为学生进行专题演讲、宣传教育活动,打造全员、全程、全方位育人环境。学校从多个方面进行考虑,有效整合各类教育资源,分年龄段实施青春期教育、心理健康教育、民防教育、爱校教育等专题教育,助力学生全面

和谐发展。

青春期教育：从学生感兴趣的话题出发，结合实际案例，由专业辅导员、导师引导学生正确认识青春期的心理特点，学习、掌握处理男女同学间的纯洁友谊以及自我保护等方面的知识。

心理健康教育：学校专业教师及外部专家从自我意识、情绪调适、人际交往、压力调节等角度，引导学生积极主动关注自身心理健康状态，培养良好的心理素质，促进身心全面和谐发展。

民防教育：结合禁毒、反邪教、消防安全等主题教育，向学生普及民防安全知识技能，增强国防观念和人防意识，共同构建和谐平安的校园环境。

爱校教育：学校坚持践行爱国主义教育和集体主义教育，举行校园打卡、校园小导游等活动，以进一步激发学生的主人翁意识，培养学生知校、爱校、荣校意识。

总之，学校在课程建设与实践过程中注重思想引领，立足于学校的办学理念与育人文化，根据教育规律，坚持科学性、系统性的原则，进一步充实与完善学校的办学思想体系，不断深化课程改革，真正实践"让踏实稳重成为生命底色"的办学理念。

（撰稿者：上海市三墩学校　朱延萍　潘志君　陈慧　季贤　王卫红　赵凤仙）

# 第四章
# 丰富学校课程内容

　　学校课程内容的选择是课程开发的关键。课程内容的选择大致包括四个基本环节：一是确定课程价值观，体现国家意志；二是确定课程目标，聚焦核心素养；三是确定课程取向，体现办学特色；四是确定课程内容，重视实践育人。在制定课程规划时，学校和教师应高度重视课程内容的丰富性和多样性，使课程内容满足时代发展要求，确保为学生提供多样化的学习体验，促进他们的全面发展。

学校课程规划中的课程内容建设是课程理念和目标落地的关键所在。丰富的课程内容可以激发学生的好奇心和兴趣，提高学生的参与度和学习动力，促进学生的全面发展。丰富课程内容也是课程改革的重要组成部分，通过不断引入新的教学内容和方法，可以推动教育体系的不断完善和发展，引领教育潮流，促进教育创新。多样化的课程内容为每一位学生的个性化发展需求提供了广阔的成长空间，同时，也促进教师自身的专业发展。

如何丰富学校课程内容？有人认为：课程内容的选择是根据特定的教育价值观及相应的课程目标，从学科知识、当代社会生活经验或学习者的经验中选择课程要素的过程。这些课程要素包括概念、原理、技能、方法、价值观，等等。

1859年，英国著名哲学家、社会学家、教育学家斯宾塞（Herbert Spencer）提出了"什么知识最有价值"的著名命题，可以说是课程论发展史上第一次明确提出了课程选择的问题。1949年，拉尔夫·泰勒（Ralph W. Tyler）在《课程与教学的基本原理》中提出了"怎样选择有助于达到教育目标的学习经验"的问题，"选择学习经验"成为"泰勒原理"的基本构成。自此以后，课程选择问题成为课程论的基本问题之一。从根本上看，课程选择取决于特定的课程价值观和课程目标。课程选择的基本取向即课程价值观和课程目标在课程内容上的反映和体现。既然课程目标的基本来源是"学科的发展""当代社会生活的需求""学习者的需要"，相应地，课程内容的基本取向即"学科知识""当代社会生活经验""学习者的经验"。由此看来，课程内容的选择大致包括四个基本环节：第一，确定课程价值观，其核心是回答"什么是受过教育的人"；第二，确定课程目标，这是课程价值观的具体化，其本质就是"培养怎样的人"；第三，确定课程选择的三种基本取向之关系，即确定作为课程内容的学科知识、当代社会生活经验、学习者的经验三者之关系，对这种关系的认识取决于特定的课程价值观；第四，确定课程内容，即选择出与特定课程价值观和课程目标相适应的课程要素。① 基于上述观点，丰富学校课程内容时应当注意以下几点。

一是确定课程价值观，体现国家意志。当代课程价值观不仅关注知识的传授，更重视学生全面素质的培养，以及对社会、国家和世界的责任。通过这些价值观的引导和教育，才能培养出能够适应未来社会发展的优秀人才。因此，我国当代的课程价值

---

① 张华. 论课程选择的基本取向[J]. 外国教育资料，1999(5)：25—31.

观应当体现在培养学生全面发展的能力以及对社会主义核心价值观的理解和实践上。课程内容的选择和制定首先要以国家颁布的相关政策为依据,体现国家意志。同时,课程内容要与时俱进,适应社会经济、科技等的发展,培养未来社会需要的核心素养。要加强跨学科联系和灵活的课程架构,既要有全球化视野,也要聚焦本土问题,并在教育过程中渗透现代化信息技术的运用。需要特别关注的是,学生的需求和兴趣是课程价值观确定的重要依据,因此学校必须通过调查、访谈和观察等方式了解学生的需求和期望,以确保课程价值观能够真正满足学生的成长需要。当然,在丰富学校课程内容时应当有所依据、与时俱进,要将国家颁布的课程政策、条件作为指引精神,体现国家意志、社会主义核心价值观及育人方针,以求把握课程开发的正确方向。

二是确定课程目标,坚持立德树人。习近平总书记在党的二十大报告中明确指出:"教育是国之大计、党之大计,培养什么人、怎样培养人、为谁培养人"是教育的根本问题。因此,在确立课程目标时,首先要明确立德树人在教育中的重要地位和作用,将其贯穿于课程的全过程。如在课程设计中注重德育与智育的相互融合,重视思政教育,让学生在获取知识的同时,也得到品德的熏陶和提升;又如,通过课程内容的设计和教学活动的组织,引导学生树立正确的价值观,培养他们的社会责任感和公民意识等。此外,确定课程目标时还可以从以下三个维度进行考量,如:知识与技能目标,明确学生需要掌握的具体知识和技能,确保课程内容的针对性和实效性;过程与方法目标,注重学生的学习过程和学习方法的培养,帮助他们形成自主学习和终身学习的能力;情感、态度与价值观目标,关注学生的情感、态度和价值观的培养,引导他们形成积极向上的人生态度和价值观。

三是确定课程取向,体现办学特色。在确定课程取向的过程中,应当重视学科知识、当代社会生活经验和学习者的经验三者之间的关系。学校要把学科知识应用作为重要的参考依据,确保课程内容具有系统性和科学性。当代社会生活经验可以作为课程内容的重要补充,将其融入课程内容有助于学生更好地理解学科知识在现实生活中的应用,增强学习的实践性和实用性。同时,学校应充分考虑学习者的经验,确保课程内容与学生的实际需求和兴趣相符合,也可以通过关注学生的个性差异、提供多样化的学习资源和活动等方式,形成具有人文关怀和个性特色的办学风格。此外,学校还可以基于地域优势,凸显办学特色。地域文化可以为校本课程提供丰富的素材和资源,帮助学生更好地理解和学习地域文化,有助于提高学校课程的质量和吸引力。① 如果能结合地域的优质文化资源及有地方特色的教育资源丰富课程,能拓展课程内容的内涵和外延,不断深化课程内容的深度与内涵,就能有效地拓展学生视野,为促进学生的全面发展提供更多选择。

四是确定课程内容,重视实践育人。学者陈佑清、胡金玲提出"新版课改方案"在课程内容改革方面的核心追求是,克服脱离学生的素养发展而孤立地设计或选择课程内容,将课程改革的焦点放在建立课程内容与学生素养发展的内在联系上。② 因此,教师要尝试提供基于学生的兴趣、能力、需求和学习风格的课程,在选择课程内容的过程中一定要关注学生的实际需求,通过前期调研、学习单的提供等方式,切实把握和了解学生的兴趣、学习风格等,以激发学生在学习过程中的主体性和积极性。教师在选择和设计课程内容的过程中,要通过优化教学手段,来提升教学内容的质量。教师可以将课程内容进行整合和具体化,通过结构性的项目学习等方式促进学生的深度学习。在课程内容的组织实施过程中,创设真实情境和真实任务,鼓励学生通过亲身实践、小组合作、持续探究等方式,真正在自主学习的过程中培养和提升核心素养。

总之,学校在丰富课程内容时,需要综合考虑多个因素以确保课程内容的丰富性、多样性。要将学校课程决策的着眼点放在学生知识结构与能力结构的优化上③。通过结合体会国家意志、明确课程目标、整合跨学科内容、注重实践应用及适应个性化需求等各方面因素为依据来设计课程,为学生提供更加丰富、有价值的学习体验,促进他们的全面发展。

一校一策

"小水滴"课程:
让每一个儿童
感受点滴之爱

---

① 王珊. 基于地域文化的校本课程开发研究[D]. 济南:济南大学,2023.
② 陈佑清,胡金玲. 核心素养导向的课程与教学改革的特质——基于核心素养特性及其学习机制的理解[J]. 课程·教材·教法,2022,42(10):12—19.
③ 辜伟节. 学校课程开发与管理的现状和策略[J]. 教育理论与实践,2001(9):49—52.

冰厂田滴水湖幼儿园（以下简称滴幼）的前身为滴水湖幼儿园,地处浦东的东南端——临港新城镇主城区,创办于 2010 年,2014 年创建为上海市一级幼儿园,2015 年 1 月,滴水湖幼儿园和上海市示范园冰厂田幼儿园结对办学,更名为浦东新区冰厂田滴水湖幼儿园。2017 年新开茉莉部,目前一园两址 30 班规模。2021 年12 月,学校顺利完成上海市示范性幼儿园创建验收工作,2023 年 1 月正式公示。幼儿园先后获得全国足球特色幼儿园示范校、上海市首批儿童友好学校建设试点校、上海市依法治校示范校、上海市近视防控示范校、上海市十四五家庭教育工作示范校、上海市家庭教育指导十四五实验基地、浦东新区教师发展专业学校、浦东新区教育局文明单位、浦东新区见习教师规范化培训优秀培训基地、浦东新区见习教师规范化培训优秀聘任学校、校本四年规划评估优秀学校、浦东新区优秀早教指导点以及校本研修优秀等荣誉。

## 第一节　用全部的爱滴润童心

### 一、幼儿园教育哲学

水,乃万物生命之源。水,孕育了生命,也蕴含着天地之道。水无色、无味甚至没有固定的形态,但其深藏着无穷的哲思力量。同一条河流,老子说:"上善若水,水善利万物而不争。"孔子说:"逝者如斯夫,不舍昼夜!"基于博大精深的水文化对学前教育的启示,学校逐步形成滴润心田的"小小水滴"课程哲学。面对学龄前儿童,既要遵循每个独特个体的生长节律,静待花开;同时也要思考如何提供适宜的教育以支持幼儿的高质量发展。

学校所处的滴水湖位于上海市浦东新区临港新城,如同一颗璀璨明珠镶嵌在东海之滨。这片湖泊因形似水滴滴落而得名,寓意着生生不息的生命力与无限可能。湖面广阔,碧波荡漾,湖畔风景如画,四季更迭,各具韵味,仿佛是一幅流动的江南水墨画卷,使人能充分领略到大自然的和谐之美。水滴有着坚韧不拔、奔流不息、团结奋进、润泽万物的优秀品质,伟大的人民教育家于漪老师曾说过这样一句话——"教育就是滴灌生命之魂。"因此,学校以"滴润教育"作为教育哲学,力求让教育能够如流水般孜孜不倦地滋养每一个孩童,使其能充满生命的活力,葆有生生不息的力量。因此,学校就将办园理念凝练为"用全部的爱滴润童心",努力促使每一位教职工能够珍视每一位幼儿,为每一位幼儿的全面发展提供无限可能和无穷力量。学校秉持如下教育哲学：

我们坚信，教育就是生命的滴润；

我们坚信，生活的点点滴滴即课程；

我们坚信，教育就是要如水滴般润物无声；

我们坚信，用全部的爱滴润童心是教育的智慧；

我们坚信，幼儿园是让每一个生命得到滋养的乐土；

我们坚信，让每个儿童感受点滴之爱是教育的神圣使命。

## 二、幼儿园课程理念

近年来，随着课程改革的持续推进，学校更加关注课程建设的高质量发展。在龙头课题引领下，学校课程实施的样态也逐渐发生变化，老师们逐步尝试打破教室与户外的隔断，让幼儿能够在更多元的环境下开展各类活动，丰富幼儿的感受和体验；同时，在课程建设过程中进一步激发教师的课程领导力，鼓励教师基于"儿童视角"开展班本化课程，支持班里的每一个幼儿全面且个性化地发展。基于课程改革的实践和探索，逐步将课程理念调整为：让每一个儿童感受点滴之爱。

——课程即美好的情愫。《3—6岁儿童学习与发展指南》指出，学龄前儿童的学习与发展以为幼儿后继学习与终身发展奠定良好素质基础为目标。因此，冰厂田滴水湖幼儿园课程立足自主运动，力求帮助幼儿强健体魄，支持幼儿身心和谐发展，为后继学习打下扎实基础。同时，本园课程忠于教育回归自然的理念，力求伴随幼儿的生命节律支持幼儿自由、自信地自然生长为不矫揉造作、不千篇一律的鲜活的独特生命。希望课程能如水滴一般滋养孩子们的成长，孕育幼儿强大的生命力量。唤醒每个孩童的生命自觉、润泽每个孩童的生命活力，是课程建设的美好情愫和无尽追求。希望通过园本课程的实施能够真正助力每一位幼儿成长为更好的自己，绽放独特的生命光彩！

——课程即生命的滴灌。如于漪老师所说，"教育就是滴灌生命之魂"，对于学龄前儿童来说，更是如此。因此学校的课程更关注幼儿身心和谐、全面的发展。坚持以德为先，五育并举，为未来培养社会主义的四有新人。学校的课程将遵循幼儿的年龄特点与发展规律，珍视游戏和生活的独特价值，关注和重视幼儿在真实的游戏、生活情境中的感知体验以及与真实的人事物互动的切实感受，为幼儿提供丰富的活动经历与体验。在有价值的思考和探究中促进深度学习，激发幼儿的生命活力。在课程实施过程中尊重、倾听和理解每一个孩子的想法和感受,鼓励幼儿参与与自己生活相关的决策。努力在一日活动的点点滴滴中落实课程理念、实现课程目标。

——课程即儿童立场。学校的课程最终是为了支持每一个儿童的全面发展,因此,课程设置、内容选择、环境与资源的创设和实施过程中的方方面面都应该围绕儿童的发展需要,而非成人的意愿。因此,学校的课程特别强调儿童立场及儿童友好理念,鼓励教师根据本班幼儿的学习兴趣和年龄特点开展班本化课程。在每次开展主题活动前,教师需要先对自己班级的教育生态进行梳理和评估,再决定课程实施的内容和形式。冰厂田滴水湖幼儿园作为上海市首批"儿童友好"学校建设试点校,也不断在课程建设过程中突出儿童立场,拓展儿童建言机制,倾听幼儿的声音,突出儿童学习和发展的主体地位,努力为每一位幼儿打造有质量、有意义的课程。

——课程即个性生长。每个孩子就像一颗小水滴,水滴本身无色无味,但极具可塑性,正如纯洁善良的孩子们,每一个孩子都是独立的鲜活的个体,每一个孩子都是天生的有力量的学习者。《3—6岁儿童学习与发展指南》《上海市学前教育评价指南》都非常强调尊重幼儿的个体差异,支持和引导幼儿从原有水平向更高水平发展。因此,学校的课程要帮助每个孩子找到属于自己的闪亮舞台,让每颗小水滴散发出独特光芒。近年来,学校强调对幼儿个体发展的关注,利用孩子通评价系统、运动手环评价系统等信息技术进一步优化对每一个个体的过程性评价,利用马赛克方法、儿童议事会等丰富多元的手段更深入地了解幼儿学习与发展的需求,更好地为幼儿搭建优质的成长平台,支持幼儿个性化地成长!

综上所述,冰厂田滴水湖幼儿园凝练出符合本园育儿目标的"小水滴课程",希望学校课程能够像水滴一般有润泽万物的宽度与广度、有自然灵动的独特与个性、有涓滴成海的融合与创新、更有滴水穿石的持久和韧性,让每一个孩子像小水滴一般自然灵动地按照自己的生命节律和谐、全面地茁壮成长。

## 第二节　让每一个孩子自然灵动

### 一、育人目标

通过对《幼儿园保育教育质量评估指南》《3—6岁儿童学习与发展指南》《上海

市学前教育课程指南》等纲领性文件的反复学习与解读,学校不断优化"小水滴"课程目标,力求精准把握和明确领航幼儿成长的方向,使幼儿在学习旅程中能够展现乘风破浪、勇往直前的力量。学校把课程总目标凝练为"培养品行良好、身心强健、灵动好学的阳光儿童",努力让每一个孩子像小水滴一般自然灵动。

品行良好——学校希望所培养的儿童能在行为举止、道德准则和生活习惯等各方面表现出积极、正面的特质。幼儿不仅能养成良好的生活习惯与生活能力,同时能在言行举止方面体现文明、爱国、诚信、友爱等社会主义核心价值观,能够热爱且敬畏大自然、有环保意识,此外,还能具备初步的公民意识:关心周围人、关心社会事,有环保意识、有初步的社会责任感。

身心强健——学校力求培养健康活泼、勇敢自信、体魄强健、坚韧不拔的儿童。确保幼儿能够获得身心和谐发展,既有强健的体魄和良好的身体素质,同时又有乐观自信、勇于挑战、坚持不懈的意志品质。

灵动好学——学校希望滴幼的孩子对大自然、大社会中多样的事物及多元的文化等葆有好奇探究的学习兴趣、专注持久的学习品质,有发现问题、解决问题的思辨能力。同时,也能有较好的语言表达能力、艺术表现能力,并有一定的审美情趣以及丰富的想象力和创造力。

## 二、课程目标

基于以上育人目标,将其分解为各学段具体的课程目标,见表4-1。

表4-1　冰厂田滴水湖幼儿园"小水滴课程"目标表

| | 小班 | 中班 | 大班 |
|---|---|---|---|
| 品行良好 | 1. 有独立做事的愿望,学习正确洗手、穿脱衣服,自己用餐、喝水。<br>2. 初步了解并遵守共同生活所必须的规则,体验与老师、同伴共处的快乐。<br>3. 会主动招呼熟悉的人,学习使用礼貌用语,在成人启发下能帮助他人。 | 1. 学会正确地刷牙和使用筷子、手帕、毛巾、便纸等,对自己能做的事表现出自信。<br>2. 有初步的同情心和责任意识,关注同伴,完成力所能及的任务,在成人引导下尝试主动为家庭、集体服务。<br>3. 爱父母、老师、长辈。了 | 1. 有基本的生活自理能力,养成良好的饮食、睡眠、排泄、盥洗、整理物品等生活卫生习惯,独立自信地做力所能及的事。<br>2. 体验人与人相互交往、合作的重要和快乐,尊重他人需要。学会选择,形成良好的自我意 |

|  | 小班 | 中班 | 大班 |
|---|---|---|---|
|  | 4. 爱护玩具和物品,学习收拾与整理。 | 解他们的职业与自己的关系,尊重他们的劳动。<br>4. 理解和遵守日常生活中的规则,学习合理表达自己的情绪,控制自己的行为。<br>5. 学习以结伴、轮流、请求、商量等方式与人交往。愿意倾听、理解他人意思,积极地表达自己的主张。 | 识、规则意识,学习评价自己和同伴。<br>3. 能主动为他人、家人和集体服务,有初步的责任感。<br>4. 了解社区内及城市其他典型的设施、景观,参与民间节日活动。<br>5. 乐于关心国家大事,萌发爱家乡、爱祖国的情感。 |
| 身心强健 | 5. 愿意愉快地参加各种体育活动,体验身体活动的愉悦。<br>6. 了解身体主要部分的简单功能,知道避开日常生活中的危险。<br>7. 逐步提高身体协调性。 | 6. 喜欢并能积极自主参加各种体育活动,提高运动能力和行动的安全性。<br>7. 了解人的身体和年龄变化,能配合疾病的预防和治疗,对危险的标志与信号能较及时做出反应。<br>8. 初步尝试不断挑战自己。逐步提高身体的灵活性。 | 6. 热爱并能积极参加体育活动,大胆尝试新奇、有趣的活动。<br>7. 在运动中能够坚持不懈,挑战自我,并有一定的团结合作精神。<br>8. 有较好的身体适应能力,有一定的耐力,身体协调、敏捷。 |
| 灵动好学 | 8. 喜欢观察周围环境中不同的物品,尝试对其进行分类、对应、排序等,发现其差异。<br>9. 喜欢翻阅图书,能够用不同方式与同伴进行初步交流。<br>10. 喜欢做音乐游戏,能 | 9. 亲近自然,学习用简单的观察方法,有目的地利用多种工具探索和体验周围自然物和自然现象,初步发现自然的变化对人类和动植物的影响。<br>10. 结合日常生活,学习 | 9. 乐于探究、操作、实验,对事物变化发展的过程感兴趣,在成人的支持下,愿意尝试和同伴一起利用各种工具和材料持续探究,运用已有经验发现问题、解决问题。<br>10. 亲近自然,对大自然中 |

| | 小班 | 中班 | 大班 |
|---|---|---|---|
| 灵动好学 | 感受游戏中节奏、旋律的显著变化，并随之变换动作。<br>11. 尝试用多种材料和工具，运用画、折、搭、剪、贴等方法自由地表现熟悉物体的粗略特征，并作简单想象，体验乐趣。<br>12. 亲近自然，能发现大自然中的美。乐意在大自然中调动各种感官感受和体验，对生活和大自然中的事物保持好奇。<br>13. 初步感受传统文化，体验民族文化的乐趣。 | 并识别数字，初步理解数量、重量、颜色、质地、距离、方位和时间等概念，学习比较和测量等方法。<br>11. 喜欢阅读，初步理解其表达的内容。学习欣赏各种中外儿童艺术作品。<br>12. 愿意尝试使用各种材料、工具和方法，进行拼装、拆卸、制作和绘画，有初步的想象能力，体会成功的快乐。<br>13. 愿意用动作、歌声、语言等不同方式表达表现自己的感受，有一定的想象力。 | 的事物保持好奇好问的品质，具有热爱自然、珍惜资源、关心和保护环境的意识，了解环境与人们生活的依存关系。<br>11. 对衣、食、住、行等基本物品的来源和接触到的科技成果感兴趣，接触与运用多种媒体，学习多途径收集和交流信息。<br>12. 愿意感受丰富的传统文化，知道一些不同地域、不同种族的人，以及他们的风俗习惯，有初步的多元文化的意识。<br>13. 了解现实生活中数的实际意义，能从生活和游戏中感受事物数量关系，获得一些时间、空间概念，会进行比较、推理等智力活动。<br>14. 能从多方面感知周围生活中的美，能大胆用唱歌、舞蹈、演奏、绘画、制作、构造、戏剧表演、角色游戏等形式表现自己的感受、体验，有一定的想象力和创造力。<br>15. 关心日常生活中需要掌握的简单标志和文字，尝试用图像、文字、符号等形式表达自己的想法。 |

## 第三节　拥有滴润万物的力量

### 一、课程逻辑

基于学校的教育哲学、办学理念、课程理念以及课程模式,滴幼形成了自己独特的课程体系,多维度推进幼儿园课程深度实施,具体课程逻辑,见图4-1。

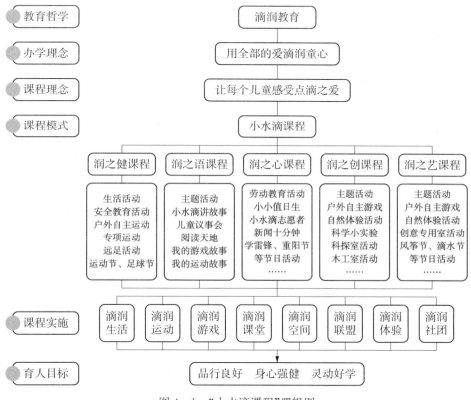

图4-1　"小水滴课程"逻辑图

### 二、课程结构

本园课程设置以《上海市学前教育课程指南》以及《3—6岁儿童学习与发展指南》为基础和指导,遵循幼儿学习与发展规律,从幼儿实际发展需要出发,基于"滴润教育"的理念,围绕本园的育人目标,逐步构建和形成"润之健课程、润之语课程、润之心课程、润之创课程、润之艺课程"等课程领域,拥有滴润万物的力量,见图4-2。

图 4-2 "小水滴课程"结构图

**（一）润之健课程**

润之健课程旨在促进幼儿身心健康和谐发展,让每一个孩子都能够拥有健康的体态、乐观向上的心态、强健的体魄、坚持不懈的意志品质以及协调敏捷的身体素质,形成良好的生活习惯、生活方式和身体适应能力。为幼儿其他领域的学习以及幼儿的终身发展奠定扎实的基础。通过形式多样的生活活动,如日常生活活动、劳动教育、值日生活动、自然养殖活动等帮助幼儿在养成良好的生活习惯和基本生活能力外,培养劳动意识、责任意识。此外,学校也力求通过内容丰富的自主运动特色课程,如轮滑、足球、篮球、旱地冰球等专项活动及每年的运动节、足球节等特色节日活动,帮助幼儿在各类游戏活动中潜移默化地形成良好的运动品质和身体素养。

**（二）润之语课程**

润之语课程旨在促进幼儿的语言以及表达能力的发展,并在此过程中促进其他领域活动的学习,不断发展其人际交往能力、倾听表达能力以及逻辑思维与思辨能力。除了为幼儿提供大量丰富适宜的绘本外,学校结合主题活动、户外游戏活动、自然体验活动、班本化活动等各类活动,给予幼儿多元的表达表现机会,同时,也积极尝试开展"儿童议事会""小水滴讲故事"等活动,在一日活动中渗透更多元的空间和机会,鼓励幼儿大胆地用语言表达自己的所思、所想、所感,并逐步培养幼儿的前书写能力,为幼儿的后继学习与幼小衔接打下良好的基础。

## (三)润之心课程

润之心课程旨在促进幼儿自我与社会化的发展,并尝试初步培养幼儿形成良好的公民意识,成为一名积极乐观、自主善良、文明乐群,有良好的沟通能力,并有一定的社会责任感的小公民。为此,首先,学校倡导在班级中营造温馨、自由的氛围,帮助幼儿形成良好的自我意识,逐步培养幼儿的社会化能力。同时,鼓励教师在一日活动中捕捉有价值的活动契机,通过集体、小组或个体的讨论、圈谈活动,帮助幼儿更自主地学习与发展。学校还通过"儿童议事会""小水滴志愿者"等活动,并不断挖掘家长资源、社会资源,为幼儿的社会化发展提供更广阔的成长空间。

## (四)润之创课程

科学素养是适应未来社会发展的重要核心素养之一。因此,学校也力求通过润之创课程,培养幼儿科学探究的兴趣与能力,并在此过程中培养幼儿发现问题、不断通过试误进行持续探索来分析、解决问题的能力,帮助幼儿形成终身受益的学习态度和能力。除了共同性主题课程中相关的科学活动外,还鼓励教师利用自然和实际生活、游戏的计划,鼓励幼儿通过观察、比较、操作、实验等方法进行深入学习和探究,在直接感知、实际操作和亲身体验中逐步培养幼儿的科学素养。

## (五)润之艺课程

艺术素养也是当今课程改革过程中非常重视和强调的素养之一。滴幼的润之艺课程也希望通过整合与浸润的方式,将艺术欣赏与表达同复杂多样的真实情境与节日节庆氛围相结合,鼓励幼儿沉浸式地在丰富多元的活动中感受和体验不同的艺术方式,并尝试用不同的方式进行表达表现。在此过程中,学校强调环境的创设和多元材料的投放,更关注自然材料与生活中常见材料的使用,以在艺术创意的过程中培养幼儿的创造力和想象力。

## 三、课程设置

基于上述课程结构,学校三个年龄段小班、中班、大班的课程设置见表 4-2 至表 4-4。

表 4-2 小班课程内容设置

| 课程＼学期 | 第一学期 | | 第二学期 | |
|---|---|---|---|---|
| | 共同性课程 | 特色课程 | 共同性课程 | 特色课程 |
| 润之健课程 | 小宝宝与娃娃家可爱的小动物美丽的秋天有趣的职业冬天不怕冷好听的声音过年啦！ | 自己事情自己做安全教育活动小足球活动远足活动 | 我爱幼儿园春天来了动物花花衣熊的故事夏天真热呀好玩的水 | 自己事情自己做我是老师的好帮手安全教育活动小足球活动远足活动 |
| 润之语课程 | | 我的游戏故事阅读天地活动图书漂流站我爱童谣 | | 我的游戏故事阅读天地活动图书漂流站我爱童谣妈妈/爸爸故事会我和小水滴的故事 |
| 润之心课程 | | 圈谈活动社会实践活动（重阳节、腊八节等）我的心情故事 | | 圈谈活动社会实践活动（妇女节、劳动节等）好朋友的故事 |
| 润之创课程 | | 自然体验活动（饲养小动物、认领大树等班本化课程）垃圾分类小能手小小科学家 | | 自然体验活动（饲养小动物、认领大树等班本化课程）小小科学家活动室活动滴水节活动 |
| 润之艺课程 | | 节日节庆活动（中秋国庆、节气活动等）自然体验活动运动节活动 | | 节日节庆活动（妇女节、植树节、节气活动等）自然体验活动活动室活动滴水节活动 |

表4-3 中班课程内容设置

| 学期<br>课程 | 第一学期 | | 第二学期 | |
|---|---|---|---|---|
| | 共同性课程 | 特色课程 | 共同性课程 | 特色课程 |
| 润之健<br>课程 | 我爱我家<br>好吃的食物<br>在秋天里<br>交通工具<br>我在马路边<br>玩具总动员<br>身体的秘密<br>寒冷的冬天 | 集体事情大家做<br>篮球活动<br>旱地冰球活动<br>小足球活动 | 幼儿园里朋友多<br>在动物园<br>在农场里<br>春天来了<br>周围的人<br>常见的工具<br>火辣辣的夏天<br>水真有用 | 集体事情大家做<br>篮球活动<br>旱地冰球活动<br>小足球活动<br>轮滑活动 |
| 润之语<br>课程 | | 儿童议事会<br>我的游戏故事<br>我的运动故事<br>活动室活动<br>故事小能手 | | 儿童议事会<br>我的游戏故事<br>我的运动故事<br>活动室活动<br>故事小能手<br>我和小水滴的故事 |
| 润之心<br>课程 | | 圈谈活动<br>儿童议事会<br>社会实践活动(中<br>秋 国 庆、腊 八 节<br>等) | | 圈谈活动<br>儿童议事会<br>社会实践活动(妇女<br>节、地球日等) |
| 润之创<br>课程 | | 自然体验活动(围<br>绕幼儿兴趣展开<br>的班本化探索活<br>动)<br>我的科学大发现<br>运动大发现 | | 自然体验活动(围绕<br>幼儿兴趣展开的班本<br>化探索活动)<br>特色节日活动(风筝<br>节、地球日等)<br>我的科学大发现<br>小水滴,大学问 |
| 润之艺<br>课程 | | 节日节庆活动<br>(中秋国庆、节气<br>活动等)<br>自然体验活动<br>活动室活动<br>运动节活动 | | 节日节庆活动<br>(妇女节、植树节、节<br>气活动等)<br>自然体验活动<br>活动室活动<br>滴水节活动 |

表4-4　大班课程内容设置

| 学期<br>课程 | 第一学期 | | 第二学期 | |
|---|---|---|---|---|
| | 共同性课程 | 特色课程 | 共同性课程 | 特色课程 |
| 润之健<br>课程 | 我是中国人<br>我们的城市<br>动物大世界<br>有用的植物 | 样样事情学着做<br>小水滴志愿者<br>小水滴巡视员<br>小足球活动<br>轮滑活动<br>足球专项活动<br>社团活动（棋类、羽毛球、篮球、旱地冰球、足球社团） | 我自己<br>春夏秋冬<br>有趣的水<br>我要上小学 | 样样事情学着做<br>小水滴志愿者<br>小水滴巡视员<br>小足球活动<br>轮滑活动<br>足球专项活动<br>社团活动（棋类、羽毛球、篮球、旱地冰球、足球社团） |
| 润之语<br>课程 | | 儿童议事会<br>我的游戏故事<br>我的运动故事<br>社团活动（阅读天地）<br>滴幼云广播 | | 儿童议事会<br>我的游戏/运动故事<br>好书分享会<br>滴幼云广播<br>社团活动（阅读天地）<br>我的毕业故事<br>我眼中的小水滴 |
| 润之心<br>课程 | | 儿童议事会<br>小小值日生<br>社会实践活动（城市巡视员、慰问养老院等活动） | | 儿童议事会<br>小小值日生<br>社会实践活动（参观小学、采访活动）<br>我的入学担心 |
| 润之创<br>课程 | | 自然体验活动（围绕幼儿兴趣展开的班本化项目化活动）<br>社团活动（编程、科学小实验）<br>我的科学大发现<br>探秘中国建筑<br>探秘植物园 | | 自然体验活动（围绕幼儿兴趣展开的班本化项目化活动）<br>我的科学大发现<br>节日节庆活动（风筝节、生物多样性日）<br>社团活动（编程、科学小实验）<br>我心中的小学<br>小水滴探索之旅 |

| 学期\课程 | 第一学期 | | 第二学期 | |
|---|---|---|---|---|
| | 共同性课程 | 特色课程 | 共同性课程 | 特色课程 |
| 润之艺课程 | | 节日节庆活动（中秋国庆、节气活动等）<br>我是城市设计师<br>自然体验活动<br>活动室活动<br>社团活动（音乐剧）<br>运动节活动 | | 节日节庆活动（妇女节、植树节、节气活动等）<br>自然体验活动<br>活动室活动<br>社团活动（音乐剧）<br>滴水节活动<br>毕业典礼我做主 |

## 第四节　让每一颗小水滴孕育未来

德国哲学家雅斯贝尔斯曾提出："教育不仅是知识内容的传授，还包括生命内涵的领悟、意志行为的规范和灵魂的启迪。教育的过程是让受教育者在实践中自我操练、自我学习和成长。"只有能够启智润心、因材施教的课程实施，才能真正让每一颗小水滴孕育出强健体魄、高尚品质和灵动好学的品质和力量。因此，学校特别梳理出课程实施的原则，并通过"滴润生活""滴润运动""滴润游戏""滴润课堂""滴润空间""滴润联盟""滴润体验""滴润社团"等课程实施途径来落实课程育人。

**一、落实"滴润生活"，加强全人教育**

著名教育家陶行知先生指出"一日活动皆课程"。学校的"滴润"理念也强调教师要在陪伴幼儿共同生活的过程中，把握点滴教育契机，促进幼儿德智体美劳全面发展。这就要求在课程实施过程中，首先要落实"滴润"生活，将办园理念、育人目标与课程理念在一日生活中渗透，在给予幼儿无条件的爱的同时，在点滴之处引导幼儿，形成良好的生活习惯与良好品行，在独立自主的同时关心集体、乐于助人，能够与他人进行良好的沟通和交流，尊重他人的劳动成果，并愿意为他人、为集体贡献自己的力量。同时，在生活、劳作以及与他人相处的过程中培养观察、推测、比较、实验等科学素养以及培养良好的审美情趣。通过落实"滴润生活"加强全人教育。

教师可以通过来园活动、种植饲养动植物、值日生工作、盥洗、点心、午餐、午休、谈话、阅读、整理清洁活动等，以及与运动及其他领域相融合的活动开展"滴润生活"课程。"滴润生活"的实施要点如下。

1. 生活活动以二期课改教材《生活活动》为主要参考材料,在主题活动中有效融入。教师也可选择《滴幼安全活动手册》《滴幼近视防控活动手册》及《滴幼劳动教育活动手册》等学校自编活动手册中的活动案例开展相关生活活动。

2. 根据幼儿生理和心理发展的需要,生活节奏适宜,建立科学的一日生活常规,既有利于形成集体生活秩序,又能满足幼儿个别的合理需要,不强求一律、整齐划一;引导、支持和鼓励幼儿参与生活规则的建立,注重幼儿的自主性。

3. 确保幼儿生活活动安全;有处理突发事件的应对措施。每周开展一次安全教育工作。

4. 生活活动开展的形式多样,结合不同幼儿的年龄特点,以生动、易于幼儿接受的方式开展,可以利用"环境创设"逐步将外在规则内化为行为习惯。

5. 在一日活动中可以渗透其他领域的学习与发展,如在照料动植物时进行持续探究活动;在散步时对大自然的变化进行观察、讨论;利用生活活动契机为幼儿提供语言表达、艺术表现以及培养幼儿自我与社会性发展等契机。

**二、推进"滴润运动",提升身体素质**

尽管我国近几十年来生活水平不断提高,但是据教育部抽样调查数据显示,我国青少年体质健康主要指标连续 20 多年下降,每天锻炼一小时的学生不足 30%,整体体质水平远低于日韩等国。肥胖率、近视率居高不下,耐力、爆发力、肺功能等体能指标下降。因此,学校的"滴润运动"更关注开展野趣、有挑战性的户外自主运动,通过幼儿自主、自发开展的各类运动游戏,帮助幼儿养成乐于运动的良好生活习惯,并在运动过程中不断引导促进幼儿的动作发展,帮助幼儿提升身体的力量和耐力,增强协调性和敏捷性,全面提升幼儿的身体素质。此外,还通过远足、冬季运动节等特色活动,提升幼儿的身体适应能力,磨炼幼儿的意志品质,强健体魄,为其后继学习打下扎实基础。

"滴润运动"课程的主要活动类型有律动、操节(徒手、器械操)、区域自主运动、集体运动游戏、专项运动(轮滑、足球、篮球、旱地冰球等)、远足活动、运动节、滴幼足球节等。"滴润运动"的实施要点如下。

1. 共同性课程的实施要点

(1)在实施过程中,教师要根据幼儿的身心发展特点和需要,以运动的兴趣和态度、动作能力、运动的卫生常识为目标,有目的、有计划地设计和组织适合本班幼儿的运动,培养幼儿对体育活动的兴趣和坚持锻炼的习惯。(2)遵循幼儿生长发育的规律,掌握幼儿的运动量、强度和密度,循序渐进,每天保证 1 小时的运动时间,确保幼儿运动过程中的安全。(3)教师与保育员要关注运动中对幼儿的保育,提高幼儿的自我保护能力,保证幼儿的活动安全有效地开展。(4)结合数据赋能的相关研究项目,借助运动手环及其他信息技术,科学观察与评估幼儿的动作发展水平,及时跟进有效的指导与支持,切实促进幼儿的动作发展。

2. 选择性课程的实施要点

表 4-5　选择性课程的实施要点

| 活动类型 | 实 施 要 点 |
|---|---|
| 专项活动 | 项目一:轮滑<br>1. 中班下学期每周一次配合专业教练开展专项活动,及时与家长做好过程性的沟通,帮助家长了解轮滑活动开展的进程。<br>2. 在轮滑活动中,创造鼓励幼儿自我服务的条件。<br>3. 鼓励幼儿在活动中坚持不懈,不断挑战自我。<br>4. 大班教师根据《轮滑活动方案》,每周开展一次轮滑活动,通过轮滑游戏,不断提升幼儿身体的敏捷性、平衡性和协调性。<br>5. 鼓励幼儿与同伴一起创编新的玩法,提升大班幼儿创作性与合作能力。<br><br>项目二:足球<br>1. 大班每周一次配合专业教练开展专项活动。<br>2. 小班每周开展不少于 2 次的足球游戏活动;中大班每周开展不少于 3 次的足球游戏活动。<br>3. 活动内容可从学校的《小足球活动方案》中选取,可参照实施建议,也可结合幼儿实际情况选取适合的游戏内容或生成新的足球游戏。<br>4. 每学年的上半学期开展为期 1—2 周的足球节活动。 |
| 综合活动 | 1. 每学年上学期开展风筝节、滴幼足球节活动;下学期开展亲子运动节活动。<br>2. 可结合其他节日活动开展亲子定向赛等运动类综合活动。<br>3. 足球节:活动时间一般为 1—2 周,不同年龄段以足球为媒介,开展班本化活动,结合不同领域的活动,在一日活动中开展诸如绘本阅读、啦啦操创编、足球桌面游戏、足球运动员的故事、滴幼世界杯等活动;中大班可在园内开展班本化的主题探究活动,可开展跨班的滴幼世界杯等活动;借助家长资源和社会资源,开展爸爸足球赛、观摩足球队训练等多元的社会实践活动。 |

| 活动类型 | 实 施 要 点 |
|---|---|
| | 4. 亲子运动节:活动时间一般为3—4周,结合不同年龄段动作发展要求,在园内外开展班本化、年级组以及各类亲子运动节活动;通过微信公众号及晓黑板开展部门或全园的亲子运动游戏评比、亲子律动操设计等多元亲子评比活动;借用周边学校及场馆资源开展运动节闭幕式,呈现幼儿活动成效。<br>5. 在各类综合活动开展过程中,班级和学校可组织相关的家长沙龙、家长讲座,通过研讨和对话,共同提升教育理念,积累教育策略。<br>6. 结合综合活动开展各类教师研讨交流活动,与幼儿共同成长,提升专业素养。 |
| 远足活动 | 1. 每班每学期结合主题活动或其他类型活动开展不少于3次的远足活动。<br>2. 远足活动一般利用上午运动时间开展,如结合学习与游戏活动,可适当延长户外活动时间。<br>3. 提前告知家长活动内容,交代活动对幼儿发展的价值和有意义,得到家长的支持;活动后,帮助家长了解在活动开展过程中幼儿的学习与发展。<br>4. 可以结合当前主题或幼儿兴趣,前往特定场馆或场所开展探索学习活动,如前往航海博物馆开展场馆活动,前往大草坪开展风筝节活动,前往滴水湖开展《我们的城市》或《马路边》的主题探索活动等。也可根据季节或节气活动传统开展户外自然体验活动。<br>5. 活动前需要制定详尽的活动方案,进行事先的踩点;根据活动内容准备好活动材料(调查问卷、记录表、远足计划、提醒幼儿带好水杯、写生材料等),提前招募家长志愿者,确保活动的安全、有序。活动前要与保教主任报备,共同优化活动方案。<br>6. 活动后开展活动反馈,全面收集幼儿与家长方面的反馈信息,及时优化活动方案,确保远足活动质量的稳步提升。 |

### 三、开展"滴润游戏",激活生命活力

　　游戏是幼儿学习与发展的重要途径与方式,《3—6岁儿童学习与发展指南》指出,要珍视游戏这一幼儿独特的学习方式。因此,我园的"滴润游戏"不仅仅是为了满足幼儿情绪发展的需要,更力求通过丰富的游戏活动,进一步了解幼儿的学习兴趣与发展水平。教师需要有一定的观察评估与师幼互动能力,以敏锐地捕捉每一个幼儿的学习契机,努力支持每一个幼儿的学习与发展,真正激活幼儿的生命活力,使其成为一名主动、积极的学习者。让每一个幼儿都能够在感兴趣的游戏活动

中,不断通过直接感知、实际操作、亲身体验,以及大量的试误来建构认知经验,促进幼儿在动作发展、自我与社会性以及各个领域的全面发展,并在此过程中培养幼儿良好的学习品质与学习能力。

"滴润游戏"包括户外自主游戏(沙水游戏、角色游戏、建构游戏、表演游戏、探究游戏等)、室内自主游戏(角色游戏、建构游戏、表演游戏等)、专门活动室游戏(建构游戏、表演游戏、创意美工等)、自由活动、运动游戏(集体运动游戏、足球游戏等)。同时,也包括其他节日节庆特色活动中的游戏内容,如:运动节活动中开展的亲子运动游戏、开学迎新周活动中开展的游园游戏、民间游戏等。"滴润游戏"的实施要点如下。

1. 以游戏为幼儿的基本活动,保证幼儿愉快的、有益的游戏和自由活动时间,根据幼儿的年龄特点、实际经验和兴趣,创设游戏环境,选择幼儿游戏内容。

2. 因地制宜,就地取材,为幼儿提供安全、卫生、有教育性的游戏材料和自制玩具。游戏材料应强调多功能和可变性,游戏材料投放数量要足,种类要全;添置和更换及时,每月不少于2次。

3. 在实施过程中,教师要加强游戏过程中的观察,并采用直接指导、交叉指导、平行指导等方式给予适当指导,但要以不干扰和打断幼儿的游戏为前提。

4. 教师要重视游戏环境的创设以及游戏材料的有序合理提供,满足每个幼儿的游戏需要。采用集体游戏、小组游戏、个体游戏、自由游戏等形式组织幼儿游戏活动。

5. 在游戏中或游戏后,建议教师通过个体、小组、集体等不同组织形式,开展一对一倾听、讨论或圈谈活动,进一步了解不同幼儿的游戏兴趣与游戏需求,以提供更科学有效的支持。

### 四、构建"滴润课堂",提升保教质量

基于滴幼的办园理念、育人目标及课程理念,我园强调构建遵循幼儿发展需求的班本化的自然灵动的"滴润课堂",确保每一位幼儿能够在自己的已有经验基础上进行有意义的活动,构建自己的最近发展区。同时,结合滴幼的特色课程,倡导用好室内、室外甚至园外的丰富资源,鼓励教师在户外甚至是利用社会资源开展各类课程活动,为幼儿提供更丰富多元的活动经历与体验。

除了传统的集体学习活动、分组学习活动与个别化学习活动外,学校还鼓励各

班根据活动需要开展内容丰富、形式多元的亲子学习活动、专用活动室学习（食育室、阅览室、木工室、科探室等），更鼓励教师能够根据班级幼儿兴趣，充分分析班级主题活动教育生态，充分利用家长、社区资源开展各类户外学习活动、户外自然体验活动等。"滴润课堂"的实施要点如下。

1. 根据课程指南和本班幼儿的实际水平与兴趣，以循序渐进为原则，有目的有计划地组织幼儿参与有意义的学习活动，保证学习活动内容的平衡性、整体性、发展性和挑战性。

2. 将共同性课程与特色活动相结合，做好共同性课程与特色活动的时间分配。

3. 遵循幼儿学习与发展特点，注重活动的过程，动静交替；注重幼儿的直接感受、亲身体验和实践操作，采用合作、交流、探索等活动方式开展活动。

4. 遵循"一日活动皆课程"的教育理念，挖掘和关注主题活动外，幼儿在运动、学习或社会生活等其他活动中的学习兴趣和学习素材，激发幼儿好奇探究的自主学习兴趣和能力。

5. 灵活地运用集体活动、个别化学习活动、小组探究等组织形式，为幼儿提供交流和表现能力的机会与条件。

6. 集体学习活动的组织形式应根据需要合理安排，强调个别探索、小组合作的学习形式。随着年龄增长，可逐渐增加集体学习活动的比例，一般小班是 15—20 分钟，中班是 20—25 分钟，大班是 25—30 分钟，可适当调整。

7. 个别化学习活动应为幼儿提供更适宜的环境创设，提供丰富多元的低结构材料，特别是自然物和生活常见材料的投放。鼓励幼儿根据个体学习与发展需要自主选择活动内容与材料，在这一过程中培养幼儿发现问题和解决问题的能力。

8. 活动中要关注不同个体的学习过程，分析发展进程，为支持幼儿的下一步学习提供充分依据。

9. 活动结束后，及时进行反馈与评价，特别要倾听幼儿活动后的感受与体会，及时跟进调整，以提升课程实施质量。

### 五、激活"滴润空间"，落实环境育人

环境在幼儿成长过程中起到非常重要的作用，被称为孩子的第三位老师，《幼儿园教育指导纲要》指出："环境是重要的教育资源，应通过环境的创设和利用，有效地促进幼儿的发展。"因此，学校在课程实施过程中也非常注重"儿童友好"理念

的环境创设,通过打造"儿童优先、儿童平等、儿童参与、儿童视角"的"滴润空间",鼓励在营造温馨、文明、平等、公正、真诚、互助的班级氛围的同时,凸显幼儿在学习过程中的主体地位,为幼儿提供邀请性、启发性的生活与学习环境,推动儿童全方位参与、融入学校生活。环境创设中要体现倾听儿童声音、丰富儿童建言渠道,真正支持幼儿成为生活的主人、学习的主人。"滴润空间"的内涵与打造策略如下。

1. 每一处角落都能进入。幼儿园的每一个区域都应当发挥其对幼儿的教育价值,因此,学校的户外环境每一处都是幼儿的游戏场、学习场。这就需要在空间规划过程中,对学校每一个角落进行思考和设计。比如学校宜浩部将一块空地交给大班幼儿进行设计、打造,形成了孩子们新的自然探索乐园——"育药田"。在多次学校大修过程中,也努力减少不必要的灌木丛、观赏性植物,更多打造能让幼儿进入的自然空间或可以开展活动的平台。

2. 每一处空间都能游戏。为了更好地发挥每个区域对幼儿发展的教育价值,学校的材料投放就要进一步进行思考和设计,教师在每周进入室内外活动区域活动前,及时观察与了解幼儿的游戏兴趣,与幼儿共同收集材料,共同创设活动环境。确保每一处空间的材料既统一规划又灵活多变,以满足不同班级孩子不同的游戏需要。

3. 每一处区域都有绘本。学龄前期间,主要是要帮助幼儿培养良好的阅读习惯,培养阅读能力。因此,学校希望每个有幼儿活动的区域都能摆放相应内容的书籍,比如美工室可以投放一些画册和名师的画作,科探活动室可以放置一些科普绘本,户外游戏区域可以放置一些相关绘本,种植园地可以摆放一些关于养殖经验的书籍等。

4. 每一处都有幼儿学习的痕迹。学校和班级的环境要让幼儿有归属感,能够让幼儿乐于积极参与、主动学习,通过良好的师幼互动、生生互动,不断推进幼儿的深入学习。

5. 每一处空间规划都以幼儿为主体。在滴幼,幼儿是学校的主人,学校环境和空间设计,都需要听取幼儿的建议。教师要定期了解幼儿对课程实施开展的感受与体验,不断优化和完善活动空间的环境创设与材料投放。比如,学校两部宜浩部和茉莉部都听取了幼儿的建议增加了小河、扩大了沙池。宜浩部听取幼儿建议在操场增加环形车道。学校的环境创设是为了支持幼儿发展,班级或学校户外空间,要为幼儿提供归属感,满足幼儿全面发展的不同需求。因此,在规划、调整的过程中都应当了解和满足幼儿的活动需求。

### 六、完善"滴润联盟",促进协同共育

近年来,学校非常注重家校社协同共育工作。2018 年,成功申报上海市重点课题"依托优质家社资源 构建儿童成长共同体的实践研究",该课题结题获优秀,且课题成果还获得第十届浦东新区科研成果三等奖。作为上海市家庭教育示范校,"儿童友好"学校建设试点校,滴幼也将继续完善"滴润联盟",挖掘更多优质资源,不断完善家校社协同共育工作,借助不同教育主体的优质资源,共同为幼儿的全面发展搭建更好的成长舞台。

#### (一) 完善家园共育工作

依据不同群体的孩子家长,工作的难易程度,进行有针对性的沟通,先表扬后建议。根据家长需求,找准沟通切入点,让家长认同老师,接受老师,使沟通更顺利。多报喜,巧报忧,不指责孩子缺点,语气委婉地和家长说孩子的缺点,强调孩子的缺点对他自身未来发展的影响。和家长沟通时,能专心倾听家长意见,态度谦虚诚恳,善于采纳家长的合理建议。新生入园前家访,每学期普访,缺勤幼儿及时电访或家访,并做好记录。每学期定期召开家长会,出勤率达到 95％以上。采用现代信息技术,充分运用孩子通评价系统,更好地帮助家长了解幼儿在园活动情况,及时与家长探讨幼儿的发展水平,与家长共同商议幼儿成长的个性化方案。家园合作,建立幼儿成长档案,将幼儿成长、发展轨迹以幼儿作品、照片、个案记录等形式收入档案,定期发放给家长,帮助家长了解幼儿在园情况,配合教育。教师要取得家长配合,建立特殊幼儿个案,做好幼儿行为记录、原因分析、采用策略、成效反馈等,使幼儿在原有基础上有所提高。

#### (二) 拓展社会实践活动

要充分挖掘社会资源,鼓励幼儿走进真实多元的大自然、大社会,提供更丰富多样的活动经历与体验。教师应当结合当前开展的各类主题活动,充分挖掘社会资源,与家长共同开展有意义的社会实践活动。在开展各类社会实践活动的过程中应注意以下内容。(1)在进行主题活动设计的时候就要充分了解相关主题的教育生态,充分挖掘社会资源。(2)活动前应先踩点,并做好详细的活动方案。确保活动安全、有序地开展。(3)必要时,要提前邀请家长义工进行协助,确保出行安全

及活动的有效性。需要对家长做一定的行前指导,帮助家长了解活动开展的目标和注意事项。(4)活动前后都需要倾听和了解幼儿的活动感受,作为优化课程实践活动质量的依据。

**(三)优化衔接课程**

1. 幼儿幼小衔接工作

应基于《上海市学前教育课程指南(试行稿)》与《上海市幼儿园幼小衔接活动指导意见(修订稿)》,通过开展一日活动中的渗透教育和针对性的主题活动,有目的、有计划地帮助幼儿做好入学准备。

(1)在一日活动中渗透教育,既要凸显各类活动特质,又要把握各环节的教育契机,有机渗透文明习惯、情绪管理、自我保护、规则意识、任务意识、时间观念、社会交往等方面的培养内容。

(2)有针对性地开展主题活动:在大班期末5、6月份,紧紧围绕报名、入学和毕业所引发的各种话题,有针对性地设计与实施相关的主题教育活动,通过实践体验活动、集体教学活动、个别化学习区角活动、亲子活动等,引导幼儿了解小学生活,激发入学愿望,增进幼儿对自身成长的期盼,并进一步培养良好的学习习惯,促进生活自理能力、情绪管理能力、初步的逻辑思维能力、表达表现能力以及社会交往能力的发展,促进幼儿形成主动学习的态度和良好的学习品质。

(3)要积极获得家长的支持与配合。首先,要积极宣传幼小衔接教育的科学理念,通过班级家长会、亲子活动、家长沙龙,利用各种信息渠道,帮助家长了解幼儿的成长规律,宣传幼儿园幼小衔接教育的相关内容,指导家长安排幼儿入学前的生活,巩固良好的行为习惯,关注幼儿的情绪变化,共同陪伴幼儿自然地走过这一成长期。引导家长不要盲目追求认知上的超前学习,珍视游戏与生活对幼儿发展的独特价值。同时,指导家长参与大班幼儿的发展评价,及时了解幼儿全面发展过程中的需求与经历,共同支持幼儿的成长。

(4)要积极获得地段内小学的支持与配合,开展参观小学、访问调查等实践活动,积极尝试与小学教师开展联合教研活动,更好地为幼儿做好幼小衔接的各方面准备。

(5)开展幼小衔接活动实施的质量评价。教师应在大班幼儿发展评价中重点围绕幼小衔接相关的入学愿望、学习兴趣、情绪管理、学习习惯、自理能力、自我保护、社会交往能力、初步逻辑思维能力以及表达表现能力等方面内容进行观察和评估。鼓励家长和幼儿共同参与评价,在一日生活中有目的地为幼儿提供自我评价的机会,积极引导幼儿感受自己的成功,体验成长的快乐。

2. 托幼衔接课程

(1)每学期开展不少于 6 次的早教活动,为周边适龄幼儿提供高质量的早教服务,提升 0—3 岁幼儿家长的科学家教指导能力。

(2)为托班幼儿提供高质量的保育教育活动。

(3)为托班幼儿提供相对独立的活动空间,确保幼儿能够自由出入室内与室外。

(4)梳理托班幼儿年龄特点,不断丰富托班幼儿的活动经历与体验。

**(四) 探索儿童议事活动**

作为儿童友好学校建设试点校,学校一直在尝试建立儿童建言机制。2023 学年开始,尝试开展儿童议事会,鼓励教师定期通过议事会活动倾听幼儿对班级、对学校乃至对社会热点问题的想法与感受,共同通过小组探讨、辩论、社区调研等多元的活动形式积极主动地参与到学校建设乃至社区建设中,促进幼儿的全面发展。

1. 定期开展儿童议事会(大班每 2 周 1 次,中班每 3 周 1 次,小班每月 1 次)。

2. 根据不同年龄段幼儿能力发展水平制定相应议事话题,小班以班级里的事情为主,"最近娃娃家总是比较乱怎么办""自然角地上容易脏,怎么办"等,鼓励幼儿做班级的小主人,在成人的引导下共同探讨解决问题的方法。中大班可以讨论学校内近期热门话题:如"新来的宠物要怎么饲养""你们希望小花园种什么花""新年自助餐吃什么又营养又美味"等。此外,鼓励大班幼儿可以围绕一些社会热点问题进行讨论,如"上海要举办……了,作为上海东道主,我们可以做什么""对于……问题,你们是怎么看的"。在鼓励幼儿参与社会问题的讨论,培养社会责任感、提升公民意识的同时,提升幼儿的思辨能力和语言表达能力。

3. 作为教师或管理层要及时了解幼儿需求,利用丰富资源努力支持幼儿的想法,并在实践中捕捉新的教育契机,不断培养幼儿发现问题、解决问题的能力,为幼儿提供在反复试错中获得成功的经历和体验,培养幼儿不怕困难、敢于挑战的品质。

**七、丰富"滴润体验",夯实科学素养**

2023 年 5 月,教育部办公厅印发《基础教育课程教学改革深化行动方案》,其中非常强调科学素养的重要价值。滴幼自 2018 年开始尝试开展对于户外自然体验活动的实践研究,力求鼓励幼儿在自然环境、社会环境中通过对动植物、自然现象、自然物等的主动观察、探索、体验等,不断构建认知经验,发展自然探索能力,增进对自然的理解,并在探究学习的过程中培养良好的科学素养与学习品质。

**(一)"滴润体验"的实施路径与活动类型**

滴幼的自然体验活动内容渗透在一日活动中,如来园可以对班级内自然角中种植和饲养的动植物进行持续观察、比较和探索;户外活动过程中,幼儿可以对大自然中自己感兴趣的事物进行观察和思考;午餐后散步时,可以对校园内的动植物进行观察和体验等。教师可以通过观察和师幼互动,了解幼儿的兴趣点,形成有价值的班本化课程。目前,按照自然体验活动的幼儿活动行为可将"滴润体验"的主要活动类型分为生命感知型、艺术表现型、观察探究型和节日体验型。

1. 生命感知型:此类活动力求让幼儿在亲近自然、接触社会的过程中初步了解人与环境的依存关系,逐步回归幼儿的自然属性,引导孩子学会尊重生命、敬畏大自然,并有初步的环境保护意识。在种植照料等活动中,促进幼儿的全面发展以及培养发现问题、解决问题的能力。可分为植物照料、动物饲养、生命教育等活动。

2. 艺术表现型:主要指幼儿在与自然物、自然情境的互动中,感受大自然的美,尝试利用各类自然物、自然现象开展多元的艺术表达表现活动,培养幼儿的审美情趣以及一定的想象力和创造力。在多元环境和活动中,鼓励幼儿大胆表达表现,形成自己对世界的看法。包括自然摄影、自然涂鸦、自然艺术、创意、自然畅想等多元的内容。

3. 观察探究型:主要指幼儿在与自然情境或与自然物互动的过程中,通过直接感知、亲身体验和具体操作的学习方式,在观察、比较、假设、探究、记录等科学探索活动及其他领域的活动中学习和发展的活动。根据不同年龄段幼儿的特点和发展水平,又可分为初体验式、微探究式和项目式等活动类型。比如,对小班幼儿来说,可以开展初体验式活动,通过不同感官的体验活动结合不同领域的学习和游戏,初步萌发热爱大自然的情感,初步了解大自然中不同事物的明显特征。而中大班的幼儿则可以微探究式活动围绕某一自然现象、自然情境或自然物开展一系列持续的探究活动;对于大班幼儿,更鼓励以小组的形式,围绕某一个感兴趣的话题进行项目式的合作型学习,能够更好地为幼儿的全面发展与个性化支持提供更广阔的空间。

4.节日体验型:尝试利用和自然相关的各种节日、节气活动来丰富幼儿参与自然体验活动的经历。比如学校在每学年的第一学期,会开展丰收节、冬日节活动,第二学期,会开展植树节、风筝节、滴水节活动,每个月每个班还会开展不少于1次的班本化节气活动。通过浸润式的节日活动,进一步激发幼儿对自然的兴趣,促进每一个幼儿在与大自然的互动中实现良好品信、强健身心和灵动好学的育人目标,并支持不同的幼儿个性化地学习与发展。

**(二)"滴润体验"的内容选择**

上海市教研室徐则民老师曾说过:"要用好身边没有门槛的资源。"在实践"滴润体验"活动的过程中,我们更要挖掘一切可利用的、有价值的、儿童感兴趣的自然资源,来支持幼儿在直接感知、亲身体验和实际操作中的学习与发展。

1.季节变化:季节变化是最适宜不同年龄段幼儿感受和体验的自然资源,幼儿可以通过不同季节的观察、比较,感知不同季节的明显特征以及季节特征和季节变化与人类、动植物之间的关系。其中包含着大量有价值的教育契机和课程资源。

2.自然物:自然物包括园内外各种动植物、沙、水、泥等,也可以是师生共同收集的自然物,如贝壳、种子等。通过与不同的自然物的互动,激发幼儿的探究兴趣,同时,在对自然物进行观察、照料、饲养以及各种创造性游戏中,更有利于开展领域多元、形式多样的各类活动,如:探究游戏、创意美术、建构游戏、表演游戏等,以支持和促进幼儿的全面发展。

3.气候现象:自然界中的风霜雨雪也是重要的学习资源,对自然现象的探究帮助幼儿在真实情境中感受、体验和学习,有利于培养幼儿发现问题、解决问题的能力,培养灵动的思辨能力。

4.自然文化:与自然体验相关的节日活动也被纳入"滴润体验"的学习内容,如地球日、生物多样性日、植树节等,同时,也将中国传统二十四节气作为课程实施的重要内容,在感受节日的快乐体验中学习、理解和传承传统文化,在各种操作体验活动中获得更丰富的活动经历与体验。

在"滴润体验"活动的开展过程中,鼓励每个班级每个学期至少开展"六个一活动":认领一棵树木、种植一株植物、照料一个动物、体验一个节气、研究一种自然物、探究一种自然现象。确保幼儿在整个幼儿园活动期间能够逐步建立起丰富的认知经验、浓厚的情感体验、丰富的审美情趣和一定的科学素养。

## (三)"滴润体验"的实施要点

1. 做好准备,采取必要的防范措施。开展活动之前要精心准备材料清单、活动流程和注意事项,在户外开展各类自然体验活动时,要提前做好必要的防范措施,以保护儿童安全、避免弄脏衣服和搞乱活动区域。同时,教师也要适应和满足被照顾儿童的需求。要确定所有准备工作均已完成,而且对于活动的进程和效果要有足够的把握,然后才能开始实施。

2. 判断好介入和指导的时机。尽管我们强调活动中要以幼儿为主体,但是要能够通过活动促进每一名幼儿的发展,还是需要教师在活动中进行科学有效的观察并及时进行介入,开展高质量的师幼互动,以不断保持幼儿的活动兴趣、在活动中引导幼儿培养良好的科学素养。

3. 给予充足的时间。如果开展活动时切入主题,迅速完成活动,然后第二天再去做完全不同的活动,很可能就会压制这些小小科学家和管理员刚刚萌发的兴趣。因此,要给儿童充足的时间让他们沉浸在自己的体验中。如果全班儿童都喜欢,可以每天重复相同的活动,相信他们每次都会有新发现。对信息进行反思和综合会产生良好的学习效果,因此,应该给儿童充足的时间进行反思。

4. 体验比知识重要。教育者往往非常希望传授尽可能多的知识。但在对年幼儿童开展环境教育时,传授的技术信息越少越好。创造机会让儿童获得丰富而真实的自然体验,并引导他们探索特定环境主题就已经足够。儿童通过体验发现事物对自身的意义并构建知识。教师在其中起到引导作用即可,并不必提供环境主题所暗含的所有细节信息,也不必知道所有的答案,而要和儿童一起提出问题,建立联系。要思考如何将这些活动与不同的学科联系起来,或者如何通过其他领域的工作引入当前活动。不用担心偏离轨道,很多重要的发现都不是按计划或脚本发生的。如果儿童有需要,应以开放的态度接纳活动的改变。如果能对儿童的兴趣和需要有所回应,活动将更有意义。总之,要灵活。

5. 设定开放性的目标。设定的教学目标应该有利于支持儿童学习和户外探索的趣味性,不要按照有形、知识性和内容导向制定儿童活动目标。早期儿童教学目标并不应重视结果,有效的早期儿童教学目标可以设为"和儿童一起找到三种方法来认识和了解水",而不是"教儿童学习水的三态变化"。后者的目标本身没有错,只是它过于内容导向,而且过于重视结果,而没有强调体验学习和发现。

6. 传播成功经验。必须让同事、领导和参与活动的儿童家长知道教学方法和目的，要共享儿童探索环境时的图片或其他资料，指出整个过程中进行管理工作的教学基础。通过访谈了解儿童的感受和收获，以及他们在特定活动中最喜欢什么。通过会议、讨论等方式共享信息。为了获得和保持来自家长和同行的支持，分享成功经验是最好的方法。

## 八、创设"滴润社团"，发展儿童兴趣

《3—6岁儿童学习与发展指南》中明确指出："幼儿园教育要注重早期幼儿潜能的开发——注重个别性。"为进一步促进幼儿全面、有个性的发展，我国将幼儿个性化特点与课程内容有机结合，为幼儿园文化注入新的活力，全面提高幼儿的综合能力和素质。我园尝试在大班年段开展丰富多彩的"社团活动"，打破了幼儿在园活动以班级为单位的局限，将社团活动作为课程的补充，让幼儿的爱好有所展示与发挥，同时获得更进一步的提高。

我园的"滴润社团"活动更突出儿童主体地位，以幼儿学习兴趣与需求为主，学校充分挖掘各类家社资源，形成社团菜单，再由幼儿自主进行选择。社团活动开展过程中，及时倾听和了解幼儿的活动需求，不断调整和完善社团活动内容，以满足幼儿的学习兴趣。

（撰稿人：上海市浦东新区冰厂田滴水湖幼儿园　陈月红　邹悦　李婷）

# 第五章

# 激活学校课程实施

　　激活学校课程实施,是提升课程育人质量的重要维度。课程实施需充分发挥课堂教学、社团活动、研学旅行、家校共育等多种实施路径的独特功能。激活学校课程实施的关键在于强化学科实践,在课堂实验、实地考察、模拟操作等多种课程实施形态中,引导学生通过实践的方式探索知识,激活学生的主体参与热情。

课程实施是课程改革中的关键环节,高质量的课程实施能够丰富课程的功能,进而改变课程存在的形态和实施的方式,从单一走向多样。因此,激活学校课程实施,是提升课程育人质量的重要维度。

　　有学者认为,课程在实施过程中需充分结合课堂教学、社会实践、自主学习等多种途径的独特功能。① 我们认为,学校课程实施路径主要包括课堂教学、社团活动、研学旅行、家校共育、节庆活动等。激活学校课程实施,必须关注这些路径的规划与设计。

　　1. 课堂教学。课堂教学是课程实施最重要的途径,是教育教学中普遍使用的一种手段,它是教师给学生传授知识和技能的全过程,主要包括教师讲解、学生问答、教学活动以及教学过程中使用的所有教具。课堂教学主要包含六个要素,即教学目标、教学内容、教学过程、教学方法、教学评价、教学变化。当前,课堂教学改革要把学习当作生活方式,学校及课程实施者要把研究作为工作常态。以学为中心,研究学生,研究学习规律、学习方式是教学的必然要求。如何培养学生的学习道德、学习情感、学习智慧是新时代赋予教师的新课题。教学改革要从每一节课做起。学而不思则罔,思而不学则殆。作为教育工作者要及时领会新课标精神,准确把握新课标要求,每一节课都要思考"要学什么,怎么学,如何学效果更好",只有认真设计好每一节课、上好每一节课,在教法上不断创新,加强对每一个教育环节的优化和反思,才能在一次又一次的积淀中走向成熟,才能在一次又一次的实践中得到启示,从而逐渐形成理性的经验,自觉地遵循教学规律。

　　2. 社团活动。社会团体是人类生活的基础。古人云:"人之生也不能无群",意即人们在各自的生活活动过程中,总要进入一定的团体。这些团体一方面决定着个人在社会活动系统中的客观地位;另一方面又影响着个人意识的形成。团体的观念、概念、规范和价值系统仿佛是一张巨大的网络,它把社会中的每个人都加以编织。各个成员正是在其间的经纬脉络的交互作用下逐渐成长起来的。学生社团活动是把社团活动与课程教学相嫁接的一种创新模式。② 有学者认为,学生社团是推进课程实施的一种有效组织形式。这主要是因为学生社团的组织宗旨与课程实

---

① 王鉴,刘莹.再论课程实施的实践逻辑[J].教育研究,2022,43(10):106—117.
② 刘维群.论大学学生社团[J].青年研究,1988(2):36—40.

施的要求具有一定的重合性。学生社团强调学生自主性、探索性和实践性,在社团活动中学生可以自我管理、自我塑造,而课程实施的宗旨亦是如此。[1] 学校课程实施可以借助学生社团活动来开展课程的实施,可以实现两者有效互补。学生社团课程的典型特点就在于其以实践为基础,启发性与灌输性相统一的课程内容、重视价值渗透的方式方法,能够激发学生学习理论的积极性和主动性。[2] 目前,在各校的社团活动中,不难发现运动类、文学类、艺术类、音乐类、社会公益类等不同类型的学生社团都备受学生的青睐,学校可将周边资源、地方特色、校园文化、学生需求等多方结合,建构学生社团的课程化实施,助推学生的全面发展。

3. 研学旅行。研学旅行指教育部门和学校组织集体旅行、集体食宿开展的探究学习和体验相结合的校外教育活动,是一种校内外衔接的创新形式和综合育人途径。[3] 研学旅行是由教育部门等联合学校有计划地实施,以集体旅行、食宿等形式开展的研究性学习与旅行体验相联接的校外教育方式。研学旅行活动的开展为各学校综合实践性活动课程的实施提供了新的方式和模式,也得到了很多家长的认同和推崇,同时学生可以通过研学旅行活动开阔自己的视野,提高自身的认知水平,培养热爱祖国大好河山的观念。[4] 本文提出在研学旅行的实施开展中需要考虑3个要素:(1)了解学生及家长对研学旅行的需求;(2)选择研学旅行的主题;(3)制定研学旅行计划及预案(包括目标、地点、线路、内容安排、组织方式、人员构成等),对学校研学旅行活动的实践具有借鉴和指导意义。

4. 家校共育。"家校共育"是现代教育的一个重要组成部分,在课程实施中有着举足轻重的地位。在家校共育机制下,学校始终是教育影响的主体,是对学生进行全面素质教育的重要场所;家庭教育是基础,是对学校教育的重要支撑,两者相辅相成,协同作用。[5] 本文以践行家校共育理念为出发点,围绕家校共

---

① 任轶民. 基于社团活动的综合实践课程实施策略研究[J]. 天津教育,2019(36):139.
② 陈力钧,黄若然. 新时代高校学生社团活动课程化建设研究——以福州职业技术学院社团公选课为例[J]. 甘肃教育研究,2022(4):88—91.
③ 刘梅香. 小学研学旅行的现状及对策研究——以济南市 S 校为例[D]. 山东师范大学,2019.
④ 刘鑫. 中小学生研学旅行方案设计与实施策略研究——以临沂市蒙阴县为例[D]. 山东师范大学,2020.
⑤ 常曼. 小学阶段家校共育问题研究——以武汉市东湖高新区 M 学校为例[D]. 华中师范大学,2022.

育校本课程的开展,组织一系列的实践与探索,如:宣传家校共育作用、提升家校共育意识、探索家校共育途径、丰富家校共育内容等方面,促进课程实施质量的提升。

5. 节庆活动。在课程实施中,以"节庆活动"为载体,以综合性、体验性、个性化和社会化均衡发展的实施手段,提高学生的社交能力、培养团队合作精神、传承和发展学校文化、获得实践学习的机会、发展创造力和艺术才华、促进身心健康、建立学校和家长的合作关系。本文在节日活动的主题选择、内涵价值、特色融合、机制建设和评价方式等方面,做进一步的阐述。在主题选择上聚焦学生生活,合理选择节日;在内涵价值上把握正确导向,提升精神引领;在特色融合上,注重校本文化,强化理念渗透;要致力于机制建设和评价方式探索。如:设置"最佳节日评选活动",评选"最佳氛围奖""最佳节日奖"等奖项,让学生设计评价方案,参与评选;通过"节日宣传海报""节日邀请卡""节日故事"等,呈现丰富的节日文化。此外,学校还可以编制《校园节庆活动方案集》,集中展示回顾全年进行的活动。

《义务教育课程方案和课程标准(2022年版)》指出:强化学科实践,注重做中学,引导学生参与学科探究活动,经历发现问题、解决问题、建构知识、运用知识的过程,体会学科思想方法。加强知识学习与学生经验、现实生活、社会实践之间的联系,注重真实情境的创设,增强学生认识真实世界、解决真实问题的能力。[1] 总的看来,学科实践的过程是通过实践的方式探索知识的过程,这一过程可能是对于已有规律的深刻认知,也有可能是对于新规律的发现,无论是对于规律的检验还是发现规律,都超越了直接接受式学习方式,具有重要的意义。[2] 我们认为,课程实施的关键是强化学科实践,实践性学习的形式多种多样,可以是课堂实验、实地考察、模拟操作、学术研究等。激活学校课程实施的关键在于结合地方特色、周边环境、校本文化等因素,开拓实践性学习多样形态,给予孩子丰富的课程内容,提高学生的学习积极性等措施,全面提升学校的教学质量。

--------

① 中华人民共和国教育部. 义务教育课程方案和课程标准(2022年版)[S]. 北京:北京师范大学出版社,2022:21.
② 孙莹莹. 基于新课程标准的学科实践推进策略[J]. 中国标准化,2024(8):245—248.

上海市临港新城海音幼儿园创建于 2008 年 8 月,是南汇新城镇第一所独立建制的公办幼儿园。幼儿园于 2012 年顺利通过上海市一级一类幼儿园验收,并在 2014 年 9 月增设分部,形成南园部、北园部的一园两部格局。考虑到临港地区低龄儿童入学难及特殊幼儿的入学需求,海音幼儿园在 2018 年率先开设了普惠性全日制的托班,并在 2019 年 9 月经教育局批准开设特教班及特教点。2022 年 1 月正式加入浦东新区靖海之星教育集团。目前,海音幼儿园拥有南园部(古棕路 255 号)和北园部(古棕路 438 弄 41 号)两个园址,共设有班级数 25 个(包括 2 个特教班),全园幼儿总人数为 586 人。海音幼儿园荣获教育部授予的全国足球特色幼儿园、全国少儿美术教育示范单位、上海市依法治校示范校、上海市安全文明学校、上海市"十四五"家庭教育指导实验基地、浦东新区文明单位、浦东新区巾帼文明岗等荣誉。为了有效贯彻《3—6 岁儿童学习与发展指南》《幼儿园教育指导纲要(试行)》《幼儿园保育教育质量评估指南》《上海市学前教育纲要》等文件精神,学校研制了本园课程实施方案。

## 第一节　教育是宽阔的海洋

上海市临港新城海音幼儿园的课程建设发展大致经历了四个阶段:构建基础课程阶段;初创"关爱海洋"特色活动阶段,以"关爱海洋"为切入口,确立了海洋环境、海洋动物、海洋环保、海洋相关活动四个主题活动,初步创建我园的"海韵"特色活动;构建"关爱海洋"特色课程阶段,《面朝大海　拥抱蔚蓝——"关爱海洋"特色课程之拓展性活动方案集》《以梦为舸　向海而生——"关爱海洋"特色课程之教学反思、课程故事集》《以海之质　浸润童年——"关爱海洋"特色课程之环境图册集》相继出炉,汇编成册;初步形成"海韵"园本课程阶段,尝试把"特色"课程与共同性课程有机融合,形成自己的园本课程,力图把办园理念和课程理念、课程目标等形成体系。

## 一、幼儿园教育哲学

海,深藏万物,聚集千流。博大而存同,深远而求异。大海的宽广渊博、深沉宽容、生生不息、开拓创新等意象特征,对于国家、民族来说是一种精神,对于幼儿园来说是一种文化,对于教师来说是一种品质,对于幼儿来说是一种个性。作为幼儿园,需要这些意象特征,形成博大而浑厚的文化底蕴,以文化熏陶幼儿,以精神感染幼儿。作为教师,要有海洋一般的胸怀,善待他人,不计较个人得失,勇于奉献;理解、信任、尊重幼儿,多一份宽容与支持,为幼儿营造宽松、愉快的教育环境;善于学习,不断提升师德修养,丰富知识结构,努力成为知识渊博、底蕴丰厚的研究型教师;勇于创新,在教学之路上不断开拓,形成个人独特的教育风格。作为幼儿,体魄像海一样刚健,情感像海一样丰富,心胸像海一样大气,思维像海一样灵动奔涌,从而形成他们鲜明的个性品质。

在我们看来,教育是宽阔的海洋,是博大的胸怀,是勇敢的展现、是力量的确证,是思维的对话,是生命的激情,是梦想的开启。因此,学校提出如下教育哲学——"海韵教育"。"海韵教育"旨在本着"以幼儿发展优先"的理念,依托临港新片区地理的优质资源,梳理、整合利用丰富、多元的环境资源与人文资源,创设具有海洋文化特色的幼儿园环境,构建包含健康、语言、社会、科学、艺术五大领域的课程内容,在博学、博雅的教师引导下,通过"海韵课堂""海韵游戏""海韵运动""海韵生活""海韵社团""海韵联盟""海韵节庆""海韵空间"等途径实施,培养坦荡荡、活泼泼、水灵灵、美滋滋的"海韵儿童"。尊重每一个幼儿的发展规律及个体差异,为孩子们提供符合个性需求的成长土壤,使每一位孩子在多样化的课程学习中获得自我的成长。为此,学校秉持如下教育信条:

我们坚信,

教育是宽阔的海洋,拥有海的气息;

我们坚信,

教育是博大的胸怀,拥有海的深情;

我们坚信,

教育是力量的确证,拥有海的豪迈;

我们坚信，

教育是思维的对话，拥有海的深邃；

我们坚信，

教育是生命的激情，拥有海的灵性；

我们坚信，

教育是梦想的远航，拥有海的空间。

基于上述观点，海音幼儿园提出如下办园理念：海阔天空，音声如韵。"海阔天空"，出自唐朝刘瑶《暗别离》诗："青鸾脉脉西飞去，海阔天空不知处"，形容天地辽阔无边，可定义为无边无际，引申为创设无限机会与平台。"音声"，原意为人们为了彼此交流而使用发音器官发出的声音，定义为园所教职工、幼儿发的声音；"韵"是指和谐的声音。"音声如韵"，定义为园所上下发出的声音是和谐的、融洽的。"海阔天空，音声如韵"寓意为在海纳百川开拓创新的平台下搭建无限机会，奏响每一个教职工的生命节律，促进个性和谐发展。

## 二、幼儿园课程理念

海音幼儿园的课程理念是让每一个孩子踏浪前行。这一课程理念内涵如下。

——课程即生命节律。课程建设必须以育人为目的，以尊重生命为基石，幼儿的生命是独立、富有个性的，课程也应该是灵活、充满生命力的。每一个孩子都有自己的生长规律及节奏，幼儿园课程要尊重天性，呵护童心，擦亮生命底色，应遵循儿童成长节律，按照儿童身心发展特点和认识规律来设计内容和方式，制定相适宜的课程，从而培养体、智、德、美、劳全面和谐发展的儿童。

——课程即宽广世界。课程不单单是一个学科或是学习教学内容的综合，课程应是绚烂缤纷的。课程应满足每个孩子的个性需求，滋养每个孩子的个性生长。不同的课程内容为孩子们提供不同的营养，满足不同生命的成长需求。科学合理的课程设置为孩子们提供符合个性需求的成长土壤，使每一位孩子在多样化课程学习中获得自我的成长。学校的课程根据《3—6岁儿童学习与发展指南》从健康、语言、社会、科学、艺术五个领域融合渗透在幼儿的一日活动之中，并且注重幼小衔接教育、劳动教育、学习品质教育等。包罗万象、丰富多彩的课程内容，犹如一个宽广的世界，整合给予幼儿丰富的滋养。

——课程即踏浪前行。踏着新时代课程改革的浪潮，海音幼儿园扬起课程建设的风帆,踏浪追寻孩子成长的足迹,见证儿童自我生长的力量,不怕万难,不断探索适应幼儿发展的课程。不断拓展课程实施的途径,如海韵空间、海韵社团、海韵节庆、海韵实践、海韵联盟等多元的形式,来满足不同孩子的发展需求,让每一朵"浪花"奔流绽放,跃然前行。

——课程即个性生长。每位幼儿都是独立的个体,幼儿之间的个体差异体现在一日活动的各个环节中。教师参与在评价的过程中,可以通过细致观察,发现每个幼儿都是独立且富有个性的个体,应悦纳、尊重幼儿的个体差异,学习分析幼儿行为产生的原因,了解需求,探寻差异的秘密和价值。关注儿童的全面发展,面对每一位独特的个体,接受、尊重他们之间的差异,提供多种个性化支持以满足其成长需求,同时可以开展个性化课程,整合教育资源,反思它与课程设置、课程推进之间的关系,思考如何提供课程方面的支持。

总之,每一个孩子都是一朵独一无二的"小浪花",在课程实施中既要注重五大领域的融合,又要重视每个幼儿的个性发展,尊重幼儿的生长节律,使课程契合每个幼儿全面和谐的发展需求。海纳百川,包容万物。临港新城是一座新型城区,海音幼儿园接纳来自全国甚至海外的各种家庭背景、社会背景的孩子,在肯定和包容孩子个性的基础上,积极统整国家课程、地方课程、园本课程,构建基础和特色课程协同发展的"小浪花"课程体系。

## 第二节　每一个孩子都是一朵小浪花

根据《上海市学前教育课程指南》,学校将课程总目标确定为:通过本课程的实施,培养健康活泼、好奇探究、文明乐群、亲近自然、爱护环境、勇敢自信、有初步责任感的"海韵儿童"。

### 一、育人目标

每一个孩子都是一朵小浪花。每一朵浪花都有自己独特的韵味,向着无限可能生长。海音幼儿园致力于培养坦荡荡、活泼泼、水灵灵、美滋滋的"海韵儿童"。

——坦荡荡的儿童,有海的胸怀,爱家国、善合作、会交往。

——活泼泼的儿童,有海的活力,爱劳动、勤健体、乐生活。

——水灵灵的儿童,有海的灵动,爱动脑、喜探究、会发现。

——美滋滋的儿童,有海的深情,爱欣赏、愿表达、喜创作。

## 二、课程目标

参考《3—6岁儿童学习与发展指南》及《上海市学前教育课程指南》的相关目标要求，学校制定以下课程目标，见表5-1。

表5-1 幼儿园课程目标表

|  | 坦荡荡的儿童<br>爱国家 善合作<br>会交往 | 活泼泼的儿童<br>爱劳动 勤健体<br>乐生活 | 水灵灵的儿童<br>爱动脑 喜探究<br>会发现 | 美滋滋的儿童<br>爱欣赏 愿表达<br>喜创作 |
|---|---|---|---|---|
| 托班 | 1. 乐意招呼熟识的人。<br>2. 情绪愉快，亲近老师，能随老师和同伴一起活动。 | 1. 愿意接受清洁要求，会用调羹进餐，学习如厕，安静入睡等。<br>2. 充分活动身体，走、爬动作协调，体验在自然环境中活动身体的快乐。<br>3. 知道自己的姓名、年龄、性别和身体的主要部分，听从成人有关安全的提示。 | 感知和认说生活中接触到的动植物和常见的物品，觉察其形状、颜色、大小、多少、轻响等明显的不同。 | 1. 学用语言表达自己的需求。<br>2. 学讲普通话，喜欢听、讲熟悉的儿歌、故事，愿意用声音、动作等方式进行自由表达。<br>3. 喜欢摆弄玩具、材料，会跟着老师有兴趣地唱歌、敲打、做模仿动作。 |
| 小班 | 1. 能接受成人的建议和指示，知道遵守集体生活中的基本常规，体验与老师、同伴共处的快乐。<br>2. 会主动招呼熟悉的人，学习使用礼貌用语，在成人启发下能帮助他人。 | 1. 有独立做事的愿望，学习正确洗手、穿脱衣服，自己用餐、喝水。<br>2. 初步理解简单劳动的流程及技巧，感受劳动带来的快乐和满足，尊重劳动成果。<br>3. 爱护玩具和物品，学习收拾与整理。 | 1. 展现出对周围新事物的兴趣，经常问各种问题，对自己感兴趣的事物或现象能仔细观察。<br>2. 喜欢观察周围环境中不同的物品，尝试对其进行分类、对应、排序等，发现其差异。 | 1. 用普通话表达自己的意思，喜欢翻阅图书。<br>2. 喜欢做音乐游戏，能感受游戏中节奏、旋律的显著变化，并随之变换动作。<br>3. 尝试用多种材料和工具，运用画、折、搭、剪、贴等方法自由地表现熟悉物体 |

| 坦荡荡的儿童<br>爱国家 善合作<br>会交往 | 活泼泼的儿童<br>爱劳动 勤健体<br>乐生活 | 水灵灵的儿童<br>爱动脑 喜探究<br>会发现 | 美滋滋的儿童<br>爱欣赏 愿表达<br>喜创作 |
|---|---|---|---|
| | 4. 了解身体主要部分的简单功能,知道避开日常生活中的危险。<br>5. 对体育活动感兴趣,尝试用各种材料和器械活动身体,学习一些基本运动方法。 | | 的粗略特征,并作简单想象,体验乐趣。 |
| 中班<br>1. 有初步的同情心和责任意识,关注同伴,完成力所能及的任务。<br>2. 爱父母、老师、长辈。了解他们的职业与自己的关系,尊重他们的劳动。<br>3. 理解和遵守日常生活中的规则,学习控制自己的情绪和不宜行为。<br>4. 学习以结伴、轮流、请求、商量等方式与人交往。注意倾听、理解他人意思,积极地表达自己的主张。 | 1. 学会正确地刷牙和使用筷子、手帕、毛巾、便纸等,对自己能做的事表现出自信。<br>2. 主动进行自我服务的同时,尝试并愿意为班级和周围小伙伴服务。参与环境创设,感受劳动带来的舒适和美。<br>3. 体会父母长辈劳动的辛苦,树立劳动光荣的意识,尊重劳动和劳动人民,珍惜劳动成果。<br>4. 理解人的身体和年龄变化,能配合疾病的预防和治疗,对危险的标 | 1. 亲近自然,学习用简单的观察方法,有目的地感知周围自然物和自然现象,初步发现自然的变化对人类和动植物的影响。<br>2. 结合日常生活,学习并识别数字,初步理解数量、重量、颜色、质地、距离、方位和时间等概念,学习比较和测量等方法。 | 1. 喜欢阅读,初步理解其表达的内容。学习欣赏各种中外儿童艺术作品,初步留意周围符号的意思。<br>2. 愿意尝试使用各种材料、工具和方法,进行拼装、拆卸、制作和绘画,有初步的想象能力,体会成功的快乐。<br>3. 在游戏中愿意用动作、歌声、语言等表现所理解的事物和自己喜欢的角色。 |

| | 坦荡荡的儿童<br>爱国家　善合作<br>会交往 | 活泼泼的儿童<br>爱劳动　勤健体<br>乐生活 | 水灵灵的儿童<br>爱动脑　喜探究<br>会发现 | 美滋滋的儿童<br>爱欣赏　愿表达<br>喜创作 |
|---|---|---|---|---|
| | | 志与信号能较及时做出反应。<br>5. 通过尝试、模仿、练习,使动作轻松、自然、协调。 | | |
| 大班 | 1. 有基本的生活自理能力,养成良好的饮食、睡眠、排泄、盥洗、整理物品等生活习惯,独立自信地做力所能及的事。<br>2. 体验人与人相互交往、合作的重要和快乐,尊重他人需要。形成良好的自我意识、规则意识,学会评价自己和同伴。<br>3. 能大胆、清楚地表达自己的想法,倾听同伴的讲述。会主动用语言与人交往。 | 1. 积极参加体育活动,大胆尝试新奇、有野趣的活动,获得身体活动的经验,动作协调、灵活,具有安全意识和初步自我保护能力。<br>2. 了解社区内及城市其他典型的设施、景观,参与民间节日活动,萌发爱家乡、爱祖国的情感。<br>3. 了解环境与人们生活的依存关系,具有热爱自然、珍惜资源、关心和保护环境的意识。 | 1. 探究、操作、实验,对事物变化发展的过程感兴趣,积极尝试用简单的认知方法发现问题、解决问题。<br>2. 对衣、食、住、行等基本物品的来源和接触到的科技成果感兴趣,接触与运用多种媒体,学习多途径收集和交流信息。<br>3. 知道一些不同地域、不同种族的人,以及他们的风俗习惯,有初步的多元文化意识。<br>4. 了解现实生活中数的实际意义,能从生活和游戏中感受事物数量关系,获得一些时间、空间概念,会进行比较、推理等智力活动。 | 1. 能从多方面感知周围生活中的美,能大胆用唱歌、舞蹈、演奏、绘画、制作、构造、戏剧表演、角色游戏等形式表现自己的感受、体验,想象与创造。<br>2. 喜欢探究,学会观察,敢于问题,乐意与人协商、合作,有初步的发现问题和解决问题的能力。知道常见的自然现象及与人们生活的关系。<br>3. 掌握一定的阅读方法,自主阅读图画。能用绘画、动作、表情等多种方式表达对作品的理解。<br>4. 关心日常生活中需要掌握的简单标志和文字,尝试用图像、文字、符号等形式表达自己的意思。 |

## 第三节  朵朵浪花促发展

为了实现上述课程目标,需要建构幼儿园课程逻辑框架,根据《3—6岁儿童学习与发展指南》《上海市学前教育课程指南》的相关规定,以学校的"海韵教育"为逻辑起点,以培养"海韵儿童"为目标,建构"小浪花"课程模式,以朵朵小浪花课程促进幼儿的全面发展。

### 一、幼儿园课程逻辑

海音幼儿园创设了"海之健课程""海之语课程"等包含了五大领域的课程,从"海韵生活""海韵运动""海韵课堂""海韵游戏""海韵社团"等途径推进课程实施,并通过园内听评、互评;外部资源协评;信息技术智慧评价等方式对课程进行评价,提供制度保障、管理保障、研训保障及资源保障来确保课程的实施。课程逻辑具体如下,见图5-1。

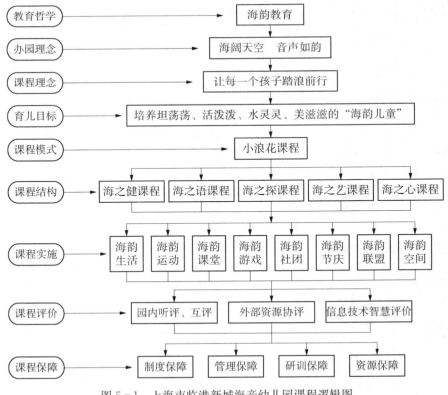

图5-1  上海市临港新城海音幼儿园课程逻辑图

## 二、课程结构

根据《3—6岁儿童学习与发展指南》，海音幼儿园"小浪花"课程分为健康、语言、社会、科学、艺术五大领域，分别命名为"海之健课程、海之语课程、海之心课程、海之探课程、海之美课程"，每一大领域均包含共同性课程和选择性课程，保证各领域课程平衡发展。具体课程结构图如图5-2。

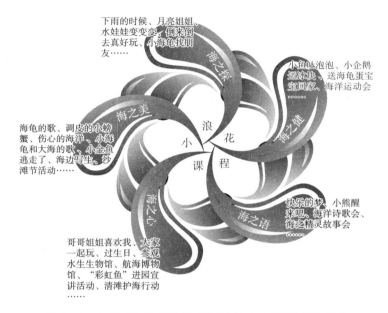

图5-2 上海市临港新城海音幼儿园"小浪花"课程结构图

上图中，各领域课程内涵如下。

1. 海之健课程：其包含了共同性课程及选择性课程在健康领域的内容，旨在促进幼儿的身心状况、动作发展及生活习惯与能力发展，如：小班阶段——小鱼吐泡泡（户外区域运动）、网鱼（户外游戏）、小企鹅运冰块（集体教学）、送海龟蛋宝宝回家（集体教学）、海洋运动会等内容。

2. 海之语课程：其包含了共同性课程及选择性课程在语言领域的内容，旨在促进幼儿倾听与表达、阅读与书写准备方面的能力发展。如小班阶段——快乐的梦（集体教学）、小熊醒来吧（集体教学）、大鱼来小鱼来（户外游戏）、小鲸鱼（个别化学习活动）、海洋诗歌会、海之精灵故事会等内容。

3. 海之心课程：其包含了共同性课程及选择性课程在社会领域的内容，旨在促进幼儿人际交往及社会适应能力发展。如小班阶段——哥哥姐姐喜欢我(集体教学)、大家一起玩(集体教学)、过生日(户外游戏)、参观水生生物馆、航海博物馆、"彩虹鱼"进园宣讲活动、清滩护海行动等内容。

4. 海之探课程:其包含了共同性课程及选择性课程在科学领域的内容,旨在激发幼儿探究兴趣、培养探究能力及积累初步的科学经验。如小班阶段——下雨的时候(户外游戏)、月亮姐姐(集体教学)、勇敢的小海龟(户外游戏)、水娃娃变变变(户外游戏)、倒来倒去真好玩(户外游戏)、小海龟找朋友(个别化学习)等内容。

5. 海之美课程:其包含了共同性课程及选择性课程在艺术领域音乐及美术方面的内容,通过丰富的内容,旨在激发幼儿对艺术的感受欣赏、理解表达及表现创作。如小班阶段——小海龟的勇敢旅程(户外游戏)、海龟的歌(集体教学活动)、调皮的小螃蟹(户外游戏)、伤心的海洋(集体教学活动)、小海龟和大海的歌(集体教学活动)、小金鱼逃走了(集体教学)、海边写生、沙滩节活动等内容。

### 三、课程设置

根据幼儿园实际情况,学校遵循共同性课程与选择性课程相融合的原则,园本化设置课程。其中,根据不同年龄段幼儿的身心发展需求,共同性课程占比分为80%—95%,选择性课程占比分为5%—20%。二者相互补充、不断完善,使幼儿园逐步形成科学化、特色化、个性化的适合幼儿发展的园本化课程。具体课程设置如下(表5-2—表5-5)。

表5-2 "小浪花"课程设置表——托班

| | 第一学期 | | 第二学期 | |
|---|---|---|---|---|
| | 共同性课程 | 选择性课程 | 共同性课程 | 选择性课程 |
| 海之健课程 | 适应阶段:<br>主题:我上幼儿园<br>主题:宝宝本领大<br>发展阶段:<br>主题:蹦蹦跳跳 | 海洋动物模仿操 | 发展阶段:<br>主题:新年喜洋洋<br>主题:花儿朵朵<br>托幼衔接阶段:<br>主题:宝宝身体<br>主题:滴滴叭叭 | 亲子海洋游戏 |
| 海之语课程 | | 亲子绘本阅读 | | 亲子绘本阅读 |
| 海之心课程 | | 海昌海洋公园社会实践 | | 海昌海洋公园社会实践 |

| | 第一学期 | | 第二学期 | |
|---|---|---|---|---|
| | 共同性课程 | 选择性课程 | 共同性课程 | 选择性课程 |
| 海之探课程 | | 我爱的海洋动物 | | 我爱的海洋动物 |
| 海之艺课程 | | 亲子艺术作品评展 | | 亲子摄影展 |

表 5-3 "小浪花"课程设置表——小班

| | 第一学期 | | 第二学期 | |
|---|---|---|---|---|
| | 共同性课程 | 选择性课程 | 共同性课程 | 选择性课程 |
| 海之健课程 | 主题:小宝宝<br>主题:娃娃家<br>主题:好听的声音<br>主题:苹果和橘子<br>主题:小司机<br>主题:小兔乖乖<br>主题:学本领<br>主题:小医生<br>主题:不怕冷<br>主题:新年好 | 1. 小鱼吐泡泡(户外运动)<br>2. 小鱼游得快(户外运动)<br>3. 网鱼(体育游戏)<br>4. 海洋律动操<br>5. 小企鹅运冰块(集体教学)<br>6. 送海龟蛋宝宝回家(集体教学) | 主题:我的幼儿园<br>主题:熊的故事<br>主题:好朋友<br>主题:白天和黑夜<br>主题:雨天<br>主题:理发师<br>主题:小花园<br>主题:动物花花衣<br>主题:好玩的水<br>主题:夏天真热啊 | 1. 快乐的海浪(户外运动)<br>2. 小海军训练营(户外运动)<br>3. 渔网和鱼(体育游戏)<br>4. 小小海洋探险家(集体教学)<br>5. 海洋律动操 |
| 海之语课程 | | 1. 鱼儿好朋友(集体教学)<br>2. 大鱼来小鱼来(户外游戏)<br>3. 小鲸鱼(个别化学习)<br>4. 三条小鱼(户外游戏)<br>5. 鲨鱼(户外游戏) | | 1. 小海龟的勇敢旅程(户外游戏)<br>2. 海龟的歌(集体教学)<br>3. 调皮的小螃蟹(户外游戏)<br>4. 伤心的海洋(集体教学)<br>5. 小海龟和大海的 |

| | 第一学期 | | 第二学期 | |
|---|---|---|---|---|
| | 共同性课程 | 选择性课程 | 共同性课程 | 选择性课程 |
| | | 6. 亲爱的小鱼(集体教学) | | 歌(集体教学)<br>6. 小金鱼逃走了(集体教学) |
| 海之心课程 | | 1. 海边真干净(集体教学)<br>2. 我和大海交朋友(集体教学)<br>3. 参观海昌公园活动 | | 1. 送龟蛋宝宝回家(集体教学)<br>2. 我爱家乡的海(集体教学)<br>3. 亲子拾海活动 |
| 海之探课程 | | 1. 勇敢的小海龟(户外游戏)<br>2. 小海龟找朋友(个别化学习)<br>3. 快乐的小螃蟹(户外游戏)<br>4. 壳的秘密(集体教学)<br>5. 海螺壳发声的秘密(集体教学)<br>6. 贝壳项链(个别化学习) | | 1. 勇敢的小海龟(户外游戏)<br>2. 小海龟找朋友(个别化学习)<br>3. 快乐的小螃蟹(户外游戏)<br>4. 壳的秘密(集体教学)<br>5. 海螺壳发声的秘密(集体教学)<br>6. 贝壳项链(个别化学习) |
| 海之艺课程 | | 1. 泡泡联想(个别化学习)<br>2. 许多小鱼游来了(户外游戏)<br>3. 开船(户外游戏)<br>4. 三条鱼(集体教学)<br>5. 小螃蟹(集体教学)<br>6. 捉小鱼(户外游戏) | | 1. 送鲸鱼回家(户外游戏)<br>2. 海马先生(个别化学习)<br>3. 游来游去大电鳗(集体教学)<br>4. 小海军(集体教学)<br>5. 贝壳之歌(户外游戏)<br>6. 小小鱼儿游啊游(户外游戏) |

表5-4 "小浪花"课程设置表——中班

| | 第一学期 | | 第二学期 | |
|---|---|---|---|---|
| | 共同性课程 | 选择性课程 | 共同性课程 | 选择性课程 |
| 海之健课程 | 主题:我爱我家<br>主题:身体的秘密<br>主题:在秋天里<br>主题:我在马路边<br>主题:好吃的食物<br>主题:玩具总动员<br>主题:常见的工具<br>主题:寒冷的冬天 | 1. 拾贝壳(户外运动)<br>2. 调皮的小浪花(户外运动)<br>3. 小鱼找家(体育游戏)<br>4. 勇夺沙雕堡(集体教学)<br>5. 海洋律动操 | 主题:幼儿园里朋友多<br>主题:在动物园里<br>主题:在农场里<br>主题:春天来了<br>主题:周围的人<br>主题:交通工具<br>主题:火辣辣的夏天<br>主题:水真有用 | 1. 海洋小卫士(户外运动)<br>2. 海底取宝(户外运动)<br>3. 冰岛在融化(体育游戏)<br>4. 小海军练兵(集体教学)<br>5. 海洋律动操 |
| 海之语课程 | | 1. 我是彩虹鱼(绘本)<br>2. 海浪是我们的朋友(绘本)<br>3. 海洋的狂欢日(故事)<br>4. 我的小小海洋(绘本)<br>5. 鲸鱼的歌(绘本)<br>6. 大海 | | 1. 好棒的海鲜<br>2. 珊瑚不见<br>3. 向着灯塔的白鲸安迪(绘本)<br>4. 奇妙的海洋之旅(绘本)<br>5. 爱笑的鲨鱼(绘本)<br>6. 大海奇遇记(绘本) |
| 海之心课程 | | 1. 参观彩虹鱼研究基地<br>2. 参观航海博物馆 | | 1. 南汇嘴祈福活动<br>2. 参观水生生物馆活动 |
| 海之探课程 | | 1. 炸鱼从哪里来<br>2. 海藻变变变<br>3. 海鲜品尝会<br>4. 海洋动物之最<br>5. 海洋动物排排队<br>6. 海马爸爸生宝宝 | | 1. 参观航海博物馆<br>2. 船儿水上行<br>3. 海上运输忙<br>4. 拼图船趣味<br>5. 海洋居民们都爱吃什么<br>6. 海洋鱼医生(裂唇鱼) |
| 海之艺课程 | | 1. 海洋手印画<br>2. 海鸥飞飞<br>3. 小海螺<br>4. 啤酒桶波尔卡<br>5. 冲浪<br>6. 划船 | | 1. 贝壳大变身<br>2. 帆船<br>3. 企鹅岛<br>4. 勇敢的小海鸥<br>5. 水族馆<br>6. 救救小鱼 |

表5-5 "小浪花"课程设置表——大班

| | 第一学期 | | 第二学期 | |
|---|---|---|---|---|
| | 共同性课程 | 选择性课程 | 共同性课程 | 选择性课程 |
| 海之健课程 | 主题:我是中国人<br>主题:我自己<br>主题:有用的植物<br>主题:我们的城市 | 1. 海洋动物练本领(户外运动)<br>2. 海豚跳圈(户外运动)<br>3. 卷紫菜(体育游戏)<br>4. 救生员练本领(集体教学)<br>5. 海洋律动操 | 主题:春夏和秋冬<br>主题:动物大世界<br>主题:有趣的水<br>主题:我要上小学 | 1. 保卫海湾大桥(户外运动)<br>2. 海岛小卫士<br>3. 钻出海藻群(体育游戏)<br>4. 小鲤鱼历险记(集体教学)<br>5. 海洋律动操 |
| 海之语课程 | | 1. 海洋音乐会(故事)<br>2. 海上的风(散文)<br>3. 大海里的小丑鱼(绘本)<br>4. 小海螺的旅行记(绘本)<br>5. 美丽的大海(散文)<br>6. 海底的秘密(绘本) | | 1. 为鲸鱼祈福(绘本)<br>2. 在海边(绘本)<br>3. 大海笑了(童话剧)<br>4. 解救座头鲸(绘本)<br>5. 大海(散文)<br>6. 小海螺和大鲸鱼(绘本) |
| 海之心课程 | | 1. 参观94759解放军部队<br>2. 参观东海大桥活动 | | 1. 海洋知识竞赛活动<br>2. 亲子清滩活动 |
| 海之探课程 | | 1. 有用的海洋宝藏<br>2. 海底知识大比拼<br>3. 多姿多彩的海藻世界<br>4. 海底动物防身术<br>5. 如果大海里没有鲨<br>6. 海狮——深水打捞的行家 | | 1. 海的颜色<br>2. 赤潮从哪里来<br>3. 大海的呼吸<br>4. 海盐从哪里来<br>5. 海底幽光<br>6. 海洋里的那些新奇事儿 |

| | 第一学期 | | 第二学期 | |
|---|---|---|---|---|
| | 共同性课程 | 选择性课程 | 共同性课程 | 选择性课程 |
| 海之艺课程 | | 1. 滴水湖写生活动<br>2. 关爱海洋海报评比活动<br>3. 深海潜水<br>4. 小黑鱼<br>5. 海底运动会<br>6. 渔民号子<br>7. 我设计的雪龙号 | | 1. 了不起的跨海大桥<br>2. 独一无二的你<br>3. 我跟马蒂斯爷爷学画<br>4. 海草舞<br>5. 园歌<br>6. 大海啊故乡 |

## 四、课程内容

### (一)共同性课程

1. 课程内容及各类活动安排

共同性课程是指面向全体幼儿,体现促进幼儿基本发展的课程。其功能在于让幼儿获得共同生活、探索世界、表现表达最基本的经验积累(情感、认知、习惯、能力等),获得最基本的发展。以《上海市学前教育纲要》为指导,以新课程教材的主题框架为基础,以幼儿发展的基本经验为依据,对托班幼儿有针对性的适应阶段、发展阶段、托幼衔接阶段的课程内容,在活动的呈现方面,将生活活动、游戏活动、运动与学习完全融为一体,领域不分化,体现保育与教育不分家的特点。小班、中班、大班幼儿主要涉及的组织形式有学习、运动、生活、游戏四大类,通过以学习主题为主线,整合多方面的内容,在幼儿园的一日活动中强调每一种活动的综合教育作用,以及不同活动之间的互动与渗透,关注幼儿多方面经验的感受和获得,促进幼儿情感、态度、认知能力、技能等方面的全面和谐发展。(详见表5-6—表5-10)

表5-6 托班学期计划安排表:托班9月安排示例

| 9月(适应期)我上幼儿园 | | |
|---|---|---|
| 第一周 | 生活 | 打招呼、参观幼儿园 |
| | 运动 | 欢乐泡泡秀、滑滑梯 |

| 9月（适应期）我上幼儿园 | | |
|---|---|---|
| | 游戏 | 金锁银锁、点名活动 |
| | 小组或个别学习 | 安全小卫士、我上幼儿园 |
| 第二周 | 生活 | 乐意晨检、洗手歌 |
| | 运动 | 玩皮球、爬垫子 |
| | 游戏 | 娃娃家、玩具真好玩 |
| | 小组或个别学习 | 宝宝笑脸真好看、握握手 |
| 第三周 | 生活 | 我会拿勺子、咕噜咕噜爱喝水 |
| | 运动 | 踢足球、蹬蹬响铃 |
| | 游戏 | 大声回答"哎"、敲敲打打 |
| | 小组或个别学习 | 宝宝自己走、宝宝的鞋 |
| 第四周 | 生活 | 小嘴真干净、泡泡真好玩 |
| | 运动 | 赶小猪、我会钻山洞 |
| | 游戏 | 合拢放开、小手拍拍 |
| | 小组或个别学习 | 你好、握握手 |
| 第五周 | 生活 | 宝宝自己吃饭、我会漱口 |
| | 运动 | 平衡木、踩踩跳跳 |
| | 游戏 | 口香糖、小熊和小蜜蜂 |
| | 小组或个别学习 | 分果果、玩具送回家 |

表5-7　共同性课程内容——生活活动：上海市学前教育教师参考用书《生活活动》(3—6岁)

| 基本经验 | 内容示例 |
|---|---|
| 有规律地作息，积累文明生活的经验。 | 良好习惯：进餐、盥洗、使用及整理物品<br>遵守规则：集体生活常规、公共卫生规范<br>文明礼仪：礼貌招呼、大方应答、行为举止文明 |
| 学会保护自己，体验健康安全生活的重要。 | 需求表达：生理、情感等需要<br>安全常识：安全使用物品、避开危险、简单求救与自助方法<br>健康常识：饮食、饮水、营养、睡眠、排泄<br>卫生常识：个人卫生、疾病预防 |

| 基本经验 | 内容示例 |
|---|---|
| 适应集体生活,感受共同生活的乐趣。 | 交往技能:分享、协商、合作、沟通<br>情感体验与表达:家庭亲情、师生情、同伴友爱<br>自我意识:认同自己、认同他人、合理的情绪宣泄 |
| 学做自己的事情,积累自理生活的经验。 | 个人生活自理:自己进餐、穿脱衣裤、盥洗、如厕,自主有序地处理自己的事情<br>简单劳动:扫除、帮厨、种植、饲养、整理物品、值日 |

表 5-8 共同性课程内容——运动:上海市学前教育教师参考用书《运动》(3—6 岁)

| 基本经验 | 内容示例 |
|---|---|
| 学做自己的事情,积累自理生活的经验。 | 个人生活自理:自己进餐、穿脱衣裤、盥洗、如厕,自主有序地处理自己的事情<br>简单劳动:扫除、帮厨、种植、饲养、整理物品、值日 |
| 用动作模仿周围事物的形态和动作特征,感知运动节律的变化。 | 动作模仿<br>操节:徒手操、器械操<br>各种变化的动作节律 |
| 大胆进行各种身体运动,体验各种肢体动作的可能性。 | 基本动作:走、跑、跳、踢、转、抛、接、投、拍、推、拉、悬、滚、钻、攀、平衡 |
| 借助各种材料和器械进行活动,尝试新的内容与玩法,获得身体运动的经验。 | 物品:桌、椅、梯子、纸箱、轮胎、管道、布袋、棍棒筋等<br>体育器械:球、绳、圈、积木、毽子、童车、羊角球、滑梯、秋千、滑板等 |
| 对信号能做出反应。 | 动作反应:开始、停止、动作变化、方位变化、速度变化 |
| 体验运动的方向,根据运动中对象的空间位置和距离,调整自己的动作。 | 方位:上下、前后、左右<br>距离:远近 |
| 在大自然中锻炼,尝试新奇、有野趣的活动。 | 活动:远足、溜冰、负重、玩沙、玩水 |
| 对危险的事情能及时做出反应,能控制自己的动作与行为,有一定的安全意识。 | 安全:野外活动时不远离成人,身体运动时学习自我保护的方法 |

表 5-9　共同性课程内容——游戏活动：上海市学前教育教师参考用书《游戏》(3—6岁)

| 基本经验 | 内容示例 |
|---|---|
| 积极的情绪体验：在自由、安全、成功的体验中，获得愉悦、乐观和自信。 | 角色游戏、结构游戏、表演游戏、自由活动等 |
| 主动的认知表现：在多样化的探索、多途径的表现过程中，进行发现、想象和创造。 | |
| 与同伴交往：在玩伴关系中认识自己和他人，逐步产生合作意识和规则意识。 | |
| 自发的动作练习：在环境诱发的身体运动和双手操作中，实现动作的协调与灵活。 | |

表 5-10　共同性课程内容——学习活动：上海市学前教育教师参考用书《学习活动》(3—6岁)

| 基本经验 | 主题活动内容 | | |
|---|---|---|---|
| | 小班 | 中班 | 大班 |
| 用各种感官主动感知周围事物的特征，比较事物的异同，发现事物之间的关系。 | 第一学期<br>小宝宝<br>娃娃家<br>好听的声音<br>苹果和橘子<br>小司机<br>小兔乖乖<br>学本领<br>小医生<br>不怕冷<br>新年好 | 第一学期<br>我爱我家<br>身体的秘密<br>在秋天里<br>我在马路边<br>好吃的食物<br>玩具总动员<br>常见的工具<br>寒冷的冬天 | 第一学期<br>我是中国人<br>我自己<br>有用的植物<br>我们的城市 |
| 尝试多途径收集信息、物品与材料，乐意交流和分享。 | | | |
| 了解自己的身体特征及生长中的变化和需要，比较自身与他人的不同，体验成长的快乐。 | | | |
| 亲近大自然，有观察、探索周围事物、现象变化与发展的兴趣，初步了解人与自然的关系。 | 第二学期<br>我的幼儿园<br>熊的故事<br>好朋友<br>白天和黑夜<br>雨天<br>理发师<br>小花园<br>动物花花衣 | 第二学期<br>幼儿园里朋友多<br>在动物园里＋<br>在农场里<br>春天来了<br>周围的人<br>交通工具<br>火辣辣的夏天＋水真有用 | 第二学期<br>春夏和秋冬<br>动物大世界<br>有趣的水<br>我要上小学 |
| 对周围环境中的数、量、形、时间、空间等现象敏感，运用已有经验和简单的数学方法解决生活和游戏中的问题。 | | | |
| 接触、了解周围生活环境中的人、事、物，感受身边熟悉的科技成果对生活的影响，理解并遵守社会生活中基本的行为规范。 | | | |

| 基本经验 | 主题活动内容 | | |
|---|---|---|---|
| | 小班 | 中班 | 大班 |
| 欣赏、感受祖国文化的丰富性,有初步的爱家乡、爱祖国的情感,了解一些接触到的多元文化。 | 好玩的水+夏天真热啊 | | |
| 学说普通话,大胆用语言与人交流,注意倾听、理解日常用语、爱看图书,对经常出现的文字感兴趣。 | | | |
| 接触各种富有情趣的作品,大胆想象,用自己喜欢的方式表达感受和体验,理解他人的表达方式。 | | | |

2. 教材选用

本园课程以"一日活动均为课程"理念来指导课程实践,将幼儿一日活动作为课程内容的实施载体。在课程实施中教师要关注幼儿的兴趣和需要,努力为幼儿创设丰富的活动情境、营造能激发幼儿主动参与的氛围、提供便于幼儿动手操作的材料,推动幼儿发展、发掘幼儿潜能。(详见表5-11—表5-15)

表5-11 一日活动教材选用——托班阶段教材选用

| 教参名称 | 使用比例 | 托班 |
|---|---|---|
| 上海市学前教育教师参考用书 | 96% | 婴幼儿教养活动(2—3岁) |
| 华东师范大学2—3岁托班用书 | 2% | 早期教养方案托班(上、下) |
| 幼儿园"小浪花"课程资源库 | 2% | 海洋拓展活动内容 |

表5-12 小班、中班、大班生活活动教材选用

| 教参名称 | 使用比例 | 小班 | 中班 | 大班 |
|---|---|---|---|---|
| 上海市学前教育教师参考用书 | 90%—95% | 《生活活动》(3—6岁) | 《生活活动》(3—6岁) | 《生活活动》(3—6岁) |
| 幼儿园"小浪花"课程资源库 | 5%—10% | 小班部分 | 中班部分 | 大班部分 |

表 5 - 13　小班、中班、大班运动教材选用

| 教参名称 | 使用比例 | 小班 | 中班 | 大班 |
|---|---|---|---|---|
| 学前教育教师参考用书 | 90%—95% | 《运动》(3—6岁) | 《运动》(3—6岁) | 《运动》(3—6岁) |
| 幼儿园"小浪花"课程资源库 | 5%—10% | 海之健课程小班部分 | 海之健课程中班部分 | 海之健课程大班部分 |

表 5 - 14　小班、中班、大班游戏活动教材选用

| 教参名称 | 选用说明 |
|---|---|
| 上海市学前教育教师参考用书——游戏 | 作为实践过程中的参照依据<br>作为教研活动的参考资料 |
| 上海托幼《上海市幼儿游戏节方案选编》 | 作为实践过程中的参考资料 |
| 幼儿园"小浪花"课程资源库 | 海洋游戏(小、中、大部分) |

表 5 - 15　小班、中班、大班学习活动教材选用

| 教参名称 | 使用比例 | 小班 | 中班 | 大班 |
|---|---|---|---|---|
| 上海市学前教育教师参考用书 | 95% | 《学习活动》(3—4岁) | 《学习活动》(4—5岁) | 《学习活动》(5—6岁) |
| 上海托幼《幼儿园个别化学习区角活动设计参考》 | 5% | 《科学—玩中学》小班 | 《科学—玩中学》中班 | 《科学—玩中学》大班 |
| 幼儿园"小浪花"课程资源库 | | "小浪花"课程小班部分 | "小浪花"课程中班部分 | "小浪花"课程大班部分 |

**(二) 选择性课程**

1. 健康领域特色活动——通过一日活动中的户外运动、早操、健康教育教学活动等促进幼儿身心状况、动作发展、生活习惯及生活能力三方面的发展,培养孩子像海一样强健的体魄。

2. 语言领域特色活动——创造一个大海般自由、宽松的语言交往环境,借助各

类文学作品让幼儿在听、说、演等一系列的活动中感受语言活动的魅力,提高幼儿语言交往的积极性、发展语言表达能力。

3. 科学领域特色活动——借助大海"勇于探索"的精神,开展科学探究和数学认知的各项活动,帮助幼儿了解自然、周围环境与人类生活的关系,产生探索的兴趣及欲望,具有初步的探索能力。

4. 艺术领域特色活动——通过多元、丰富的"海纳百川"的各类艺术作品,引导幼儿感受及欣赏,激发幼儿创作与表达,从而提高艺术综合素养。

5. 社会领域特色活动——通过海洋各类主题活动,渗透大海"包容宽广"的胸襟,引导幼儿共同生活,形成和谐的社会关系,促进其社会性不断完善和奠定健全的人格基础(详见表5-16)。

表5-16 小班阶段课程内容

| 具体学期 | 相关内容 | 课程素材点 |
| --- | --- | --- |
| 小班<br>上学期 | 健康领域特色活动 | 1. 小鱼吐泡泡(户外区域运动)<br>2. 小鱼游得快(户外区域运动)<br>3. 网鱼(体育游戏)<br>4. 海洋律动操<br>5. 小企鹅运冰块(集体教学活动)<br>6. 送海龟蛋宝宝回家(集体教学活动) |
| | 科学领域特色活动 | 1. 勇敢的小海龟(户外游戏)<br>2. 小海龟找朋友(个别化学习活动)<br>3. 快乐的小螃蟹(户外游戏)<br>4. 壳的秘密(集体教学活动)<br>5. 海螺壳发声的秘密(集体教学活动)<br>6. 贝壳项链(个别化学习活动) |
| | 艺术领域特色活动 | 1. 草间弥生的泡泡联想(个别化学习活动)<br>2. 许多小鱼游来了(户外游戏)<br>3. 开船(户外游戏)<br>4. 三条鱼(集体教学活动)<br>5. 小螃蟹(集体教学活动)<br>6. 捉小鱼(户外游戏) |

| 具体学期 | 相关内容 | 课程素材点 |
|---|---|---|
| 小班<br>上学期 | 语言领域特色活动 | 1. 鱼儿好朋友(集体教学活动)<br>2. 大鱼来小鱼来(户外游戏)<br>3. 小鲸鱼(个别化学习活动)<br>4. 三条小鱼(户外游戏)<br>5. 鲨鱼(户外游戏)<br>6. 亲爱的小鱼(集体教学活动) |
| | 社会领域特色活动 | 1. 海边真干净(集体教学活动)<br>2. 我和大海交朋友(集体教学活动) |
| 小班<br>下学期 | 健康领域特色活动 | 1. 快乐的海浪(户外区域运动)<br>2. 小海军训练营(户外区域运动)<br>3. 渔网和鱼(体育游戏)<br>4. 小小海洋探险家(集体教学活动)<br>5. 海洋律动操 |
| | 科学领域特色活动 | 1. 小白鱼过生日(户外游戏)<br>2. 我帮鱼儿来搬家(个别化学习活动)<br>3. 鱼儿妙事多(集体教学活动)<br>4. 海底裁缝(鹦鹉鱼)(个别化学习活动)<br>5. 如何区分海狮、海豹、海象(个别化学习活动)<br>6. 海中金丝雀(白鲸)(集体教学活动) |
| | 艺术领域特色活动 | 1. 送鲸鱼回家(户外游戏)<br>2. 海马先生(个别化学习活动)<br>3. 游来游去的大电鳗(集体教学活动)<br>4. 小海军(集体教学活动)<br>5. 贝壳之歌(户外游戏)<br>6. 小小鱼儿游啊游(户外游戏) |
| | 语言领域特色活动 | 1. 小海龟的勇敢旅程(户外游戏)<br>2. 海龟的歌(集体教学活动)<br>3. 调皮的小螃蟹(户外游戏)<br>4. 伤心的海洋(集体教学活动)<br>5. 小海龟和大海的歌(集体教学活动)<br>6. 小金鱼逃走了(集体教学活动) |
| | 社会领域特色活动 | 1. 送龟蛋宝宝回家(集体教学活动)<br>2. 我爱家乡的海(集体教学活动) |

## 第四节　激活每一朵小浪花

激活学校课程实施，是提升课程育人质量的重要维度。小浪花课程通过"海韵课堂""海韵游戏""海韵运动""海韵生活""海韵社团""海韵联盟""海韵节庆""海韵空间"等途径实施，力图激活每一朵小浪花蓬勃向上。

### 一、建构"海韵课堂"，提升保教质量

"海韵课堂"主要指讨论、阅读、听赏、制作、表演、实地参观、收集信息等活动，如：集体活动、个别化学习等，旨在激发幼儿主动探索，积极体验，使幼儿在认知能力和态度上不断进步，为后续学习打下基础。教师要遵循"海韵教育"的文化，以包容、接纳、尊重、民主、博爱的思想重视幼儿学习的过程，尽量创造条件让幼儿通过直接体验来学习，使他们充分感受到学习、探索以及与人合作、交流的乐趣。

学习活动是教师有目的、有计划地引导幼儿学习探索的过程，教师应根据课程指南和本班实际，对活动的可能方向、所需环境、资源和材料作切实可行的计划。同时，要善于将幼儿在一日活动中自发生成的，具有发展价值的兴趣点与预设活动的内容有机结合。在师生互动过程中，应关注幼儿即时生成的内容，并给予适时、适宜、适度的回应。学习活动内容的选择和安排，应充分体现全面、整体的要求，有利于对幼儿经验的全方位、多层次的拓展和基本学习能力的全面培养。学习内容的组织，还应充分考虑幼儿的学习特点和认知规律，体现综合性，以帮助幼儿更有效地学习。同时，学习活动的内容，既要符合幼儿的兴趣和现有水平，又要有一定的挑战性，以有助于幼儿经验、视野的扩展和潜能的发挥。

学习活动应尊重幼儿的个体差异。关注幼儿不同的学习方式和认知风格，鼓励并支持幼儿富有个性和创造性的学习与探索、表达与表现。对学习有特殊需要的幼儿尤应给予特别关注。

学习活动的组织形式应根据需要合理安排，强调个别探索、小组合作的学习形式。随着年龄增长，可逐渐增加集体学习活动的比例，但整班集体学习活动时间每次不宜过长。

### 二、设计"海韵游戏"，激发儿童参与的积极性

"海韵游戏"主要指幼儿自发、自主、自由的活动。教师结合"海韵"特色文化，

利用地理位置及环境、特色课程资源等,创设海洋特色环境及材料,引导幼儿生成各类游戏主题,如:角色游戏、结构游戏、表演游戏、沙水游戏等,支持幼儿游戏的发展及需要,促进幼儿的想象力、创造力和交往合作能力发展,促进幼儿情感、个性健康地发展。

"海韵游戏"重视游戏环境的创设,材料投放应数量充足、种类丰富全面,满足每个幼儿的游戏需要。材料投放应适合不同发展水平的幼儿,并及时更新和增添。师生应共同收集游戏材料,材料的摆放应方便幼儿取用、搭配和随意组合。材料应为幼儿的想象留有余地,多样化地使用。师生合作安排游戏空间,根据幼儿游戏的需要作更改和随时变动。同一空间可让幼儿自主地变化使用,满足幼儿的多种游戏需要。空间的划分使各种游戏,特别是安静的和活跃的游戏不互相干扰。

教师要与幼儿一起商定使用材料和空间的必要规则,并督促遵守。应积极开发游戏活动的资源。经验可以帮助幼儿提升游戏水平,提高游戏的兴趣性。教师应利用春、秋游和各种庆祝活动、外出散步、参观的机会,丰富幼儿对社区、社会中的人文环境、公共设施和场所以及不同职业人们的了解,积累生活经验。

家庭是幼儿生活的主要场所,家庭中蕴含着丰富的游戏资源。教师应指导家长让幼儿参与走亲访友、庆贺婚礼、乔迁、过生日等活动,鼓励幼儿获取各类社会信息。材料可以刺激和引发幼儿游戏的发生和发展,教师应多途径地挖掘材料的来源,鼓励幼儿和同伴、家长一起收集幼儿园、家庭和社区中的各种可利用的废旧物,以丰富游戏材料。

幼儿游戏需要在一定的空间内展开,教师应注重空间资源的开发,为幼儿创设开放性的游戏空间。例如,教室内同一空间可根据幼儿的游戏需要发挥多种功用;走廊、阳台、操场都可成为幼儿的游戏场所;同一楼面或不同楼面的教室可以协同或交叉使用,满足幼儿的游戏需要;各活动室也可成为幼儿游戏空间的一部分。

在天气允许的情况下,学校倡导教师每天开展户外游戏,并保证不低于1小时的户外游戏时间,针对幼儿的兴趣和需要,教师要提供相应的游戏材料和场地,并予以支持和关注,但不要过多地介入。户外游戏区域及材料内容介绍详见表5-17和图5-3。

表 5-17 户外游戏区域及材料内容

| 序号 | 名称 | 主要材料 | 区域划分 |
|---|---|---|---|
| 1 | 户外区域 1 | 游戏材料:户外长方桌椅、桌布、盘子、勺子、记录纸、笔、帐篷、吊床、水壶、桌布、盘子、勺子、渔网、木桩、仿真水果等<br>运动材料:大型玩具、独木桥、木桩、抓尾巴、软棒等 | 教学楼北前方大型玩具 |
| 2 | 户外区域 2 | 游戏材料:小型滑滑梯、烧烤架子、地垫、小木屋、小帐篷<br>运动材料:滑滑梯、各类玩具车、交通标志、骑行路障、自制门洞、拖拉玩具等 | 大厅前及南侧 |
| 3 | 户外区域 3 | 游戏材料:可移动小帐篷、小栅栏、户外厨房玩具、木桩、轮胎山、地垫、篮子、可移动小帐篷、野餐垫、软木棍等<br>运动材料:沙包、流星球、报纸球、袋鼠跳布袋、弹力跳板、青蛙跳、自制割草桶、垫子、呼啦圈等 | 大厅北侧小木桥、水沟两侧 |
| 4 | 户外区域 4 | 游戏材料:各色布匹、帽子、表演服、小乐器、地垫、纸箱、塑料盒、户外长方桌椅等<br>运动材料:野战材料、滚筒、垫子、拱形门、迷彩钻爬网、钻网组合、彩色圆柱桶、自制坦克滚箱等 | 旗杆升旗台附近 |
| 5 | 户外区域 5 | 游戏材料:小木屋、帐篷、野餐垫、娃娃家用具等<br>运动材料:彩虹隧道、轮胎、平衡凳、平衡板、辅助连接板、竹梯、羊角球、充气榔头、卡通海绵棒等 | 托一、托二班后门 |
| 6 | 户外区域 6 | 游戏材料:玩沙工具、水管、水枪、网兜、篮子、户外积木、可组合竹子管道、小推车、沙漏网、泡沫垫、自制小船等<br>运动材料:漏斗、沙勺、浇水壶等 | 沙水池附近 |
| 7 | 户外区域 7 | 游戏材料:户外防腐积木、木梯、长脚凳、地垫等<br>运动材料:曲棍球 | 小一班后门口 |
| 8 | 户外区域 8 | 游戏材料:户外螺母积木、计划板、ipad、照相机等<br>运动材料:足球 | 小二班后门口 |

| 序号 | 名称 | 主要材料 | 区域划分 |
|------|------|----------|----------|
| 9 | 户外区域9 | 游戏材料:户外透明画架、透明黑板、冲水画架、粉笔、笔刷、木桩、可移动小帐篷、瓦罐、油桶、蜡染工具、颜料、水缸等<br>运动材料:扁担、独轮车、粮袋、平衡木组合等 | 凉亭附近 |
| 10 | 户外区域10 | 游戏材料:昆虫屋、放大镜、自制鸟窝材料、笔记本、测量工具等<br>运动材料:攀爬架、背篓、梯子、溜溜布、垫子等 | 紫藤架两侧 |
| 11 | 户外区域11 | 游戏材料:种植工具、浇花桶、竹篮、碾磨器具、晾晒工具、小动物、饲养材料等<br>运动材料:跑道、跳板、青蛙跳、万象组合、PVC管跨栏、垫子、彩虹桥等 | 海海小田园、音音萌宠园 |

图5-3　游戏场地导览图(南园部)

### 三、做实"海韵运动",提高健康水平

"海韵运动"主要指体操、器械运动、自然因素锻炼等活动,旨在提高幼儿身体素质、动作协调能力和适应环境的能力,为幼儿健康的体质奠定基础。教师开展围绕"海洋"的情境性运动实践,在快乐运动中培养幼儿勇敢、自信、积极向上的良好品质。促进幼儿的健康和尊重幼儿的生命,是幼儿园开展运动课程的重要前提。在进行各类活动时,要遵循幼儿生长发育的规律,切实保障幼儿的安全,严禁任何有损于幼儿身心健康的比赛、表演、训练等活动。培养幼儿对运动的兴趣,是幼儿园开展运动课程的重要目标。要因地制宜地创设各种有趣的运动环境,开展形式多样、富有野趣的活动,吸引幼儿主动参与,让幼儿体验运动的快乐。综合地开展各类体育活动,促进幼儿肢体的均衡发展和基本运动能力的全面发展。保证幼儿每天有两小时的户外活动时间,其中一小时的运动时间要分段进行。活动时要注意高密度、低强度,每次时间不宜过长,并根据幼儿的个体差异调节活动内容与活动量。教师对幼儿活动时的场地、设施、器械、服饰以及幼儿活动中的需求如擦汗、喝水等都要予以关注,提高幼儿的自我保护能力,保证幼儿的活动能安全有效地开展。户外运动场地安排表、各班轮转安排表及场地划分图表详见表5-18、表5-19和图5-4。

表5-18　海音幼儿园托、小班户外运动安排表(南园部)

| 场地及主要动作发展 | 动作发展 | 可选运动器械 | 区域划分 | 雨天场地安排 |
|---|---|---|---|---|
| 1号场地(综合动作发展) | A区:综合 | 石山、大型玩具、呼啦圈等 | 教学楼东综合运动区、大型玩具 | 三楼海洋室 |
| | B区:平衡 | 独木桥、木桩等 | | |
| | C区:走、跑 | 抓尾巴、软棒等、拖拉玩具、飞碟等 | | |
| 2号场地(骑行为主) | A区:骑行为主 | 各类车子、交通标志、骑行路障、自制门洞等 | 幼儿园主道路、小型滑滑梯 | 入园雨棚下及幼儿园大厅 |
| | B区:投、抛 | 沙包、流星球、报纸球等 | | |
| | C区:综合 | 小型滑滑梯 | | |
| 3号场地(钻爬为主) | A区:钻、爬为主 | 垫子、拱形门、迷彩钻爬网、钻网组合、彩色圆柱桶、自制坦克滚箱等 | 入园大厅南侧托一托二班后门口 | 班级场地、班级走廊过道 |

| 场地及主要<br>动作发展 | 动作发展 | 可选运动器械 | 区域划分 | 雨天<br>场地安排 |
|---|---|---|---|---|
| | B区:平衡 | 彩虹隧道、轮胎、平衡凳、平衡板、辅助连接板、竹梯等 | | |
| | C区:走、跑 | 羊角球、充气榔头、卡通海绵棒等 | | |
| 4号场地<br>(投掷为主) | A区:投掷为主 | 平衡木、彩色投掷门、西瓜球、刺毛球、小皮球、报纸球、怪兽投掷框 | 小一班后门口 | 班级场地、班级走廊过道 |
| | B区:综合 | 木梯组合 | | |
| | C区:走、跑 | 彩虹降落伞、飞盘、呼啦圈 | | |
| 5号场地<br>(走跑跳为主) | A区:走、跑、跳为主 | 袋鼠跳布袋、弹力跳板、青蛙跳、自制割草桶、垫子、呼啦圈等 | 小二后门口 | 班级场地、班级走廊过道 |

表5-19 海音幼儿园托、小班户外场地轮转安排表(南园部)

| 场地<br>周次 | 1号场地<br>(综合动作发展) | 2号场地<br>(骑行为主) | 3号场地<br>(钻爬为主) | 4号场地<br>(投掷为主) | 5号场地<br>(走跑跳为主) |
|---|---|---|---|---|---|
| 第2~3周 | 托一班 | 托二班 | 小一班 | 小二班 | 小三班 |
| 第4~5周 | 托二班 | 小一班 | 小二班 | 小三班 | 托一班 |
| 第6~7周 | 小一班 | 小二班 | 小三班 | 托一班 | 托二班 |
| 第8~9周 | 小二班 | 小三班 | 托一班 | 托二班 | 小一班 |
| 第10~11周 | 小三班 | 托一班 | 托二班 | 小一班 | 小二班 |
| 第12~13周 | 托一班 | 托二班 | 小一班 | 小二班 | 小三班 |
| 第14~15周 | 托二班 | 小一班 | 小二班 | 小三班 | 托一班 |
| 第16~17周 | 小一班 | 小二班 | 小三班 | 托一班 | 托二班 |
| 第18~19周 | 小二班 | 小三班 | 托一班 | 托二班 | 小一班 |

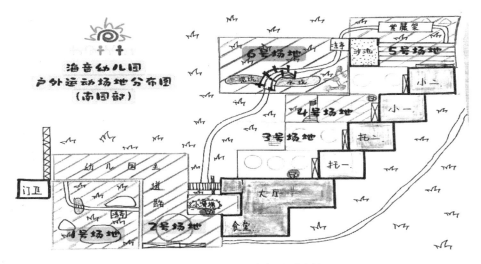

图 5-4　运动场地分布图(南园部)

#### 四、推行"海韵生活",开发常态课程

幼儿的能力和习惯形成不是一朝一夕的事,而且具有反复的特点,生活教育要强调在做中培养,注重在真实的情境中练习,关注幼儿的情绪反应和情感体验。养成良好习惯、适应共同的生活是幼儿园生活教育的重要目标。幼儿园要为幼儿创设良好的、宽松的盥洗、睡眠等生活环境,开展形式多样的活动,并通过游戏活动、运动、学习活动的渗透,让幼儿不断积累健康生活的经验,逐步养成各种良好的生活习惯。

生活活动是一种养成性教育,主要在饮食、睡眠、盥洗、整洁、来园、离园等日常生活中实施。开展生活教育应考虑到幼儿不同的生活背景、不同的体质等差异情况,如在午睡的时间、饮食的习惯等方面要尊重幼儿的差异,提出不同的要求。

#### 五、创建"海韵联盟",做好家园共育

海音幼儿园依托南汇新城镇独一无二的地理优势和资源优势,家长中有很多为周边海事大学、海洋大学的高校教师,有很强的专业知识,因此学校积极开展关爱海洋特色活动,借由"海音家长慧"品牌中的"海音慧课堂、海音趣活动、海音热风暴、海音共成长"四版块内容,整合多方资源,尝试探索多样化的家庭教育指导活动内容和形式,逐步改善家长的教养行为。以海洋、海事大学教师为主体的家长团队,在学校推进"关爱海洋"课程的过程中起到了重要的作用。在区级课题结题的

展示中,学校也邀请了家长参与海洋亲子诗歌朗诵、海洋亲子环保时装秀、家长参与分享特色课程中的小故事等活动。同时,学校也依托园本特色课程做了以下多个家庭教育指导活动:①"智慧爸爸团"给幼儿讲述海洋相关知识,如:海洋微生物、深海探测——彩虹鱼、海洋动物等;②组织更多的家长参加海洋特色相关活动,如:清滩活动、滴水湖环湖走、亲子海洋小制作等活动;③帮助幼儿收集海洋的书籍;④支持幼儿在班级小广播活动中讲述大海的故事、知识点等,为学校的课程建设添砖加瓦。

在"海韵联盟"建设方面,要特别注意做好如下幼小衔接工作。

1. 在开展幼小衔接活动时,要尊重幼儿的年龄特点,使活动具有趣味性、游戏性。避免教学内容的小学化,知识技能要求的超前化。

2. 要把幼小衔接活动,纳入幼儿园大班的课程计划中,与课程实施结合起来(如,"新教材"大班的《我要上小学》的主题),提高课程实施的有效性。

3. 教师要掌握小学生活、教育的一些基本行为习惯要求,如,坐姿、握笔姿势、用眼卫生等。同时,加强幼儿颈部肌肉、腿部肌肉等的锻炼,提高幼儿身体素质和对环境的适应能力。

4. 开展幼小衔接活动,要正视幼儿的个体差异。幼儿园教师要注意观察、了解,给予幼儿因人而异的关怀和帮助。对个别情绪特别焦虑的孩子,要主动会同家长开展具有针对性的教育,使每一个孩子都能顺利地、愉快地度过幼小衔接阶段。

5. 在开展幼小衔接活动过程中,要加强与小学的互动,形成幼小联系的机制。要充分利用社区、社会的各种资源,为幼小衔接活动创造机会。海音幼儿园与浦东新区建平临港小学签订了幼小衔接共建协议书,达成合作伙伴,共筑幼儿的幸福成长阶梯。同时,幼儿园加强各类宣传,积极利用和引导各类媒体,形成正确的社会舆论导向,更有利于幼儿的健康成长。

6. 要积极利用家长会、网络媒体、家长手册等,开展丰富、有效的幼小衔接宣传活动,让家长充分了解孩子的成长规律和幼儿园、小学教育的不同要求。同时,要引导家长合理安排子女入学前两个月的暑假生活,特别是巩固已经形成的良好行为习惯,真正做到家园共育,切实提高幼小衔接活动的有效性。

### 六、创设"海韵社团",激发兴趣爱好

学校开设了一系列的"海韵社团",来自上海音乐学院、海事大学等的专业教师

给予幼儿优质的教育,由中大班阶段的孩子自愿报名,教师再挑选孩子,双项选择,每周活动一次,中班是合唱、竖笛,大班是足球、啦啦操。课程内容如下。

足球社团:足球社团教练采取寓教于乐的方式进行教学,将足球与各种游戏相结合,循序渐进地进行一些简单的足球基础学习。孩子们在学习中增强了运动能力,在尝试互学中提高了运动水平,在合作竞赛中体验着运动的快乐。

啦啦操社团:啦啦操是融健美操、舞蹈、音乐及各种技巧动作于一体的集体舞蹈,注重激情、活力和团队精神。通过学习啦啦操,孩子们对啦啦操有一个初步认识,感受到动作美、音乐美。改善身体机能、提高身体素质、促进体能的全面发展、增强体质和提高健康水平。使孩子敢于充分展示自己,增强自信,培养孩子的自主学习能力和团队合作的精神。

合唱社团:合唱社团是教师组织幼儿一起参与合唱活动,提高幼儿歌唱技能,鼓励幼儿大胆表达自己,增强自信,乐于合作。

竖笛社团:竖笛社团是通过竖笛吹奏的游戏化的教学,提高幼儿的思维灵敏性、肢体协调性和音乐素养,鼓励幼儿展示自我,在表演中获得满足感,培养幼儿的自信心及合作能力。

为了确保社团活动的有效性和持续性,学校采取了以下评价方法。1.观察法:老师们记录孩子在各类活动中的行为和反应。如在活动中详细记录孩子们的兴趣点、参与度和互动情况等;分析孩子们的发展变化,对比活动前后的表现,评估孩子们在社交、情感和技能方面的进步。2.问卷调查:首先,征询家长反馈建议。学校定期向家长发放问卷,了解他们对孩子参与社团活动的看法和建议。其次,开展学生自评工作。教师引导孩子们进行自我评价,了解他们的感受和想法。再次,组织教师互评工作。教师从专业的角度对孩子们的表现进行综合评估,提供详细的书面报告。定期召开教师会议,通过团队研讨,共同讨论和分析孩子们的成长情况。最后,利用信息技术评价幼儿。通过"孩子通""蘑菇岛"等信息技术平台开发更多元化的评价工具,如视频记录、成长档案等,全面了解孩子们的发展情况,通过大数据的统计和分析更好地记录、评价和分析孩子的发展现状,从而改善社团的实施质量。

通过以上评价方法,学校取得了以下成效。1.提高了社团活动的质量:根据反馈及时调整活动内容和方式,使活动更加符合孩子们的需求和兴趣。2.增强了家校合作:家长积极参与问卷调查,提供了宝贵的建议和支持,家校关系更加紧密。

3. 促进了孩子全面发展:孩子们在社团活动中表现出更高的积极性和创造力,社交能力和团队合作精神明显增强。

### 七、开展"海韵节庆",浓郁课程氛围

通过开展"海韵节庆"的特色活动,拓展园本课程途径,丰富园本课程内容。如:海洋日活动、海洋环保节活动、海洋歌曲合唱活动、亲子海洋诗歌原创活动、关爱海洋环保时装秀活动、保护海洋知识竞赛活动、亲子海边清滩活动、南汇嘴祈福活动、环保手工制作活动等。亲子类的有拾海活动、海边摄影展活动、徒步滴水湖活动、参观东海大桥活动、参观航海博物馆活动、参观海昌公园活动、参观水生物馆活动等,详见表5-20。

表5-20 "海韵节庆"活动内容(小中大阶段)

| 活动内容 | 年龄阶段 | 具体内容 |
| --- | --- | --- |
| "海韵节庆"活动内容 | 小班 | 1. 亲子拾海活动<br>2. 参观海昌公园活动<br>3. 南汇嘴祈福活动<br>4. 我和大海有个约会摄影展 |
| | 中班 | 1. 参观彩虹鱼研究基地<br>2. 参观航海博物馆<br>3. 参观水生生物馆活动 |
| | 大班 | 1. 参观东海大桥活动<br>2. 海洋知识竞赛活动<br>3. 亲子清滩活动 |
| | 全园 | 1. 亲子环保手工制作评比<br>2. 蓝色海洋合唱活动<br>3. 关爱海洋诗歌朗诵活动<br>4. 关爱海洋亲子服装秀活动<br>5. 徒步滴水湖活动 |

### 八、打造"海韵空间",实践环境育人

海音幼儿园的园所环境以"海洋风"呈现,让幼儿一进门就置身于一个"蓝色的

世界"。从挂饰到作品的呈现,无一不紧紧围绕"海洋"这个主题展开。学校重点渗透了"海韵"的文化元素,挖掘幼儿自主体验的更深层次感受和表达。并且根据幼儿的年龄特征及当前知识需要来布置楼梯环境,如:小班在底楼以亲海为主,欣赏海洋的图片、可爱的动物等,萌发幼儿对海洋的喜爱;中班在二楼以知海、爱海为主,如:不同类型的船,简单了解著名的海洋科学家、航海家的事迹,初步知道海洋对人类生活的重要性,激发探索海洋的意识;大班在三楼以爱海和护海为主,呈现海洋科学家、航海家、航海人员的工作情况及保护海洋的方法等,培养节约海洋资源的意识等。

　　总之,海音幼儿园在课程改革的实践中,积极探索这八大课程实施途径的设计与方法,注重将临港的地域特色、社区及家长等的优质资源,融入幼儿园的生活、运动、游戏、学习的一日活动之中,强调幼儿在直接感知、实际操作、亲身体验中获得实际经验,致力于激活课程实施的有效性,从而促进幼儿全面和谐的发展。


（撰稿人:上海市临港新城海音幼儿园　　石丽　　龚文瑜）

# 第六章

# 评价的生长性：以多元评价促进课程实施

学校课程评价是课程研究的重要领域，是学校课程实施的重要促进力量。对学校课程进行科学、多元地评价，可以有效助推课程的生长和改进，推动学校课程的高质量实施。学校课程评价主要体现在优化课程文本、点亮课程实施、凸显课程特色、激活课程主体等四个维度上。

学校课程评价是课程研究的重要领域，也是日常学校课程管理中的一项举措，它是学校课程实施的重要促进力量。学校课程不是静止的过程和成果，对学校课程进行科学、多元的评价，可以系统地描述学校课程的存在样态与实践效果，并以此作为学校课程不断生长、改进的抓手、推手。通过对课程的多元评价可以全面了解学生的知识掌握程度和综合素质的发展情况，并以此为基础促进课程的高质量实施。

一般认为，学校课程评价包括以下四个方面：学校课程内容的文本分析、学校课程实施的过程关照、学校课程建设的特色呈现，以及学校课程建设的主体表达。[①] 我们认为，学校课程评价主要体现在优化课程文本、点亮课程实施、凸显课程特色、激活课程主体等四个维度上。

第一，通过课程评价，优化学校课程文本。学校课程总方案的规范性、科学性直接指向课程是否具有价值和意义。学校课程要体现当今社会先进的思想文化、学校的教育教学理念，课程要符合学生的认知发展规律与水平，以及学生心理与年龄特征。因此，通过课程评价优化学校课程文本，首先要检查学校课程指导纲要、学科课程指南等课程文本的完备性；其次是课程方案要素的完整性，以及文字内容表述的科学性、规范性。特别是文本中的课程设计、系统编制、实施途径、操作要点等，要与课程目标定位相匹配，亦可不断优化课程目标、课程内容；以文本计划的优化助力学校课程实施的运作力提升。

第二，通过课程评价，点亮学校课程实施。有学者认为，课程实施是动态的过程；我们认为，学校课程实施的动态性决定了课程评价的生长性，非常有必要对课程进行动态化的调整和创生，可以通过即时性评价、过程性评价以及阶段性评价、总结性评价来点亮学校的课程实施。即时性评价和过程性评价属于表现型评价，通过课程实践现场评价教师对课程的理解与践行，评价学生学习体验情况，形成基于实证的课程实施效果评价。阶段性评价和总结性评价属于问题型评价，基于教师差异、学生差异，发现问题、分析问题、解决问题——我们现在做得怎么样？下一步我们需要怎样改进？以此激发学校在课程实践中走出一条属于自己的发展道路。

---

① 李红恩. 学校课程评价的意蕴、维度与建议[J]. 教学与管理，2019(34)：1—4.

第三，通过课程评价，凸显学校课程特色。特色课程是一个学校的办学理念和办学特色的个性呈现，综合了地域、学校的文化积淀。我们认为，对学校特色课程开展个性化评价，可以凸显学校课程特色，有助于考察、检验特色课程设置的合理性、适宜性，充分考虑基于历史传承、文化特色、资源优势、教师特长等，提高特色课程规划的质量。

第四，通过课程评价，激活学校课程主体。新课程改革强调吸纳教育行政部门、课程领导者、教师、学生、家长等多主体参与，在当前学校课程的设计、审议、实施、评价等环节发挥作用。[1] 而在评价环节，我们认为可以有效激活课程主体，实现对课程的优化：包含以学生发展为宗旨的主体评价，即对学生学的态度、过程、素养、结果等开展评价；以及课程领导者、家长等对课程设计、实施等整体领导力的评价。对过程的评价和结果的评价同样重要。

总之，学校课程在不断发展，学校课程的评价也需要与时俱进。各校的课程设置都有自身的个性和特色，上文提到的四个评价维度尚有不完善之处，需要根据学校的实际情况不断调整和优化，才能发挥出课程评价对课程实施应有的价值和功能。

**一校一策**

小方竹课程：
让每一个生命
像竹一样拔节生长

上海市浦东新区方竹幼儿园坐落于浦东新区临港新片区南汇新城镇滴水湖畔，创建于 2015 年 9 月，2015—2018 年受上海市沈建芳教育管理中心委托管理，2018 年 9 月晋升为上海市一级幼儿园，2020 年 9 月增设分部，形成一园两部（馨苑

---

① 刘艾清，陈义海．学校层级课程评价的问题探讨[J]．教学与管理，2016(31)：5—7．

部和沪城部)的格局,2023 年 6 月加入上海市浦东新区金童教育集团。目前有 24 个班级,含小班 7 个、中班 7 个、大班 7 个,托班 3 个,共计 652 名幼儿。幼儿园曾获得上海市陈鹤琴教育思想研究基地、上海市依法治校示范校、上海市安全文明校园、浦东新区示范妇女之家、浦东新区见习教师规范化培训优秀聘任学校、浦东新区校本研修学校、浦东新区科研先进集体、浦东新区预防近视示范校、浦东新区教育系统文明示范岗、"大数据驱动的智能化精准教学"项目实验校、浦东新区家庭教育示范校、浦东新区"传统文化教育"项目试点园等荣誉称号。为贯彻落实《3—6 岁儿童学习与发展指南》《上海市学前教育课程指南》《幼儿园保育教育质量评估指南》等精神,立足本园办园与发展实际,特制定本园课程方案。

## 第一节　源自临港的方正竹韵

"竹"——常绿,挺拔,有节,中空。常绿,象征生机和活力,不畏严寒,具有顽强的生命力;挺拔,象征坚韧不拔、宁折不弯的豪气;有节,象征蓬勃向上、节节高升的姿态、愿景和气节;中空,象征大气宽容有肚量和虚心好学。方竹幼儿园传承陈鹤琴"活教育"思想,基于"方竹"特点,构建园所文化:"方竹"文化。"方竹"文化内涵体现为,团结友爱的像竹子一样的"破土"育人文化,张弛有度的像竹子一样的"有节"制度文化,积极向上的像竹子一样的"拔节"生长文化,求真务实的像竹子一样的"扎根"研究文化,谦虚好学的像竹子一样的"中空"求知文化,节节高升的对幼儿、对教师、对幼儿园美好的祝福文化。方竹幼儿园基于"方竹"文化,确立了自己的教育哲学。

**一、教育哲学:拔节教育**

"拔节教育"是找寻适宜的生长点,让生命拔节生长的教育。它是"活教育"的园本化形态,是学校发展素质教育的一种个性化实践探索。

**(一)"拔节教育"是生长的教育**

对幼儿而言,幼儿在家园共育支持下,不断积蓄生命拔节的内在力量,找寻适宜的生长点,像竹一样拔节成长。对教师而言,教师一方面要创设适合幼儿成长的环境,找寻幼儿适宜的生长点,让幼儿拥有生命拔节的力量;另一方面,教师自身也要扎根大地、求实创新、谦虚好学,节节高升,赋予教育以使命,赋予生命以意义。对幼儿园而言,幼儿园是生命拔节的地方,要在顺应和支持幼儿成长拔节、教师发展拔节的同时,咬定"为国育人,为党育才"的青山不放松,不断追求幼儿园办园质量的拔节发展。

**(二)"拔节教育"是生活的教育**

拔节教育是关注幼儿生命成长历程,进行基础性、完整性和人文性的生命式的培养。首先要以幼儿为本,关注生命多层次的体验教育,教育内容要和生活紧密相连,源于生活、高于生活,还要应用于生活。对于孩子,要培养他们坚韧不拔和勤劳好学的品格,能够掌握各种生活的基本技能、学习的基本方法、社交的基本技巧,并加以生活化实践。其次要建立助于拔节生长、拔节教育的良好生态关系,即和谐的师生关系,孩子和老师、孩子和孩子之间和谐、民主、平等,让孩子自主、自悟、自德。更要尊重幼儿个体差异,让幼儿按照自己的方法和节奏来适应新环境,教师对孩子的支持体现在连续不断的细微观察中。拔节教育就是这样在日复一日的陪伴中,走近孩子、理解孩子、欣赏孩子,在潜移默化中帮助孩子找到自我与外界的连接,成为内心有能量的积极主动的学习者;感受到生命的孕育,感受到生命绽放的光彩,共同沐浴生命拔节的幸福。

**(三)"拔节教育"是生命的教育**

竹子拔节生长离不开阳光与浇灌,离不开呵护与锻炼,拔节教育是让孩子和老师理解生命的意义,能够在生命生长的过程中不断充实自己,这是一个缓慢的过程,更是生活中不断体验和锻炼的过程。竹子在拔节的过程中需要"拔正",才能一节一节健康生长。对于老师而言,只有自己的三观正、教育观正,才能引导孩子养成良好的道德品质与思想观念。同时只有生命是可贵的,生命是神奇的,只有引导孩子珍爱生命,了解拔节成长的意义,才能逐步引导孩子热爱祖国和人民,面对困难敢于挑战、承担,展现竹子的韧劲,风吹不倒、雨打不卧。

**(四)"拔节教育"是生态的教育**

竹子的拔节生长需要土壤适宜、适量浇水、合理追肥、温度适宜。孩子的成长也是如此。幼儿园的课程环境、生活环境都是孩子拔节生长的"土壤",支持幼儿体验大自然、大社会的真实情境,同时将生活经验迁移到课程环境中,拓展幼儿表达想法和学习探索的时间和空间,形成和谐共处的教育生态环境。后勤保育也要跟进支持幼儿发展,提供安全、健康的环境和材料,助力教师将每一个环境融入拔节教育活动之中,如小草、竹子、花园、大树等,都是感受生命拔节的良好素材。

基于上述教育哲学,方竹幼儿园确立的办学理念是:让每一个生命拔节成长。提出的教育信条是:

我们坚信,拔节是生命的主流;

我们坚信,教育是生命拔节的力量;

我们坚信,每个孩子都是挺拔的翠竹;

我们坚信,大自然是生命拔节最美的场景;

我们坚信,倾听生命拔节的声音是教师的专业智慧;

我们坚信,让每一个生命拔节成长是教育的神圣使命。

**二、课程理念:让每一个幼儿拥有生命拔节的力量**

根据"拔节教育"之哲学,本园结合国家教育文件和上海市课程指南中提出的"以幼儿发展为本"的课程理念,结合幼儿园特点,提出课程理念:让每一个幼儿拥有生命拔节的力量。其内涵如下。

课程是拔节的起点:以幼儿发展为本,"小方竹"课程为幼儿提供平等的学习与发展机会,不仅仅是支持孩子学习知识、知道一些道理,更是通过"小方竹"满足每个幼儿对安全与健康、关爱与尊重的基本需要,强健孩子的体魄和心灵,丰富孩子的成长经历和体验,感受中华传统美德的魅力和内涵,树立正直向上的拔节生长目标。

课程是拔节的养分:每一个孩子都有巨大的潜能,但这些潜能的激发、挖掘需要适宜的外部条件,课程就是激发孩子拔节的养分。从生活、运动、学习、游戏出发,充分理解教学资源,整合多元内容,创生特色、班本课程;合理安排学习时空,共同课程与特色课程互补,游戏体验与学习互动交融,将课堂延伸到社会、家庭,提供多元选择,连接真实生活,让课程真正发挥育人的效能,从身体健康、心理健康、生活经验、学习能力等多个维度,让孩子有自我发展、自我管理的能力,给孩子一个幸福拔节的童年。

课程是拔节的力量:要尊重幼儿的个体差异,课程设计与幼儿阶段的学习特点及身心发展水平相适应,激发幼儿积极、主动地学习,课程应尊重幼儿学习与发展的个体差异,体现个别化教育,从生活习惯、规则意识、学习能力、情感与自我意识、审美情趣等方面为幼儿终身发展奠定必要的基础,同时也要为幼儿适应不断发展的社会所需要的能力奠定最初的基础,促进所有幼儿在原有水平上全面和谐发展,给予孩子拔节生长的力量。

课程是拔节的标杆：基于儿童视角的课程设计与实施，更重视科学的儿童观、课程观、评价观和资源观，了解孩子的发展现状，发现孩子的拔节需要，通过整合利用开发资源、家园社共育、创新丰富的活动方式，合力为幼儿创设和提供拔节助力的同时，以过程性观察记录、综合评价、阶段性评估帮助孩子在拔节的过程中保持向上的势态，积蓄昂然挺立的力量。

由此，方竹幼儿园将"拔节教育"下的课程模式命名为：小方竹课程。以课程目标引领，在课程环境、课程资源的浸润下，适宜、科学、灵动地实施课程，在课程力量的支持下帮助孩子拔节生长，成为一株株德智体美劳兼具的"小方竹"。

## 第二节　如竹一般向上拔节生长

课程是落实立德树人根本任务、实现育人目标的载体。确立学校育人目标及课程目标是课程建设的基础，也是引领课程建设的方向。

**一、育人目标**：有拔节生命力的现代中国娃

方竹幼儿园致力于培养会生活能运动、会关爱能合作、会学习能创造，有初步责任感，拔节生长的中国娃。

——会生活，能运动：乐意参与体育锻炼，具有积极乐观的生活情绪，乐于亲近自然生活、参加各种活动；尝试学习解决生活和运动中的困难和问题；能充分运用运动材料，自主探索不同玩法，动作协调、灵敏，有耐力，具有较好的运动能力；有正确的生活方式，学会基本生活自理，养成良好生活习惯，提升自主生活的能力。

——会关爱，能合作：乐于服务，具有服务的精神；乐于分享，喜欢与他人分享玩具物品及喜怒哀乐；具有关心同伴、爱护亲人、助人为乐的良好品质；乐于交往，具有合作的态度，能够根据需要自主结伴，分工合作，协商解决问题，共同完成任务。

——会学习，能创造：对周围世界充满好奇，对事物变化发展充满兴趣，具有浓厚的学习兴趣，会运用正确的学习方法，探索周围世界，了解事物发展变化，并学会解决问题，提升学习能力；能多维度思考问题，会选择多元材料，用多种形式加以创造性表达表现。

**二、课程目标**

基于育人总目标，践行"活教育"思想，依据《上海市学前教育课程指南》《上海

市幼儿园办园质量评价指南》《3—6 岁儿童学习与发展指南》和《上海市幼小衔接活动指导意见》，以"有拔节生命力的现代中国娃"课程理念为指导，从会生活能运动、会关爱能合作、会学习能创造三个维度将目标具体化，进一步根据年龄阶段细化课程目标，形成托、小、中、大班课程目标，见表 6-1。

表 6-1　方竹幼儿园各年龄阶段课程目标

| | 会生活能运动 | 会关爱能合作 | 会学习能创造 |
|---|---|---|---|
| 托班<br>（2—3 岁） | 1. 愿意接受清洁要求，会用小匙进餐，学习如厕、安静入睡等。<br>2. 充分活动身体，走、爬等动作协调，体验在自然环境中活动身体的快乐。 | 1. 情绪愉快，亲近教师、能随教师和同伴在一起活动。乐意招呼熟识的人，学用语言表达自己的需求。<br>2. 知道自己的姓名、年龄、性别和身体的主要部分，听从成人有关安全提示。 | 1. 学讲普通话，喜欢听、讲熟悉的儿歌、故事，愿意用声音、动作等方式进行自由表达。<br>2. 感知和认说生活中接触到的动植物和常见物品，觉察其形状、颜色、大小、多少、轻响等明显的不同。<br>3. 喜欢摆弄玩具、材料，会跟着教师有兴趣地唱歌、敲打、做模仿动作等。 |
| 小班<br>（3—4 岁） | 1. 有独立做事的愿望，学习正确洗手、穿脱衣服、自己用餐、喝水。<br>2. 爱护玩具和物品，学习收拾和整理。<br>3. 了解身体主要部位的简单功能，知道避开日常生活中的危险。<br>4. 对体育活动感兴趣，尝试用各种材料和器械活动身体，学习基本运动方法。 | 1. 能接受成人的建议和指示，知道遵守集体生活中的基本常规，体验与教师、同伴共处的快乐。<br>2. 会主动招呼熟悉的人，学习使用礼貌用语，在成人启发下能帮助他人。 | 1. 喜欢观察周围环境中的不同物品，尝试对其分类、对应、排序等，发现其差异。<br>2. 用普通话表达自己的意愿，喜欢翻阅图书。<br>3. 喜欢做音乐游戏，感受游戏中的节奏、旋律的显著变化，并随之变换动作。<br>4. 尝试用多种材料和工具，运用画、折、搭、剪、贴等方法表现熟悉物体的粗略特征，并做简单想象，体验活动乐趣。 |

| | 会生活能运动 | 会关爱能合作 | 会学习能创造 |
|---|---|---|---|
| 中班<br>(4—5岁) | 1. 学会正确地刷牙和使用筷子、手帕、毛巾、便纸等,对自己能做的事情表现出自信。<br>2. 理解与遵守日常生活中的规则,学习控制自己的情绪和不宜行为。<br>3. 了解人的身体和年龄变化,能配合疾病的预防和治疗,对危险的标志与信号能及时做出反应。<br>4. 亲近自然,通过尝试、模仿与练习,使动作轻松、自然、协调。 | 1. 有初步的同情心和责任意识,关注同伴,完成力所能及的任务。<br>2. 爱父母、教师、长辈。了解他们的职业与自己的关系,尊重他们的劳动。<br>3. 学会用结伴、轮流、请求、商量等方式与人交往。能注意倾听、理解他人意思,积极地表达自己的主张。 | 1. 结合日常生活,学习并识别数字,初步理解数量、重量、颜色、质地、距离、方位和时间等概念,学习比较和测量等方法。<br>2. 亲近自然,能够用简单的观察方法,有目的地感知周围自然物和自然现象,初步发现自然的变化对人类和动植物的影响。<br>3. 在游戏中愿意用动作、歌声、语言等表现所理解的事物和自己喜欢的角色。<br>4. 喜欢阅读,初步理解其表达的内容。学习欣赏各种中外儿童艺术作品,初步留意周围符号的意义。<br>5. 尝试使用各种材料、工具和方法,进行拼装、拆卸、制作和绘画,有初步的想象能力,体会成功的快乐。 |
| 大班<br>(5—6岁) | 1. 积累自理生活的经验,养成良好的饮食、睡眠、排泄、盥洗、整理物品等生活习惯,独立自信地做力所能及的事。<br>2. 积极参加体育活动,大胆尝试新奇、有野趣的活动,获得身体活动的经验,动作协 | 1. 体验人与人相互交往、合作的需要和快乐,尊重他人需要。形成良好的自我意识、规则意识,学习评价自己和同伴。<br>2. 了解社区内及城市其他典型的设施、景观,参与民间节日活动,萌发爱家乡、爱 | 1. 探究、操作、实验,对事物变化发展的过程感兴趣,积极尝试用简单的认知方法发现问题、解决问题。<br>2. 对衣、食、住、行等基本物品的来源和接触到的科技成果感兴趣,接触与运用多种媒体,学习收集和交流信息。 |

| | 会生活能运动 | 会关爱能合作 | 会学习能创造 |
|---|---|---|---|
| 大班<br>(5—6岁) | 调、灵活,具有安全意识和初步的自我保护能力。<br>3. 了解环境与人们生活的依存关系,具有热爱自然、珍惜资源、关心和保护环境的意识。 | 祖国的情感。<br>3. 知道一些不同地域、不同种族的人,以及他们的风俗习惯,有初步的多元文化意识。<br>4. 能大胆清楚地表达自己的想法,倾听同伴的讲述。会主动用语言与人交往。 | 3. 了解现实生活中数的实际意义,能从生活和游戏中感受事物的数量关系,获得一些时间、空间概念,会进行比较、推理等智力活动。<br>4. 能从多方面感知周围生活中的美,能大胆用唱歌、舞蹈、绘画、制作、构造、戏剧表演、角色游戏等方式表现自己的感受、体验、想象与创造。<br>5. 关心日常生活中需要掌握的简单标志和文字,尝试用图像、文字、符号等形式表达自己的意思。 |

## 第三节 让每个孩子拥有拔节生长的力量

为了实现上述课程目标,学校建构了幼儿园课程逻辑体系。

**一、课程逻辑**

基于学校教育哲学、办学理念、课程理念以及课程模式,建构形成幼儿园课程体系,多维度推进课程深度实施,具体课程逻辑见图6-1。

**二、课程结构**

方竹幼儿园按照《3—6岁儿童学习与发展指南》,建构"小方竹"课程结构,见图6-2。

围绕着"拔节教育"让每个孩子拥有拔节生长的力量,"小方竹"课程结构包含了幼儿园五大领域的活动内容,以及特色课程内容。每一个课程的整合并不是随意的、盲目的,而是根据领域活动自身的特点,以培养目标和特色活动的发展目标来定的。例如,科探与数学都指向科学探究能力发展,综合智趣编程对于思维发展

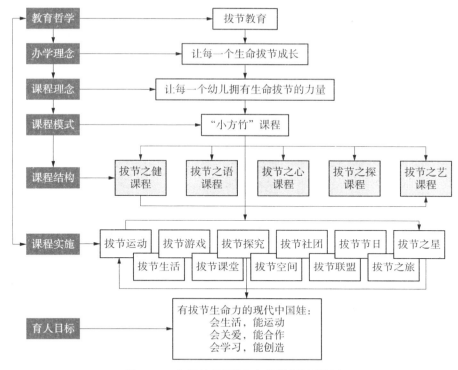

图 6-1 方竹幼儿园"小方竹课程"逻辑图

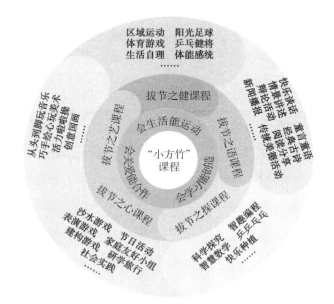

图 6-2 "小方竹"课程结构示意图

的助力作用,将其共同划分为"拔节之探"是比较科学的做法。这样的课程架构既兼顾了共同性课程的实施要求,又通过拓展性课程、探究性课程去激活每一个孩子的潜能,培养综合素养,实现"竹步成长"。

1. 拔节之健课程。通过体育活动、快乐运动、生活体验、健康安全等基础课程和乒乓健将、阳光足球、劳动种植特色活动,重点关注幼儿运动、身心健康、生活自理、自我保护、劳动素养等方面的发展。

2. 拔节之语课程。通过谈话活动、讲述活动、辩论活动、阅读分享等基础课程和美德故事阅读、经典古诗特色活动,重点培养幼儿倾听、表达、阅读、前书写等能力。

3. 拔节之艺课程。通过音乐活动(音乐欣赏、歌唱活动、韵律活动、节奏乐活动)、美术活动(美术欣赏活动、绘画活动、手工活动)等基础课程,以及创意国画、活力啦啦操等特色活动,重点培养幼儿艺术审美与艺术表达表现能力。

4. 拔节之探课程。通过科学探索、智慧数学等基础课程,以及智趣编程特色活动,重点培养幼儿科学探索精神、科学数学思维、科学探究能力。

5. 拔节之心课程。通过规则养成、传统美德,重点培养幼儿人际交往和社会适应能力。

**二、课程设置**

"小方竹"课程包含了五大领域的课程:拔节之健课程、拔节之语课程、拔节之艺课程、拔节之探课程、拔节之心课程,每一大领域涵盖四个年段(8个学期)的课程内容安排,见表6-2。

表6-2 方竹幼儿园"小方竹"课程设置表

| 年级 | 课程类型 | 拔节之健活动 | 拔节之语活动 | 拔节之艺活动 | 拔节之探活动 | 拔节之心活动 |
|---|---|---|---|---|---|---|
| 托班 | 共同课程 | 运动:<br>体育游戏<br>区域运动<br>早操律动<br>户外散步<br>生活:生活自理 | 快乐谈话<br>看图讲述<br>情景阅读 | 从头到脚玩音乐<br>妙手绘心玩美术 | 科学探究<br>智慧数学 | 游戏活动(沙水泥、表演、建构等)<br>节日活动<br>社会实践 |
| | | 主题活动 | | | | |

| 年级 | 课程类型 | 拔节之健活动 | 拔节之语活动 | 拔节之艺活动 | 拔节之探活动 | 拔节之心活动 |
|---|---|---|---|---|---|---|
| | 特色课程 | 体能感统<br>生活体验 | 童言童语 | 自由涂鸦 | 乒乓游戏 | 家庭友好小组 |
| 小班 | 共同课程 | 运动:<br>体育游戏<br>区域运动<br>早操律动<br>户外散步<br>生活:生活自理 | 快乐谈话<br>看图讲述<br>情景阅读 | 从头到脚玩音乐<br>妙手绘心玩美术 | 科学探究<br>智慧数学 | 游戏活动（沙水泥、表演、建构等）<br>节日活动<br>社会实践 |
| | | 班本化主题活动 | | | | |
| | 特色课程 | 体能感统<br>快乐种植 | 经典古诗<br>童言童语 | 快乐涂鸦<br>创意水墨 | 趣味乒乓 | 家庭友好小组 |
| | | 传统美德主题活动 | | | | |
| 中班 | 共同课程 | 运动:<br>体育游戏<br>区域运动<br>早操律动<br>远足活动<br>生活:<br>生活自理<br>服务集体 | 快乐谈话<br>情景讲述<br>辩论活动<br>阅读分享<br>新闻播报 | 从头到脚玩音乐<br>妙手绘心玩美术 | 科学探究<br>智慧数学 | 游戏活动（沙水泥、表演、建构等）<br>节日活动<br>社会实践 |
| | | 班本化主题活动 | | | | |
| | 特色课程 | 阳光足球<br>乒乒乓乓 | 经典古诗 | 活力啦啦操<br>创意国画 | 快乐种植<br>智趣编程 | 研学旅行 |
| | | 传统美德主题活动 | | | | |
| 大班 | 共同课程 | 运动:<br>体育游戏<br>区域运动<br>早操律动<br>远足活动 | 快乐谈话<br>情景讲述<br>辩论活动<br>阅读分享<br>新闻播报 | 从头到脚玩音乐<br>妙手绘心玩美术 | 科学探究<br>智慧数学 | 游戏活动（沙水泥、表演、建构等）<br>节日活动<br>社会实践 |

| 年级 | 课程类型 | 拔节之健活动 | 拔节之语活动 | 拔节之艺活动 | 拔节之探活动 | 拔节之心活动 |
|---|---|---|---|---|---|---|
| | | 生活：<br>自主生活<br>服务集体 | | | | |
| | | 班本化主题活动 | | | | |
| | 特色课程 | 阳光足球<br>乒乓健将 | 经典古诗 | 活力啦啦操<br>创意国画 | 智趣编程<br>快乐种植 | 研学旅行 |
| | | 传统美德主题活动 | | | | |

## 四、课时安排

根据"小方竹"课程中共同性课程与特色课程的科学合理实施，我们对课时进行了设计与安排，见表 6-3。

表 6-3　方竹幼儿园课时安排表

| 课程设置 | 课程内容 | 活动时间 | | | |
|---|---|---|---|---|---|
| | | 托班 | 小班 | 中班 | 大班 |
| 拔节之健活动 | 运动活动（户外器械运动、区域运动、散步等） | 60 分钟/天×5 天<br>=300 分钟/周 | 60 分钟/天×5 天<br>=300 分钟/周 | 80 分钟/天×5 天<br>=400 分钟/周 | 80 分钟/天×5 天<br>=400 分钟/周 |
| | 占总课时比例 | 12.5% | 12.5% | 16% | 16% |
| | 生活活动 | 240 分钟/天×5 | 240 分钟/天×5 | 210 分钟/天×5 | 180 分钟/天×5 |
| | 占总课时比例 | 50% | 50% | 42% | 36% |
| 拔节之语、拔节之艺、拔节之探活动 | 学习活动（集体学习、个别化学习） | 40 分钟/天×5 天<br>=200 分钟/周 | 40 分钟/天×5 天<br>=200 分钟/周 | 55 分钟/天×5 天<br>=275 分钟/周 | 65 分钟/天×5 天<br>=325 分钟/周 |
| | 占总课时比例 | 8.3% | 8.3% | 11% | 13% |

| 课程设置 | 课程内容 | 活动时间 | | | |
|---|---|---|---|---|---|
| | | 托班 | 小班 | 中班 | 大班 |
| 拔节之心活动 | 游戏活动 自主性游戏(角色游戏、结构游戏、表演游戏、沙水游戏) | 110 分钟/天×5 天 =550 分钟/周 | 110 分钟/天×5 天 =550 分钟/周 | 100 分钟/天×5 天 =500 分钟/周 | 100 分钟/天×5 天 =500 分钟/周 |
| | 占总课时比例 | 23% | 23% | 20% | 20% |
| 特色课程 | 个性化特色课程 | 150 分钟/周 | 150 分钟/周 | 275 分钟/周 | 375 分钟/周 |
| | 占总课时比例 | 6.2% | 6.2% | 11% | 15% |

## 第四节　以课程实施助力生命拔节成长

课程建设应将幼儿教育看作是一个影响着幼儿发展的整体,将各种教育活动、教育形式与方法、手段有机结合形成整体对幼儿进行影响。同时,还应将课程设计看作一个完整的系统,不同内容之间、各种方法之间互为渗透,不可分割。注意各领域之间的交叉影响、综合影响、整体影响,注意利用他们的合力对幼儿施加良好的影响。注意各种教育活动形式的有机结合。在课程设计时,要将生活、运动、游戏、学习的安排有机结合在一起,将集体活动、小组活动、个别活动有机结合在一起。综合运用各种教学方法、教学手段,为幼儿教育服务,为促进幼儿身心的全面和谐发展服务。

**一、建构"拔节课堂",激活儿童学习**

在"让每个幼儿拥有生命拔节的力量"课程理念引领下,方竹幼儿园以建构"拔节课堂"为抓手转变教师教育理念,改进幼儿学习方式,培养幼儿学习能力,提升幼儿综合素养,使幼儿在基础课程学习中得到滋养和智慧的成长。"拔节课堂"主要是指集体活动、个别化学习等,教师创造条件让幼儿通过直接体验来学习,使全体幼儿获得搜集信息、阅读听赏、讨论表现、实地参观、充分探索及与他人交流合作的机会。

"拔节课堂"涉及的教学内容有幼儿园共同性课程及个性化班本课程等,领域多元,有拔节之健课程、拔节之语课程、拔节之艺课程、拔节之探课程、拔节之心课程相关内容的选取、设计、实施。引导孩子开展讨论、阅读、听赏、制作、表演、实地参观、收集信息等活动,旨在激发幼儿主动探索,积极体验,使幼儿在认知、态度和能力等方面有所发展,为幼儿后续学习打基础,见表6-4。

表6-4 方竹幼儿园"拔节课堂"实施建议

| | | |
|---|---|---|
| **拔节课堂** | 活动形式 | 根据幼儿年龄特点和活动需要,合理选择个别活动、小组活动及集体活动三种活动组织形式。一日活动中,三种形式相互交错、补充。注意动静交替、室内外交替、混班混龄活动结合,避免不必要的过渡环节和管理行为。 |
| | 活动内容 | 1. 主题课堂:各年龄段《学习活动》中的各类主题教学活动,含语言、艺术(音乐、美术)、科学(科探、数学活动)、体能等多元活动。<br>2. 生成性集体教学活动:结合班本活动、特色课程开展拔节课堂活动。<br>3. 个别化学习活动:根据主题核心经验、幼儿兴趣导向,提供主题式个别化探索区域材料,以个性化、阶段性为依据。 |
| | 环境材料 | 1. 预设学习主题时参照二期课改《学习活动》教材,符合发展目标以及幼儿的兴趣、需要,结合教材中的每个主题背景,教研组或班级必须设计与实施供幼儿实地参观、采访、观摩的实践活动或环节。<br>2. 支持孩子自主搜集学习资源,和老师共同创设学习环境,有利于孩子自主提问,教师提供操作材料支持并及时根据需要灵活调整环节设计,满足孩子的课堂学习需求。 |
| | 操作要点 | 1. 预设的学习主题,参照二期课改《学习活动》教材,符合发展目标以及幼儿的兴趣、需要。<br>2. 结合教材中的每个主题背景,教研组或班级必须设计与实施供幼儿实地参观、采访、观摩的实践活动或环节。<br>3. 学习活动内容的选择和安排,应充分体现全面、整体的要求,有利于对幼儿经验的全方位、多层次的拓展和基本学习能力的全面培养。<br>4. 学习内容的组织,应充分考虑幼儿的学习特点和认知规律,体现综合性,以帮助幼儿更有效地学习。<br>5. 正确把握集体学习活动的时间:小班15—20分钟,中班20—25分钟,大班25—30分钟。随着年龄增长,可逐渐增加集体学习活动的时间。 |

|  | 6. 个别化学习重教师对本班幼儿个别学习内容的预设,是课程内容的补充或丰富;教师需提供多样化、多层次、多功能的材料满足并促进不同能力的幼儿学习与发展。<br>7. 教师设计教学活动需做到以下要求:<br>(1) 活动目标涵盖知识技能、能力习惯和情感态度价值观三个方面。<br>(2) 活动准备包括经验准备,及收集资料、寻找素材、材料与多媒体等物质准备。<br>(3) 活动过程应以目标为导向,激发幼儿学习兴趣,注重幼儿学习习惯(如思维、倾听、表达等习惯)培养、能力(如创造性的学习等能力)的发展以及经验的提升。<br>(4) 活动过程应包含四大主要环节:导入环节、基本环节、游戏/操作环节、延伸环节。每一环节实施应注重根据幼儿的学习特点,用游戏的方法设计教师的教法,实现教学目标的层层推进和落实达成。<br>(5) 游戏/操作环节中教师要关注到领域核心经验、幼儿操作习惯、幼儿个体差异性特点。<br>(6) 关注活动主题在幼儿生活与学习中的延伸和演绎等。 |
|---|---|
| 教育资源 | 1.《学习活动》相关主题内容。<br>2. 过程性生成主题内容,关注《3—6 岁儿童学习发展指南》判断是否符合幼儿发展需要,进而设计、推动主题开展,丰富课堂内容。<br>3. 传统美德绘本阅读相关课堂资源。<br>4. 家长进课堂相关教育资源。 |

## 二、落实"拔节生活",提升保教质量

幼儿的习惯和能力养成不是一朝一夕的事,是一种养成教育,主要涵盖"做力所能及的事""文明的行为举止""保护自己""适应集体"等幼儿应获得的基本经验。拔节生活关注幼儿基本经验获得的同时,重视幼儿身体和心理发育与健康发展的需要,是实现幼儿全面和谐发展的基础,也为幼儿一生的健康生活打下良好的基础。支持孩子在日常情境中学习,过程中引导孩子关注学习生活技能,锻炼幼儿的动手能力,养成良好的生活习惯,在提升自我服务能力的同时,能够遵守日常生活规范,见表 6-5。

表 6-5　方竹幼儿园"拔节生活"实施建议

| 拔节生活 | 活动形式 | 1. 贯穿于一日生活中开展实践学习。<br>2. 针对性的课堂活动、个别化学习活动。<br>3. 随机教育,现场观摩讨论。<br>4. 家园共育打卡练习,以及各类相关的幼儿比赛活动。 |
|---|---|---|
| | 活动内容 | 1. 做力所能及的事:自我服务(自己进餐、自己穿脱衣物、自己如厕);我爱劳动(值日、做家务、学种植)。<br>2. 文明的行为举止:有礼貌(说话有礼貌、交往讲文明);爱清洁(清洁的身体、整洁的仪表);守规则(做事有规律、活动守规则)。<br>3. 保护自己:保护身体(健康检查,保护五官,保护皮肤与骨骼);避开危险(不能做的事情、面对危险时);交通安全(小心过马路、安全小乘客)。<br>4. 适应集体:保持好心情(爱上幼儿园、各种情绪、特别的我);关爱身边人(老师好、一家亲、同班情);学会交朋友(大家一起玩、营的朋友、开心聚会)。 |
| | 环境材料 | 1. 充分利用环境和材料,和孩子一起创设安全、卫生、宽松、自主的班级生活环境,让孩子参与生活环境的管理,引导、帮助、鼓励其在宽松的氛围中规范生活、独立生活、自主生活。<br>2. 利用班级小阳台、幼儿园绿化环境、自然角等为幼儿创设亲身体验的生活情境,有班本特色。<br>3. 注重在真实的情境中练习,关注幼儿的情绪反应和情感体验。<br>4. 注意家园合作共同开展生活教育,提供孩子自主操作、自我服务的机会,有助于幼儿良好生活习惯的养成。 |
| | 操作要点 | 1. 生活活动是一种养成教育,主要在饮食、睡眠、盥洗、整洁、来园、离园等日常生活中实施。<br>2. 幼儿的能力和习惯形成是日积月累的,并具有反复的特点,生活教育强调在做中培养,注重在真实的情境中练习,关注幼儿的情绪反应和情感体验。<br>3. 和孩子一起创设安全、卫生、宽松、自主的班级生活环境,培养孩子参与生活环境的管理,引导、帮助、鼓励其在宽松的氛围中规范生活、独立生活、自主生活。<br>4. 能顾及每个孩子在生活上的不同需求与差异,两位老师和保育员共同关注一日生活中幼儿的语言、行为、情绪等变化,鼓励幼儿自己的事情自己做,逐步养成各种良好的生活习惯。 |

|  | | 5. 利用班级小阳台、幼儿园绿化环境、自然角等为幼儿创设亲身体验的生活情境,有班本特色。<br>6. 能提供有助于幼儿积累共同生活经验的机会,如分享协商、沟通合作。<br>7. 保教人员做好幼儿生活中的三位一体,做到有分有合,既做到对幼儿全面的观察,又加强对幼儿个体的跟踪。 |
|---|---|---|
|  | 教育资源 | 1. 通过自然角、养殖区激发孩子照护植物、动物的主动性,积极参与照护活动。<br>2. 结合幼儿生活自理能力逐步提升,开展"穿衣小能手""整理我最行""劳动小达人"等自理能力提升类比赛活动。<br>3. 丰富各种生活中的小工具,提高孩子动手能力,学习各种不同的操作方法。<br>4. 家园合作携手拔节生活的实施,给孩子在家里提供一个自主、独立的生活空间,鼓励孩子开展自我服务,参与各项劳动。 |

### 三、推行"拔节运动",提升健康素质

"拔节运动"主要指体操、器械运动、自然因素锻炼等活动,旨在提高幼儿身体素质、心理素质、动作协调能力和环境适应的能力,为幼儿健康的体质奠定基础。从幼儿的身心特征出发,关注幼儿的运动兴趣和需要,关注幼儿运动经验的累积和丰富,关注幼儿运动能力发展的差异性,关注幼儿运动中的卫生与安全,推动幼儿在身、心健康发展的过程中,感受运动的快乐,促进体能、社会情感、学习品质的多元发展,见表6-6。

表6-6 方竹幼儿园"拔节运动"实施建议

| 拔节运动 | 活动形式 | 1. 区域性体育活动:一般采用自选游戏的组织形式,注重让幼儿自选、自由地开展游戏活动,充分发挥游戏的自主性特点。包括主题的确定、玩具的选择、玩伴的选择、材料运用、动作的展示等,在游戏过程的各个环节自然地进行。幼儿游戏活动的过程中,在对材料的操作、对区域规则的遵守方面,师幼共同协商,助推师幼、幼幼互动,产生积极的体验。<br>2. 器械运动:主要指球类、跳绳、跳马等专项技能性运动,需要给孩子专业的动作指导,学会基础技能;也可以将器械运动融合在区域运动中。 |
|---|---|---|

| | | |
|---|---|---|
| | 3. 运动会:每学期开展运动会,给孩子提供竞技运动体验。<br>4. 体育集体活动:更好地针对某一个动作技能开展预设性体育教学活动,给孩子共同学习发展的机会,规范动作。<br>5. 操节律动:通过器械操、徒手操等,提供节奏性身体协调动作练习。 | |
| 活动内容 | 1. 体育器械的运用:固定器械、移动器械。<br>2. 基本动作活动:以走、跑、跳为主的活动;以钻、攀爬为主的活动;以投掷为主的活动。<br>3. 利用自然因素的活动。<br>4. 体操活动。 | |
| 环境材料 | 小型器械 | 1. 车类:各类脚踏车、二轮滑板车、三轮滑板车、手推车、独轮车、扭扭车等。<br>2. 球类:网兜球、篮球、篮球架、足球、橄榄球、羊角球、网球、儿童网球拍、儿童曲棍球拍等。<br>3. 其他:呼啦圈、跳袋、小风车、滚桶、飞盘、高跷等。<br>4. 辅助器械:搬运砖、路障、马路标志、拖拉车、四轮板车、头盔、护膝、手榴弹、炸药包、头盔、迷彩帽、小背篓等。 |
| | 移动器械 | 轮胎、平衡木板、竹梯、跨栏、软式跳箱、软垫、弹跳床、摸高跳网、钻爬卡通门洞、足球门等。 |
| | 固定大型器械 | 空中小屋等大型攀爬架、木攀爬墙、网绳攀爬墙、绳梯、秋千架、红绳"电"网、大型滑索爬笼。 |
| | 特色场域 | 户外沙水坑池、小山坡、竹林、环园步道、壕沟。 |
| 操作要点 | 1. 合理安排幼儿每天的运动时间,保证幼儿每天有不少于两小时的户外活动时间,其中不少于一小时的运动时间,可分上午、下午时段进行。<br>2. 教师应穿着便于与孩子一起运动的服装。<br>3. 活动时要注意高密度、低强度,每次时间不宜过长,并根据幼儿的个体差异调节活动内容与活动量。<br>4. 教师对幼儿活动时的场地、设施、器械、服饰以及幼儿的行为如擦汗、喝水等都要予以关注,提高幼儿的自我保护能力,保证幼儿的活动能安全有效地开展。<br>5. 教师和保育员做好运动中的观察与指导,各自明确在运动中的具体分工,对幼儿的运动技能、运动习惯、运动状态及生活情况等进行全面观察并给予有针对性的指导,做到保教结合。 | |

| | 操作要点 | 6. 材料提供丰富、多元,能运用自然素材,并具有一定的挑战性,满足幼儿自由选择和创造性运动的需要。<br>7. 积极开发园内外运动资源,结合季节特点,充分利用各种自然条件开展富有野趣的活动。 |
|---|---|---|
| | 教育资源 | 1. 积极开发利用园所资源,创设多元的运动场域,如草坪、坡道、沙地、平地等,提供不同的运动体验,并结合季节、幼儿兴趣、基本经验设计、组织拔节运动。<br>2. 借助周边社区、环境资源丰富幼儿运动场域,组织幼儿到大自然中开展运动。 |

## 四、做实"拔节游戏",激活儿童参与

"拔节游戏"指幼儿自发、自主、自由的活动,结合生活经验、近期兴趣点、游戏材料主动生成各类游戏主题,如表演、建构、沙水、角色游戏等,旨在满足幼儿自主自发性活动的需要,发展幼儿想象力、创造力和交往合作能力,促进幼儿情感、个性健康的发展,见表6-7。

表6-7 方竹幼儿园"拔节游戏"实施建议

| | 活动形式 | 幼儿自主、自发、自由开展个体或小组游戏活动。 |
|---|---|---|
| 拔节游戏 | 活动内容 | 角色游戏、表演游戏、建构游戏、沙水游戏、涂鸦游戏、运动游戏。 |
| | 环境材料 | 1. 户外自然环境、自然材料。<br>2. 仿真游戏材料。<br>3. 其他各类幼儿游戏所需的材料(废旧材料收集)。 |
| | 操作要点 | 1. 保证幼儿每天有不少于一小时的自主游戏活动时间;每周游戏安排中角色游戏、结构游戏、表演游戏不能缺位。小年龄幼儿一次游戏时间较短,在一日活动编制中可分段安排。大年龄幼儿一次游戏时间较长,在一日活动时间编制时可集中安排。<br>2. 材料投放应数量充足、种类丰富全面,满足每个幼儿的游戏需要。<br>3. 材料投放应适合不同发展水平的幼儿,并及时更新和增添。<br>4. 师生应共同收集游戏材料,材料的摆放应方便幼儿取用、搭配和随意组合。材料应为幼儿的想象留有余地,多样化地使用。 |

| | |
|---|---|
| 操作要点 | 5. 师生合作安排开放的游戏空间,根据幼儿游戏的需要作更改和随时变动。同一空间可让幼儿自主地变化使用,满足幼儿的多种游戏需要。空间的划分使各种游戏,特别是安静的和活跃的游戏不互相干扰。<br>6. 教师要与幼儿一起商定使用材料和空间的必要规则,并督促遵守。<br>7. 能关注幼儿与环境材料、与同伴互动的过程,能对幼儿的游戏行为做出合理的价值判断,能恰当地介入游戏并予以支持、帮助和回应,适时、适宜地推进游戏情节的发展。<br>8. 小年龄幼儿的游戏可以陆续开展陆续结束,大年龄幼儿则可以同时开始同时结束。<br>9. 基于对游戏的过程性观察,开展符合年龄特点的游戏分享交流活动,以推动幼儿游戏水平提高。托班可不进行游戏分享,小班幼儿游戏分享时长为 5—10 分钟,中大班幼儿游戏分享时长为 5—15 分钟。游戏分享的内容:小班重在交流游戏带给幼儿的快乐,激发幼儿在游戏中的表达表现。中大班突出交流游戏中幼儿自己对于游戏新主题、游戏新玩法、新经验的创造;以及针对游戏中碰到的问题解决展开讨论。游戏分享的方法:可以道具重现和照片、视频再现游戏情景的方式,也可以作品展示分析的方式交流"为什么做""怎么做"的问题。当然,如果幼儿在游戏中并没有出现有价值的可分享交流内容,游戏分享交流也并非必须组织。 |
| 教育资源 | 1. 注重资源开发、场域利用,丰富游戏情境、支持游戏发展。<br>2. 通过学习活动、社会实践等,家园合作丰富孩子的经验,并鼓励孩子结合生活经验、学习信息,推动游戏发展。<br>3. 定期收集各类废旧材料、游戏材料,做好整理补充。<br>4. 关注一物多玩、一物多用,鼓励孩子进行创意替代。 |

### 五、创设"拔节社团",发展兴趣爱好

"拔节社团"的建设是根据我园的特色、幼儿的兴趣、社会发展的需要,结合阶段幼儿特色、根据项目特点,将社团活动的时间安排在每周下午的固定时间,开展集体活动,充分利用家长及社区资源,为幼儿提供探索、实践机会,将社团活动立体化、生活化。

"拔节社团"百花齐放,它是课堂教学的延展和深化,不分班级,由兴趣爱好相

近的幼儿组成,旨在通过丰富多彩的社团活动挖掘幼儿特长、关注兴趣爱好、培养公民意识,为幼儿发展提供更广阔的时间与空间,见表6-8。

表6-8　方竹幼儿园"拔节社团"实施建议

| | 课程类别 | 社团名称 | 社团课程目标 | 环境材料 |
|---|---|---|---|---|
| 社团内容 | 拔节之健 | 阳光足球 | 在足球社团中培养孩子对足球运动的兴趣爱好,提高身体反应能力,运动速度、协调性等,体验团队合作运动项目。 | 1. 户外足球场地、室内足球场地。<br>2. 充足的足球,球门,组队球衣。 |
| | 拔节之语 | 美德阅读 | 在社团里通过美德绘本阅读、分享、体验等提高孩子对传统文学作品的理解、表达能力,感受、理解并学习传统美德。 | 1. 阅读室。<br>2. 传统美德分级阅读书籍。<br>3. 点读笔、记录板等。<br>4. 表演服装、器械。 |
| | | 经典古诗 | 让孩子在充满古诗氛围的环境中受到潜移默化的影响与熏陶,传承中国传统文化。 | 1. 多媒体。<br>2. 点读笔。<br>3. 表演服装、器械。 |
| | 拔节之探 | 乒乒乓乓 | 在社团活动中感受国球的趣味性,学习初步的乒乓技巧,乐于参与竞技类运动。 | 1. 乒乓活动室。<br>2. 乒乓桌、乒乓板、乒乓球。<br>3. 创意乒乓制作材料。 |
| | | 快乐建构 | 在建构社团中更深入地学习搭建技巧,感知空间概念,提炼计数、分类能力的同时,提升协商操作、空间逻辑关系理解力,支持孩子积极动手、动脑,创意思维。 | 1. 建构活动室、户外建构区。<br>2. 大型建构积木、器械。<br>3. 小颗粒建构材料。 |
| | 拔节之艺 | 音乐剧场 | 感受多元化音乐游戏的乐趣,培养幼儿听辨、鉴赏力,提高艺术表达表现能力。 | 1. 各种各样的乐器。<br>2. 表演服装道具等。<br>3. 故事书籍、视频等。 |
| | | 创意国画 | 接触和认识中国传统文化,提高幼儿鉴赏美、表现美的兴趣和能力。 | 1. 多媒体、作品欣赏区。<br>2. 国画绘画工具。<br>3. 展示版面。 |

| 活动形式 | 拔节社团的实施包含了每周的社团日活动;特色专用室安排社团活动;家园合作生成社团活动等等,既保障了每一位孩子有参与社团的机会,也支持个性化的社团生成活动。 |
|---|---|
| 操作要点 | "拔节社团"的实施不但巩固、拓展课堂所学内容,而且使所学的知识得到有效的运用和创新,大力培养孩子的创新精神、实践能力,全面提升孩子的综合素养和园所的办学活力。<br>1. 社团的选择:给孩子充分自主的选择权,每学期开学进行社团项目公示及自主报名,确保孩子结合自己的兴趣爱好、发展需要参与社团活动。<br>2. 社团在固定时间段开展,社团负责人要提前做好幼儿发展水平调查,设计符合孩子兴趣和发展需要的社团课程。<br>3. 对于孩子在社团活动中的情况做好记录、复盘,持续设计有支持性、助推作用的社团活动。<br>4. 幼儿参与社团后指导孩子做好社团材料的整理。<br>5. 特别要关注的是本园所特色项目的实施:<br>(1) 美德阅读实施要点<br>教师要按照课程计划要求,根据幼儿年龄特点实际组织实施专门性和渗透性的传统美德阅读教育活动,引导幼儿运用"五大学习方法"学习,搜集幼儿感兴趣的美德故事,创设具体直观的故事情境、游戏情境或问题情境,帮助幼儿理解传统美德故事内涵和教育意义,帮助幼儿将美德认知逐步转化为美德情感和美德行为。<br>教师要有计划、有目的、有步骤地将幼儿园美德阅读教育渗透于幼儿一日活动之中,例如,晨间活动、个别化学习活动、自由活动等,引导幼儿自由结伴或个别活动,非常轻松愉快地自主学习。<br>(2) 经典古诗实施要点<br>教师要按照课程计划要求,根据幼儿年龄特点实际组织实施专门性和渗透性的古诗游戏活动,要在其他学习领域和活动时间中渗透古诗游戏活动。如在有趣的游戏活动中融入古诗教学;把枯燥的古诗渗透到唱歌、跳舞、绘画等艺术活动中,即让儿童唱古诗歌,跳古诗舞,绘古诗画等。还可以将古诗导读渗透于晨间活动、生活活动和户外活动之中。<br>遵循陈鹤琴"活教育"观点,引导幼儿采用"五大学习方法"自主学习古诗。比如,广泛收集与季节、节日相关的古诗,进行儿童教儿童、古诗擂台赛,争做出版商和古诗广播员等方式。在古诗导读活动中,引导孩子运用听觉、触觉、运动觉等多种感官,调动情感、思维、动作语言等多通道参与,鼓励他们唱唱古诗歌、跳跳古诗舞、说说古典故事、玩玩古诗游戏、想想古诗知识、说说参与感受,来获得对古诗的理解和掌握。<br>师生共同在幼儿古诗游戏中创设、提供丰富的环境,让幼儿在自然宽松、愉悦的环境中不知不觉习得经验、获得锻炼。如在教室里开辟古诗林,让孩子们把自己喜欢的或 |

| | |
|---|---|
| | 已经学会的古诗放入林中共享、共学。在有限的空间里,还可开辟古诗学习室,古诗表演厅,自制幼儿十分喜爱的古装演出服……这样的环境传递给幼儿大量的古诗信息与刺激。孩子在充满古诗氛围的环境中受到潜移默化的影响与熏陶,其乐无穷。 |
| 教育资源 | 1. 多元包容,即指教师对社团幼儿经验、兴趣、最近发展区的把握,通过教材、参考书、网络资源等各种途径,选择对应社团特性的内容,以故事、音频、视频等不同形式以及不同主题内容的材料,用于社团活动的设计与实施。<br>2. 自主选择,即充分运用幼儿园的地域资源、文化背景,依据时令季节、社会热点、社区条件等调整教材内容,处理好预设活动与生成活动之间的关系,充分满足幼儿社团个性发展的需求。 |

### 六、激活"拔节空间",开发环境课程

"拔节空间"从空间文化、活动文化等不同的维度来落实园所课程环境,通过不同的互动形式,发挥育人作用,使教育走向多元化、生活化,课程因文化有了厚度,文化因课程有了载体,见表6-9。

表6-9　方竹幼儿园"拔节空间"实施建议

| | | | |
|---|---|---|---|
| 空间文化 | 大环境(走廊、大厅等)空间有互动 | 活动文化 | 社团、节日文化 |
| | 教室文化、班级文化有功能 | | 美德展示周开展:礼仪之星评比、游园活动等 |
| | 美德文化、种植文化有成效 | | 班本实践活动管理 |
| 活动形式 | 1. 大环境文化:大厅环境结合节日活动、特色活动、节气活动等进行轮换,体现幼儿的参与性、互动性;走廊文化展现园所特色课程,形成环境的教育引导作用,按需更新。<br>2. 教室、班级文化:体现班级个性化主题实施的过程,有班级公约文化、值日生工作制度、健康宣传等多元内容,支持孩子与环境开展互动。呈现班本化主题活动探索轨迹,给孩子提供充分的表征机会,在空间环境中表达自己的问题、发现等。<br>3. 特色文化:不仅是将美德文化和种植文化呈现在大环境中,更体现于各个角落、专用室、种植田园等,给孩子成就感,有成果展示,激励孩子们的积极参与。结合"拔节之语"美德阅读课程,开展美德月活动,通过评选、展示 | | |

| | |
|---|---|
| | "礼仪之星",让幼儿更文明、优雅。<br>4. 节日文化:节日文化(元旦、春节、三八节、学雷锋、植树节、清明节、端午节……)、节气文化(春分、谷雨……)。 |
| 操作要点 | 1. "拔节空间"充分利用园所现有空间、材料,由环境课程组专项组负责,以园所特色主题活动、节日活动开展为契机,定期召开教研组会议,设计空间布局,整体规划,分工布置。<br>2. 关注课程空间、环境的操作性、互动性,为孩子提供在空间操作、探索的材料。 |
| 教育资源 | 1. 园所节日课程资源包。<br>2. 相关专业书籍提示:《幼儿园节日主题活动的设计与实施》《玩味自然——幼儿园二十四节气体验课程》等。<br>3. 社区家长资源:调动社区、家庭的资源,共同开展节日、节气环境布置。 |

## 七、推行"拔节之旅",落实远足实践

拔节之旅是带孩子们走出课堂、走出校园,学校有效利用、使用园所周边资源,如周边科技场馆、非遗文化、农业基地等教育基地的融合使用,开展幼儿深入自然、远足运动、探索自然的综合课程活动。以探究式、项目式、主题式等综合学习方式,提高孩子的身体素养、感知能力、信息搜集能力、探索思维能力。拔节之旅也是一项体力上的挑战,它能够促进孩子们的身体发育和提高他们的耐力;面对未知和挑战时所展现出的意志力也是一种宝贵的成长经验。"拔节之旅"实施建议如下表所列,见表6-10。

表6-10 方竹幼儿园"拔节之旅"实施建议

| 课程 | 地点 | 活动 | 建议 |
|---|---|---|---|
| 走进大自然 | 春花秋色公园、星空之境海绵公园、鲜花港、森林公园、海昌海洋公园 | 观察大自然,亲近大自然,研究植物、动物,记录自己的发现,开展户外写生、户外自主游戏。 | 通过活动,孩子可以在稳定且有规律的日常生活中逐渐建立起对环境的信任感和归属感。活动中鼓励孩子们通过各种感官去感知自然界的细微之处,如观 |

| 课程 | 地点 | 活动 | 建议 |
|------|------|------|------|
| | | | 察蚂蚁、蜗牛,聆听鸟鸣,以及亲手捕捉昆虫等。这些体验能够帮助孩子更好地理解和珍惜自然环境,从而培养他们对生活的热爱和对生命的尊重。 |
| 红色之旅 | 建桥学院雷锋馆、泥城红色纪念馆、浦东消防站 | 了解革命历史,关注特殊职业,激发爱国热情,提高社会责任感。 | 活动根据主题开展情况、幼儿兴趣关注点进行选择,在教师的指导、家长志愿者的支持下,获取知识、参与体验活动。 |
| 科技之旅 | 上海天文馆、海绵城市展示中心、航海博物馆、海洋大学科普馆、航天卫星科普教育基地 | 增加科学知识,探索科学奥秘,培养科学精神。 | 鼓励孩子在参观过程中做相应的记录和思考,或者带着问题去参观,获取知识解决问题,拓展视野。 |
| 艺术之旅 | 朵云书店、临港当代美术馆 | 欣赏艺术作品、喜欢阅读图书,感受艺术形态的多样性。 | 鼓励孩子用自己的方法表达表现,成为美的创造者、传播者。 |
| 爱心之旅 | 敬老院、社区老年人活动中心 | 关爱老人,了解社会,走进社区,激发社会责任感。 | 提前为关爱活动做好准备,鼓励孩子开展才艺展示、小礼物制作等,并在活动现场为老人做一些力所能及的事。 |
| 劳动之旅 | 种植基地、社区公益劳动 | 生活体验,参与劳动、种植活动,掌握基本劳动技能。 | 做好活动前的劳动准备,认识工具,了解劳动内容、劳动方法等,注意工具使用的安全性。 |

备注:每周外出活动不超过 2 次,提前联系相关单位,做好参观活动准备;外出活动做好园所备案工作。根据每 5—6 位儿童对应一位成人照护的原则,增加外出协助志愿者,保证活动安全与效果。

## 八、创立"拔节联盟",做实家校共育

家园共育是幼儿健康成长的需要。教师应与家长保持良好的沟通与互动:现场沟通、定期家访、家园联系栏、网络互动、家长开放日等。同时也鼓励家长支持园所教育工作,依托家长教育资源,开展日常家长护导、家长进课堂、美德阅读专项跟踪指导工作等。例如,充分利用临港社区及周边环境的教育资源,开展社会实践活动,扩展幼儿生活和学习的空间。广泛发动,挖掘家庭中的收藏物品与信息等各类资料等,丰富课程实施过程中所需资源。依专业所长,诚邀有特长的家长参与幼儿园课程活动,做家长"客座"教师。借家长智慧,组建教育智囊团,学习和吸收家庭教育经验,为幼儿园课程实施提供智力支持。引导结对,以家长教家长的方式,增加家园间教育经验交流,提高家长的家庭教育能力,促进幼儿发展。

## 九、创意"拔节节日",浓郁课程氛围

幼儿园根据传统及现代节日节庆、幼儿园特色节日而组织开展的节日主题活动。比如春节"迎新系列"活动;国庆节"向国旗敬礼";"美德节"特色互动,等等。1. 传统节日课程:清明节、端午节、中秋节、重阳节、春节。开展以传统节日为主题的活动,目的是让幼儿大力弘扬中华民族优秀传统文化,增强幼儿对民族传统节日的喜爱,激发他们对传统文化的热爱与认同。2. 现代节日课程:三八节、雷锋节、植树节、劳动节、儿童节、国庆节、元旦节。通过现代节日课程,开展爱国主义教育以及进行多样文化的熏陶,激发孩子热爱生活、热爱学习、热爱校园的情感,为他们搭建展示自我的平台。3. 校园节日:美德节、阅读节、运动节。校园里各具特色的节日,特具仪式感与教育性,它已成为孩子们感受校园文化、陶冶情操、进行自我展示的一个特殊载体。

## 十、评选"拔节之星",激活个性特长

结合幼儿园课程实施对幼儿进行"拔节之星"的过程性、表现性评价,包含:"运动之星""生活之星""创意之星""阅读之星""善意之星""友爱之星""尊师之星""孝敬之星"等,结合不同的课程活动,激励幼儿积极参与活动,发挥个人特长。

## 十一、强化"拔节聚焦",发展办园特色

幼儿园秉承陈鹤琴先生的"科学的研究精神",聚焦于"培养会生活能运动、会关爱能合作、会学习能创造,有初步责任感,做拔节生长的中国娃"的培养目标,把幼儿看作是一个个活生生的人,始终为幼儿创设生动活泼的贴近幼儿发展需要的

活动环境和情景,让幼儿在与自然、与社会交互活动中自主学习和发展,实现"活的教育"。同时,学校聚焦教师在教育现象中捕捉的实际问题,努力把问题变课题加以研究,再把课题变成果,用成果指导实践,实现"活的研究"。在这种"活的教育""活的研究"中,幼儿园求得师生自主发展,从而使幼儿成为拥有自主发展活智慧、个性活泼开朗的人,使教师成为拥有自主发展活平台、富有团队精神的人,把幼儿园办成弘扬民族精神与现代教育相结合的特色鲜明的具有研究实力的活教育品牌幼儿园。

## 第五节　以评价灌溉成长沃土

课程评价是课程设计、开发和实施过程中的重要环节,贯穿于课程发展的全过程。评价的目的在于考察课程实施的情况以及各项目标达成的程度,其作用在于分析诊断课程实施中的问题,以便研究讨论相应的措施调整课程,以提高课程质量,促进课程建设与有效实施,促进幼儿全面和谐发展。评价的主体包括上级教育部门领导、专家、方竹管理团队、教师以及幼儿家长、社区工作人员和居民。评价的对象则包括课程本身、教师以及幼儿发展。课程评价包括三方面的内容:对课程的评价、对教师的评价、对幼儿发展的评价。科学合理的评价指标以及切实可行的评价方法能够保障课程评价的实施。

### 一、对课程的评价

首先是对于"小方竹"课程的评价,结合对课程方案、课程实施的评价有利于不断优化完善课程架构,见表6-11。

表6-11　方竹幼儿园课程评价指标

| 评价内容 | | 评价指标 | 评价主体 | 评价时间 | 评价方法 | 对评价结果的运用 |
|---|---|---|---|---|---|---|
| 课程方案 | 课程目标 | 目标的结构性<br>目标的适合性<br>目标与课程理念的相关性 | 教育部门领导与专家、幼儿园管理层、教师 | 每学年对课程方案进行补充、完善和修订 | 查阅幼儿园课程实施方案资料;<br>访谈保教人员、家委会人员;<br>家长问卷调查 | |

| 评价内容 | | 评价指标 | 评价主体 | 评价时间 | 评价方法 | 对评价结果的运用 |
|---|---|---|---|---|---|---|
| | 课程内容 | 内容与课程目标的一致性<br>内容的适宜性<br>内容的平衡度<br>内容的丰富性 | | | | 对评价结果进行统计分析，形成评价分析报告，为修订课程实施方案提供依据 |
| | 课程评价 | 评价方案的有与无<br>评价主体的多元化<br>评价策略的科学性 | | | | |
| 课程实施 | 环境创设和利用 | 园所环境与班级环境配置的安全性、教育性、丰富性、利用率、与幼儿互动性等 | 教育部门领导与专家、幼儿园管理层、教师、家长代表、社区代表 | 每日巡视；<br>每月教师自评；<br>每月重点项目测评；<br>每学期教师全面考核 | 查阅教师保教工作的计划、记录；<br>考察现场活动；<br>与园长、教师交流与会谈 | |
| | 生活活动 | 班级生活环境是否安全、卫生、温馨、自主；规则标识是否明显<br>教师的观察与指导是否及时到位有效<br>幼儿自理生活、文明生活、安全生活、集体生活方面发展情况 | | | | |
| | 运动 | 运动材料的丰富性、挑战性 | | | | |

| 评价内容 | | 评价指标 | 评价主体 | 评价时间 | 评价方法 | 对评价结果的运用 |
|---|---|---|---|---|---|---|
| | | 教师对于幼儿运动负荷的观察与指导,及对资源的利用<br>幼儿运动能力、安全保护能力发展 | | | | |
| | 游戏活动 | 游戏材料的丰富性,满足幼儿游戏需求情况<br>教师观察解读幼儿游戏行为给予回应支持的情况<br>幼儿游戏自主、游戏水平情况 | | | | |
| | 学习活动 | 目标定位清晰、表述明确<br>内容选择的适切性、挑战性、层次性、多功能性、情趣性<br>方法灵活多样,体现幼儿学习自主,师幼互动有效 | | | | |
| | 保健与特殊照料 | 对班级幼儿的卫生保育情况<br>对特殊幼儿管理情况<br>保健资料齐全,专题研究措施落实情况 | | | 查阅资料;<br>察看操作过程;<br>访谈保教人员、家委会人员;<br>家长问卷调查 | |

| 评价内容 | | 评价指标 | 评价主体 | 评价时间 | 评价方法 | 对评价结果的运用 |
|---|---|---|---|---|---|---|
| | 与家庭、社区互动 | 家园共育情况 社区家庭资源利用情况 | | | 查阅幼儿园/班级各种社区共建资料; 家长访谈; 调查问卷; 社区有关单位访谈问卷 | |
| 课程实效 | 成果 | 课程有理论依据,有实验过程,并经专家及有关方面论证 形成一套完整的课程方案 | 教育部门领导与专家、幼儿园管理层、教师、家长与社区代表 | 查阅课程资料;保教质量评价资料;课程展示交流等资料;调查问卷资料 | 查阅资料; 察看操作过程; 访谈保教人员、家委会人员、社区代表; 家长问卷调查 | |
| | 社会反映 | 社会、家长对幼儿发展满意 保教质量得到上级教育行政部门与督导部门的认可 课程实施经验有一定的影响 | | | | |

## 二、对教师的评价

对于教师的评价,主要是管理人员、教师和家长通过观察等方法从教师教育环境创设、教育教学活动设计及在活动中与幼儿的互动等方面,对教师教育行为进行评价。

通过教师教育教学过程中的自我反思、教学案例等方式了解教师课程理念、儿童观、教育观及教学法等;通过教师组织各类保教活动的评价表,对教师的课程理解能力、课程实施能力等进行评价,见表 6-12。

表6－12　方竹幼儿园教师课程实施力评价指标

| 评价内容 | | 评价指标 | 评价主体 | 评价方法 | 评价时间 | 对评价结果的运用 |
|---|---|---|---|---|---|---|
| 教育环境创设 | | 1. 在时间和空间上为幼儿营造了安全、温馨的氛围。<br>2. 环境创设体现幼儿的参与性，环境对幼儿有启发，凸显过程。<br>3. 在各类活动中，教师提供了适宜的活动材料，注重材料的丰富性和多功能性，有助于幼儿自由选择、探索与表现。 | 外邀专家、幼儿园管理层、教师、家长代表 | 各类保教工作检查、保教记录、听评活动记录、教师成长册、家长满意度调查、教师考核评价、幼儿主题评价等 | 每日三巡每月教师自评每月重点测评每学期教师考核 | 对评价结果进行统计分析，形成评价分析报告，为教师研训提供依据 |
| 课程实施 | 生活 | 1. 时间保证、时段安排合理。<br>2. 生活环境创设舒适，生活区标识易于辨识，凸显年龄特点。<br>3. 注重生活中的"三位一体"，各自职责明确，指导清晰，有随机性，对幼儿保育工作熟悉，操作规范。<br>4. 积极为幼儿提供"共同生活"的机会与体验，过程中鼓励幼儿独立生活并开展自我服务。<br>5. 对特殊儿童（肥胖、体弱、过敏等）提供具体且有针对性的照顾，并做好观察记录，与保健医生做好沟通。 | | | | |
| | 运动 | 1. 能充分利用各种运动器械和大自然的材料为幼儿创 | | | | |

| 评价内容 | | 评价指标 | 评价主体 | 评价方法 | 评价时间 | 对评价结果的运用 |
|---|---|---|---|---|---|---|
| 课程实施 | | 设富有情境性、挑战性、层次性的野趣户外运动环境。<br>2. 注重运动中的"三位一体",关注过程中的安全与保育,对个体突发事件能及时作出判断并处理,能关注照顾特殊儿童。<br>3. 积极支持幼儿的活动、注意动作辅导,时刻关注幼儿的运动量,并及时调节。<br>4. 能开展形式多样、富有野趣的活动,关注幼儿运动技能的提高。 | | | | |
| | 学习 | 1. 内容选择切实可行,有趣、有意义,符合年龄特点。<br>2. 教学目标清晰、准确,突出重点,目标定位能兼顾认知经验、方法能力、情感态度等全面发展。<br>3. 过程的设计,能引发幼儿生动活泼、积极主动地活动,促进幼儿自主探索与思考,体现自主学习的过程。<br>4. 活动既符合大多数幼儿的发展水平和需要,又顾及幼儿个体差异,使每个幼儿都有进步和成功的体验,并在过程中关注、尊重来自幼儿的信息,并作出相应的回应。 | | | | |

| 评价内容 | | 评价指标 | 评价主体 | 评价方法 | 评价时间 | 对评价结果的运用 |
|---|---|---|---|---|---|---|
| 课程实施 | | 5. 个别化学习中能对幼儿作出适时的观察,并适度支持幼儿,鼓励幼儿在过程中坚持、努力,敢于尝试和探索。 | | | | |
| | 游戏 | 1. 根据年龄段特点充分保证游戏时间,游戏环境创设安全、能有效利用各空间,材料丰富、适宜,凸显年龄特点。<br>2. 游戏中的观察兼顾全面与个体,仔细观察游戏过程、对幼儿游戏行为有分析。<br>3. 欣赏、认同幼儿的游戏,善于等待,能满足不同幼儿的游戏需要。<br>4. 正确判断并把握介入的时机,适度参与、适时回应,充分尊重幼儿游戏的意愿。<br>5. 能通过多种形式进行游戏分享,为幼儿搭建分享游戏经验、困惑的平台,鼓励幼儿发现问题、解决问题,以推动游戏水平。 | | | | |
| | 师幼互动 | 1. 活动过程中,关注幼儿与环境材料、幼儿与同伴之间相互作用的过程。<br>2. 能在观察的基础上,作出恰当的判断,并及时地、积极地与幼儿互动,以有效促进幼儿发展。 | | | | |

## 三、对幼儿发展的评价

对于幼儿的评价,学校从幼儿直接接触的经验领域出发,从共同生活、探索世界、表达表现三个维度研究制定了小中大班44个幼儿主题活动经验评价表,对幼儿主题核心经验发展情况进行评价。

学校还通过教师日常观察记录、录音录像记录、幼儿作品记录等方式,了解幼儿在某个活动中的情况;通过建立幼儿成长档案,制定幼儿发展评价表等方式,了解幼儿在一段时间内的发展过程和成长轨迹;运用家长问卷、座谈、访谈和记录等方法,了解幼儿生活和健康等方面的情况,见表6-13。

表6-13　方竹幼儿园幼儿发展评价指标

| 评价内容 | | 评价指标 | 评价主体 | 评价方法 | 评价时间 | 对评价结果的运用 |
|---|---|---|---|---|---|---|
| 共同生活 | 生活习惯 | 餐饮习惯卫生;<br>作息睡眠有规律;<br>爱清洁,有健康的盥洗与排泄习惯;<br>保护五官,用眼卫生;<br>行为举止文明;<br>主动与人打招呼,懂得运用礼貌用语;<br>理解幼儿园集体生活的常规,并能遵守;<br>遵守公共卫生规范,爱护公物 | 教育部门领导、专家、教师、家长 | 查阅各类观察记录资料;查阅幼儿成长档案;观察法;作品分析法;测评法;家长问卷 | 每日三巡;每月幼儿主题经验评价;每月测评;每学期测评 | 对评价结果进行统计分析,形成评价分析报告,为制定计划、修订课程方案提供依据 |
| | 生活自理 | 愿意自己的事情自己做,尝试不依赖他人照料自己;<br>整理和保管好自己的衣物和玩具等;<br>知道自我保护的相关常识 | | | | |
| | 自我意识 | 认识自我,并接纳自我;<br>能进行自我评价,有自信心;<br>有规则意识,能自我约束,会 | | | | |

| 评价内容 | | 评价指标 | 评价主体 | 评价方法 | 评价时间 | 对评价结果的运用 |
|---|---|---|---|---|---|---|
| | | 适当调整自己的需求和行为以适应所处的环境；<br>能向成人或同伴表达自己的需求、感受,在遇到表达困难时能寻求帮助；<br>能学习用恰当的方式排解自己的消极情绪 | | | | |
| | 社会性 | 愿意与同伴一起玩,分享玩具和材料,与同伴友好相处；<br>爱家人和老师,关心、帮助同伴；<br>关心和同情弱小的动物、同伴及残疾人等 | | | | |
| 探索世界 | 观察与探索 | 对周围事物好奇,会用多种感官从多种角度观察、探索事物,把握事物的特征；<br>能用自己的方式记录探索的过程,辅助持续探索；<br>能联想旧有的经验,对已掌握的办法或工具加以调整或组合,尝试解决新问题；<br>以独特的方式利用某些物品或寻找替代物；<br>尝试利用多种途径和媒介获取信息 | | | | |
| | 概念与关系 | 能把握一个事物、现象的典型特征,并比较异同、分类、归类,逐步形成基本概念；<br>在探索和发现的过程中,逐步形成数、量、形状及表示时间、空间关系的基本概念； | | | | |

| 评价内容 | | 评价指标 | 评价主体 | 评价方法 | 评价时间 | 对评价结果的运用 |
|---|---|---|---|---|---|---|
| | | 按一定的标准对事物进行排序、配对；对事物之间的表面联系和因果关系提出问题、假设，并运用已有的经验进行分析和推理；能围绕目标、遵照一定程序解决问题 | | | | |
| 表达表现 | 表达 | 乐意与成人和同伴交谈，清楚表达自己的需求和想法；能围绕一个话题有条理地叙述一件事，或描述物体特征，以及表述自己的体会 | | | | |
| | 表现 | 对生活中常见的符号、标志和文字，能用自己理解的符号表达；尝试用多种方式、用多种工具和材料进行各种创作活动，表达自己对事物的认识和情感；运用一定的技能（语气、表情、肢体动作、线条、图形、色彩、节奏、音高等），帮助表达自己的想象与创造 | | | | |

## 四、评价方法

本课程的评价分为即时评价、过程性评价和阶段性评价。

1. 即时评价：指活动过程中现场的反馈交流，如解决观察中的问题、突发事件等。

2. 过程性评价：过程性评价中，对幼儿个体的评价体现在为每个幼儿准备的

"成长档案"观察记录、作品分析、活动纪实中。对班级整体的评价体现在每个活动结束后的反思,及教师教育计划的"反思评价"等。

以欣赏、赞美评价为主,教师从幼儿发展等各方面实施评价,并鼓励家长参与评价、幼儿尝试自评、开展幼幼互评等,善于看到他人的优点。通过多维度互动、评价,利用"孩子通""幼师口袋"等传递方竹课程信息,改善家长教养方式,提高家长的教养能力,最终帮助幼儿建立积极的学习和发展观。

3. **阶段性评价**:阶段性评价是对一个阶段内的发展评价,比如学期末评价。

(1)依据每个幼儿的"成长档案"提供的客观事实,以及日常对幼儿的观察了解,完成幼儿成长档案的"期末综合评价"。也有在期末针对学期发展目标对幼儿全面发展情况进行家长和教师的综合评价。如果学期评价项目中有部分内容缺少素材依据,无法判断,则说明教师对全班幼儿的资料收集或成长观察有整体失衡的地方,要尽快调整、弥补。如果是个别幼儿的部分内容缺失实施依据,说明这个孩子的兴趣重点在别处,或者说明老师没有充分关注每一个孩子,有失偏颇。

(2)分析幼儿间"期末综合评价"的差异,发现不同领域、不同活动中幼儿的发展现状,重新拟定分层、分组的人员,为后续的集体教学、小组活动提供分组依据。

(3)将本学期评价与上学期评价进行比较,看其发展进步情况。如有提高,说明幼儿在成长、进步;如果状况依旧,就要重点分析原因,破解制约发展的障碍。

(4)将学期评价与《3—6岁儿童学习与发展指南》中的目标对照,了解幼儿的达成情况。《3—6岁儿童学习与发展指南》基于全国儿童发展的常规参照,是教师拟定教育目标、选择教育内容、实施教育活动的参照方向。教师要将幼儿的发展现状与目标进行对照,看孩子的发展处于什么水平,以此拟定每个幼儿需要关注、帮助的内容与领域,或需要助推的优势与特长。如果全班幼儿在某一方面整体超越《3—6岁儿童学习与发展指南》目标,既可说明园所特色或班本特色的凸显,也可以说明区域差异的存在。如果全班幼儿整体发展水平低于指南目标,则要重点分析,看课程实施中哪些方面需要调整与改进,为课程内容、形式、方法等变革提供参考。

(5)与家长预约面谈,了解家长对幼儿发展状况的评价,看是否与学期评价结果吻合。如果有差异,就要共同分析差异形成的原因,了解是因为孩子心理紧张、不愿表现,还是教师关注不够,为制定个别帮助计划提供参考。

(6)在充分履行完上述程序后,教师才能动手拟定每个孩子的发展要项。发展要项包括:在每个领域中最有优势的内容,最需要帮助和提高的内容;各类活动中的分层、分组、伙伴选择的计划;在各类活动中个别支持、帮助的计划;跟踪观察的计划;家园合作的建议。这样才能将观察幼儿——记录幼儿——分析幼儿——评价幼儿——发展幼儿紧紧联系在一起,让教育的过程从幼儿出发再回归幼儿。

(撰稿者:上海市浦东新区方竹幼儿园　杨余香　瞿琳灵)

# 第七章

## 深耕学校课程管理

　　学校课程管理是以提高课程品质为核心,对学校所有课程进行计划、协调、开发、实施、评价、控制等一系列的管理活动。因此,学校课程管理既要关注课程的内容,更要关注实施课程的人。深耕学校课程管理要真正发挥课程管理共同体的作用,在价值引领、组织建设、制度建构、评价导航、时间管理、课程研修、课题聚焦、资源调配等方面提升课程品质。

有人认为，课程管理是对课程所采取的经营措施，是指有关部门及人员对课程的各个运行环节所采取的规划、指导、决策、监督、协调等措施。① 我们认为，学校课程管理是根据学校特点，以提高课程品质为核心，对学校所有课程进行计划、协调、开发、实施、评价、控制等一系列的管理活动。

有学者认为，每一位教师都有责任参与到课程管理中，要着眼于课程建设与国家战略需求及经济社会发展需要、学校办学定位和学生个体发展需求相契合②，以优化课程设置为重点。因此，学校课程管理既要关注课程的内容，更要关注实施课程的人，学校课程管理的主体不只是校长，而是涉及学校所有成员，包括教师和学生以及其他人员。

如何深耕学校课程管理？ 在学校课程管理过程中，要真正发挥课程管理共同体的作用，顺应新时代育人要求，以"立德树人"为根本任务，聚焦高质量教育，重视课程建设，在价值引领、组织建设、制度建构、评价导航、时间管理、课程研修、课题聚焦、资源调配等方面深耕课程管理，提升课程品质，赋能课程文化自觉，促进学生核心素养的发展。

第一，重视价值引领，凝塑课程发展愿景。学校课程文化的核心是价值引领。在新的教育形势下，树立学校课程核心素养观，凸显以素养发展为导向的课程价值，由知识中心转向素养中心，由工具取向转向人文取向，融合在学校课程建设的各个方面，引领课程管理与实施，引领教师专业发展，推进学校课程文化积淀。课程管理共同体成员都必须明确课程管理的愿景、目的与任务，不断更新旧理念、创造新思维，并动态地将这些新理念、新思维与学校的实际工作相结合，在实践中不断解放思想，创造性地解决好课程管理过程中可能遇到的问题。

第二，关注组织建设，完善课程管理体系。一般来说，学校都应成立以校长为组长的课程领导小组，核心成员是教导处、德育处和各学科教研组长。每一类主体都有课程管理职责，一般地说，教导处主要负责对教师进行必要的培训，组织教师申报课程，提供课程菜单、课程介绍、课程表及教学常规与过程管理等工作。教研组主要负责组织落实本组教师的课程开发、申报与实施工作，召集组员定制研讨课

---

① 刘彦文，袁桂林. 关于我国课程管理改革的几点思考[J]. 国家高级教育行政学院学报，2000(4)：32—34.
② 杨晓慧. 课程思政与学校课程管理创新[J]. 教育研究，2020，41(9)：16—19.

程的开发与实施,确定课程的具体实施方案,总结课程的实施情况。授课教师主要负责撰写课程纲要,编写相关课程,认真备好每一节课,按部实施。学生是学校教育的消费者,在课程管理过程中要强调学生作为课程选择者、课程开发合作者、课程实施评估者的作用。家长既是课程资源的提供者,也是学校课程管理的参与者与合作者,对学校课程应有知情权,对学生在学校学些什么、为什么学、怎样学、学得怎样应有建议权与决策权。

第三,着力制度建构,确保课程实效运行。为保证课程建设工作顺利开展,学校加强课程制度建设,建立了一套较为完整的课程管理制度,在实施中强化制度的落地,提高管理效能,增强学校的核心竞争力,提升社会影响力。课程制度包括以下四种制度。一是课程规划制度。学校制定科学合理的课程规划作为学校课程建设的顶层设计,统领学校的课程建设工作。每个学科在学年之初,根据学校课程规划,结合本学科课程建设实际,构建学科课程群。从学科建设、哲学课程目标、课程构建群课程设置、课程实施、课程评价、课程管理等方面撰写学科课程规划。年级组长根据各年级学科设置情况进行合理分工。组织学科、课程骨干教师在寒暑假期中完成每门学科的课程纲要撰写,对开设的每门课程从课程简介、背景分析、课程目标、学习主题等方面做出详细的规划。二是课程审议制度。课程审议的组织机构是教导处,每学期开学之初,对学校的课程规划、各学科的课程规划、各类课程的课程纲要进行审核,提出完善和修改意见。完善和修改意见审核的重点是各类课程的课程纲要,主要审核课程开设的价值、课程目标和内容的科学性、课程实施的可行性、课程评价的合理性。审核完成后形成书面意见,下达教研组,教研组根据审核意见对本学科课程设置进行调整,组织课程实施。三是课程评价制度。任课教师要认真做好课程评价工作,对学生参与课程的学习情况做出适当的并能体现课程特点的评价,结合学生自评、互评、师评等进行评价,并定期将评价情况反馈给学生和家长。教导处每学期要对各学科的研发、实施、评价成果等进行综合评价,从学生、家长、社会效益和学校规划及培养目标等多角度出发,对课程进一步实施和开展提出改进方案。四是课程激励制度。学校从绩效工资分配方案中列出专项奖励,对课程建设先进个人、优秀学科组进行表彰奖励。课程建设与教师年度考核相结合,发挥激励机制,充分调动教师参与课程建设的积极性和主动性。此外,学校创造条件,保证课程研发和实施过程中必需的经费、器材、场地配置等物质条件。拓展课程、活动课程与基础课程的工作业绩计入绩效，载入教师业务档案。

第四，巧用评价导航，优化课程实施品质。制定课程评价标准是课程评价的核心环节。一般来说，课程评价标准主要包括三个部分。一是课程本身的评价标准，主要指对课程设计、实施及其效果的评价；二是学生的评价标准，主要指对学生学习、成长与发展的评价；三是教师的评价标准，主要指对教师教育教学活动与科学研究工作的评价。这三个标准的建立都十分重要，不可或缺。[①] 学校鼓励教师积极寻求教学方式和评价方式的创新，在评价过程中积极尝试档案袋评价、表现评价、访谈等多种方式，定期与不定期相结合，定性与定量相结合，自评与互评相结合，强调评价的情境性、真实性以及过程性，重视师生在课程实施中解决真实问题的过程和能力水平。通过课程评价，了解课程教学存在的问题，及时地调整与改进，优化课程实施品质，推动师生共同成长。

第五，优化时间管理，提高课程建设质量。时间管理是确保课程质量、进度和实施效果的重要环节。学校制定学年课程计划，合理安排教学时间，明确各阶段的目标和时间安排，确保所有相关人员对课程建设的方向和进度有清晰的认识。根据课程建设的需要，合理分配人力、物力和财力资源。确保有足够的时间和资源来完成各项任务，鼓励跨学科、跨部门的团队协作，提高教学效率，共同推进课程实施，确保课程调整的及时性和有效性，为学生留出更多的自主学习和实践时间。定期对课程建设的进度进行检查和评估，及时发现并解决存在的问题，根据评估结果，调整工作计划，不断优化策略，确保按时完成目标。

第六，扎实课程研修，提升课程实施专业度。提高任课教师的专业素养，对课程管理水平的提高有着积极的意义。学校组织教师参加课程培训，让教师知晓认同学校教育哲学、课程理念、育人目标、课程目标、课程结构、课程设置、课程实施、课程管理与评价等内容。学校通过核心团队培训，依托市级课程研修—专家专题培训—校本研修活动等路径，以线上研修与线下研修相结合、集中研修与自主研修相结合等方式，开展教育教学理论学习、学科教学研究、教学技能和手段培训、教育科研能力以及教育教学评价与反思等方面的培训，注重更新教育理念，推进实践和

---

① 杨晓慧.课程思政与学校课程管理创新[J].教育研究,2020,41(9):16—19.

应用,提高教育教学质量和专业素养,促进教师之间的对话交流,营造良好的课程研修文化氛围。

第七,聚焦课题引领,丰富课程实施路径。课题研究是助推学校课程建设的重要手段。在教育新形势要求下,学校要关注学生的发展需求,了解学生的学习特点、兴趣爱好和个性差异,聚焦全员导师制、项目化学习、教师评价素养等方面立项实践,丰富课程实施路径,引导教师在课程内容上进行深度挖掘和广度拓展,创新教学方式和手段,为学生提供更加便捷和高效的学习体验,解决真实生活情境中的问题,提升学生的核心素养,提高教师的育德能力、课程开发、实施和评价能力。同时,在课题研究中,注重对课程实施的合作、评价和反思,整合校内外资源,包括教师、专家、社区等资源,共同参与课程建设,加强对教师的培训和指导,通过分享经验和交流成果,促进教师之间的合作与共同进步,多方合力促进研究成果的转化和应用,总结和提炼课程建设的经验和成果,并积极向其他学校、教育机构和社会进行推广,扩大课程的影响力和知名度,提高学校的整体教育水平。在课题研究中,不断发现新问题、新需求和新趋势,持续改进和完善课程建设。通过不断优化和创新,使课程始终保持活力和前瞻性,慢慢沉淀为课程文化。

第八,规划资源调配,实现课程动态调整。资源调配是实现课程动态调整的关键环节,它涉及人力、制度、物力、财力等多方面的合理分配与高效利用。在国家课程、地方课程、校本课程全面贯彻落实的基础上,首先要引导教师利用现代教育技术大数据下的课程资源进行教学创新,开展跨学科合作,实现高质量教学;其次要持续加强课程制度建设,根据学校课程建设的目际和要求,建立相应的考核、评估制度,设立专项,根据学生、教师在各级各类竞赛的获奖情况进行奖励;最后要合理分配教育经费,做好网络资源、电子图书馆、AI人工智能、实验室、图书馆、跨学科学习空间等软硬件设施保障,更好地适应课程动态调整的需求,满足学生发展的需要,推进学校课程文化的打造。

总之,课程管理是学校教育教学工作的基石,深耕课程管理,赋能课程文化自觉,是提升教育质量、促进学生全面发展的关键所在。学校将结合实际找准路径,不断转变课程价值观念,完善课程组织架构,加强课程制度建设,优化课程评价方式,提升时间管理效能,扎实推进课程研修,聚焦课题研究引领,合理规划资源调配,推进课程改革,深耕课程管理,使核心素养融入学校课程文化建设的路径中,推进核心素养的文化内涵深化为学校的课程文化内涵,追求质量的不断提升,实现立德树人的目标,培育有理想有本领有担当的时代新人。

一校一策

MEI 课程:
给予每一个孩子
向往美好的力量

上海市浦东新区懿德中学成立于 2020 年 3 月 9 日,于 9 月正式招收地段内的预备年级新生,2022 年 3 月正式加入上师大附中浦东教育集团,2023 年 3 月加入三林学区。教育部指出,要加强课程建设,增强课程适应性,实现课程全面育人,高质量育人。现依据《教育部关于全面深化课程改革落实立德树人根本任务的意见》《中共中央国务院关于深化教育教学改革全面提高义务教育质量的意见》《义务教育课程方案和课程标准(2022 年版)》《教育部办公厅基础教育课程教学改革深化行动方案》,研制本校课程规划,致力于给予每一个生命向往美好的力量。

## 第一节　给予生命向往美好的力量

学校依托三林的地理和历史人文优质资源,使之成为反哺学校特色文化发展的重要来源和依靠,成为区域宏观人文文化濡养并根植懿德学子内心的文化因子。上海市浦东新区懿德中学校名"懿德"一名的来源可追溯到晚清,大沈家宅秀才沈懿卿热心教育事业,在乡间办私塾,又自费创办懿德小学,取名"懿德"即懿卿做的积德的事之意,"懿德"一名自此命名使用并延续至今,这也成为了学校文化体系建设的活水源头和根基命脉。

### 一、教育哲学:懿教育

学校基于当地文化,综合"懿德"两字字源,提出学校教育哲学"懿教育",架构

"懿教育"学校文化体系,开展"懿教育"探索和实践,回归教育本质,回归生活,以"各尽其善,共襄其美"的学校精神,深刻挖掘"懿教育"的丰富内涵。

——"懿教育"是唤醒孩子沉睡的生命意识的教育。每个孩子的灵魂中都潜藏着智慧与美善的种子,"懿教育"即要唤醒孩子内心深处沉睡的生命意识与自我意识,挖掘孩子内心美好的一面,激发孩子的生命内驱力和创造力,实现自我生命意义的价值。

——"懿教育"是传递温暖与美好的教育。教育是温暖的、包容的、正面的、积极的。"懿教育"即为孩子提供温情、理解、爱护、包容的教育环境,让孩子在美好的氛围中展现最好的自己,绽放青春的风采。

——"懿教育"是让每一个孩子美好生长的教育。教育是让每一个孩子与美好相遇。"懿教育"即教师因材施教,发现每一个孩子身上的闪光点,让孩子向往美好,追求美好,实现美好,成就每一位学生,让每一个孩子眼里有光。

学校在基于校名核心词"懿"深刻内涵的学校文化的探索中,经过三年的办学实践,去繁就简,归于本真,凝练出"向着美好生长"的学校办学理念。

核心词"美好":校名"懿德"两字,均有美好之意,学校教育哲学"懿教育",即"美好教育"。"美好",是全体懿德人的属性标签,是行动要求,更是成长愿景。我们所追求的"美好",不仅仅是形容"好"的一个词,更是一种态度和一种生活方式。它代表着一种积极向上的思想,让师生在每一个不容易的时刻都能保持坚定的信念,去追求更美好的生活。我们所追求的"美好",是充满着激情、期待、希望和活力的,它不应只是传出短暂的快乐,而是要延续影响一生的力量,让我们把手中的机会调整到最佳,以更强的决心、更高的标准去经历每一次成功,是一种令人满意的人生经历。我们所追求的"美好",是要勇于正视现实,勇敢地行动起来,要把握现有条件,不断改变我们的思想方式,以最大的努力去发挥自己的能力,把每一个梦想变成现实,并且要勇于走出舒适区,不断探索新的领域,勇于接受新的挑战和改变,以超越自我去书写更精彩的章节,去追求美好的生活。

核心词"生长":"生长"本来是一个生物学的概念,用来描述植物成熟或动物的发育过程。教育学家杜威提出"教育即生长",以隐喻的方式把"生长"引入教育理论的探讨当中,赋予了"生长"新的内涵。它关乎"什么是生活""人生的意义"以及"教育的价值取向"等问题的答案,所有的答案都指向"生长"。杜威这样写道:"生活就是发展;不断发展,不断生长,就是生活。""生活的主要任务,就是使生活过得有助于丰富生活自身可以感觉到的意义。""教育的过程是一个持续不断生长的过程,在生长的每个阶段,都以增加生长的能力为其目的。"因此,我们提出的"生长",是建立在师生经验的意义之上的增长,即对所从事活动的种种联系的认识的提高,同时经验又有它的联系性,是指基于符合师生成长的规律,注重师生本体价值,让师生在"现在可能性的基础上",不断地"通向未来",获得教育生活经验,成全学生、成就教师、成功学校、拥抱未来。

"向着美好生长"这一办学理念的提出,是源于校名的历史和深刻内涵,基于师生共同美好愿景,符合校情和新时代教育背景,具有动态的、不断推进的、可持续性的寓意祝福和期待的表述。为此,学校提出以下教育信条:

我们坚信,

教育是美好的代名词;

我们坚信,

学校是与美好对话的地方;

我们坚信,

每一个孩子都是纯粹美好的;

我们坚信,

教师是在心田里播种美好的人;

我们坚信,

向着美好生长是学校教育最美的姿态;

我们坚信,

给予生命向往美好的力量是教育的神圣使命。

## 二、课程理念:给予每一个生命向往美好的力量

基于办学理念和教育信条,学校提出"给予每一个生命向往美好的力量"的课程理念,这一课程理念有丰富的内涵。

——课程即生命的眷注。课程是生命旅程的载体,能够滋养学生的生命,使生命的存在获得意义,能够丰富学生的情感体验和生活经历,激发学生的生命活力,为学生的成长注入点滴爱心,呵护每一个生命的成长,孕育出美好的生命之花。

——课程即力量的给予。课程是一种无形的力量,是一种理性的召唤,能够唤

起学生沉睡的潜能,唤醒学生所未能意识到的一切,激发学生内心深处的渴望,敢于挑战自我,积极乐观,充满自信,赋予学生向上的力量。

——课程即美好的向往。课程是温暖的陪伴,能够治愈学生的身心,赋予学生向往美好的愿景,向阳而生,与美好携手而行,内心积极向上,充满正能量,眼中有星辰,笑里有清风,心中有暖阳。

——课程即个性的生长。课程是挖掘学生闪光点的媒介,形式丰富的课程能够激发学生学习的好奇心与积极性,能够让每一个学生都在不同的领域发挥特长,被看见,被关注,被赏识,实现个性化生长,绽放属于自己的美好与精彩。

基于以上理解,学校提出了"MEI"课程模式,以美好的课程模式为引领,给予每一个孩子向往美好的力量。"MEI"课程有三大典型特点。

——M＝Magical(有魔力的/令人愉悦的)。我们坚信,课程是奇妙且富有魔力的,因此,我们想构建这样的课程:以灵动自由的课程为依托,满足学生好奇、好学、好参与的需要,关注学生的个性化成长需求,让每一个学生体验成功的喜悦,绽放青春风采。

——E＝Elegant(优雅的)。我们坚信,课程能涵养学生儒雅温润的气质,因此,我们想构建这样的课程:以内涵丰富、富含文化底蕴的课程为立足点,培养学生良好的言行举止,塑造学生的优雅气质与风度,男生绅士儒雅,女生淑女温婉,让每一个学生都呈现嘉言懿行、文质彬彬的美好模样。

——I＝Intelligent(聪颖的/数字化智能)。我们相信,课程能使学生启智增慧,因此,我们想构建这样的课程:在教育信息化背景下,以实践性课程为核心,激发学生的创造性思维,培育学生的实践创新能力和探索精神,提升学生的科创素养,鼓励学生积极探索,在探索中发现,在发现中创新,启迪学生的智慧,培养创新型人才。

## 第二节　做纯粹美好的中国人

学校课程目标是基于国家课程、地方课程,根据学校实际情况制定的促进学生身心发展所要达到的具体程度描述。学校课程目标既是课程设计的起点,也是评估课程实施效果的依据,体现了课程设计的价值取向和目标导向。以"懿教育"的学校文化体系为架构,以"给予每一个生命向往美好的力量"的课程理念为引领,学校提出育人目标和课程目标,构建引领学生美好成长的课程。

## 一、育人目标

学校坚持立德树人根本任务,为党育人、为国育才。懿德中学的学生家庭教育、生活习性都不同,大多家长从事的是普通职业劳动,科学的现代家庭教育较为缺失。面对这样的学生,学校能够给予的是什么? 是正确的价值观、良好的学习观、健康的行为模式等,这些和课堂学习同样重要,这是未来劳动者所需要的。由此,我们坚持这样的育人目标:做纯粹美好的中国人。

——爱家国,品性纯粹。懿德学子应热爱国家,热爱中华民族,热爱传统文化,永葆赤子之心,永远心怀热忱,拥有以实际行动报效祖国的责任感与使命感。同时拥有一颗柔软且宽厚的心,保持澄澈,内心明亮,赤诚简单,为自己保留一份初心与纯粹,身处逆境依然内心向暖,不改赤诚情怀。

——爱探索,志趣多元。懿德学子应具备旺盛的好奇心和求知欲,乐于探索,敢于创新,思维灵动,博学笃志,专注于某个领域,静得下心,沉得住气,以积极主动的实践态度激发内心的小宇宙,充分发挥自己的潜能,掌握本领,拓宽视野和提升认知水平,邂逅生活的多种美好志趣与无限精彩。

——爱生活,情趣美好。懿德学子应亲近自然,热爱生活,培养高雅的情趣与爱好,身心健康,充满活力,乐于观察,勤于实践,真于做事,用心用情做出成效,做出成绩,做出价值,体验生活之美,风雅于心,自在于行,有教养、有才华、有能力。

## 二、课程目标

学校课程要给予每个孩子向往美好的力量,使学生不仅在学业方面有所成就,更能在自我意识、人格发展、同伴关系、社会化进程等各方面全方位成长,培育回归生活、达成未来美好期待的教育生态,见表7-1。

表7-1 上海市浦东新区懿德中学年段课程目标表

| 目标<br>年级 | 爱家国,品性纯粹 | 爱探索,志趣多元 | 爱生活,情趣美好 |
|---|---|---|---|
| 六年级 | 1. 热爱中华文化,继承和弘扬中华优秀传统文化、革命文化、社会主义先进文化。<br>2. 能理解与中国优秀文 | 1. 有好奇心、求知欲,崇尚真知,勇于探索创新,养成积极思考的习惯。<br>2. 尝试在真实的情境中 | 1. 具有初步的感受美、发现美和运用语言与文字表现美、创造美的能力;涵养高雅情趣。 |

| 目标<br>年级 | 爱家国,品性纯粹 | 爱探索,志趣多元 | 爱生活,情趣美好 |
|---|---|---|---|
| | 化有关的图片、短文,发现和感悟其中蕴含的人生哲理;有将语言学习与做人、做事相结合的意识和行动;体现爱国主义情怀和文化自信。<br>3. 领悟网络空间命运共同体对信息社会发展的重要意义,具备自觉维护国家信息安全、网络安全的意识,认识到自主可控技术对国家安全的重要性。 | 发现和提出问题,探索运用基本的数量关系,形成模型意识和初步的应用意识、创新意识。<br>3. 具有问题意识,能初步进行独立思考;能在学习过程中认真思考,主动探究,尝试通过多种方式发现并解决学习中的问题。<br>4. 初步具有从事物的结构、功能、变化及相互关系等角度,提出问题和制订比较完整的探究计划的能力。 | 2. 通过分析、比较、抽象、概括等方法,抓住简单事物的本质特征,展示对事物的系统、结构、关系、过程及循环的理解,能使用或建构模型,解释有关的科学现象和过程。理解归纳推理和演绎推理的基本方法并用于解决真实情境中的简单问题,抽象概括常见事物的本质特征。<br>3. 掌握生活中信息处理的基本过程与方法,体验过程与控制的场景,验证解决问题的过程,初步具备应用学科知识解决问题的能力。 |
| 七年级 | 1. 学生认同中华文化,对中华文化的生命力有坚定信心。热爱中华文化,继承和弘扬中华优秀传统文化、革命文化、社会主义先进文化。<br>2. 能自尊自爱,正确认识自我,关爱他人,尊重他人,有社会责任感;具有国家认同感 | 1. 具有一定的敏捷性、灵活性、深刻性、独创性、批判性。有好奇心、求知欲,崇尚真知,勇于探索创新,养成积极思考的习惯。<br>2. 能在学习活动中积极与他人合作,共同完成学习任务;能在学习过程中积极思考,主动探究,发现并尝 | 1. 体会不同学科并进行思考,体味不同的人生,学会思考人生,珍视生命。<br>2. 探索在不同的情境中从所学学科的角度发现和提出问题。<br>3. 发现和感悟文字中蕴含的人生哲理;体现爱国主义情怀和文化自信。 |

| 目标 年级 | 爱家国, 品性纯粹 | 爱探索, 志趣多元 | 爱生活, 情趣美好 |
|---|---|---|---|
| | 和文化自信,有正确的价值观和积极向上的情感态度;有自信自强的良好品格,做到内化于心、外化于行。 | 试使用多种策略解决学习中的问题,积极进行拓展性运用。 | |
| 八年级 | 1. 了解各学科课程对促进社会进步和发展的重要作用。<br>2. 建立文化自信、培养中华民族共同体意识、家国情怀、主人翁意识。<br>3. 有保护环境、节约资源的意识,能在力所能及的范围内为社会的可持续发展作出贡献,具有实现中华民族伟大复兴的责任感与使命感。 | 1. 认识学科学习是一个充满观察、实践、探究、归纳、类比、推理和创造性的过程。能够运用多种工具获取区域信息,养成独立思考和合作交流相结合的良好思维品质。<br>2. 初步具有获取证据的能力;能分析、处理信息,得出结论,初步具有对探究过程和结果作出解释的能力;能书面或口头表述自己的观点,能自我反思和听取他人意见,具有与他人交流的能力。 | 1. 通过对学科知识的探究,进一步认识课程与生活的密切联系,明确学习的意义,并用其知识解决实际问题,获得成功的体验,树立学习的信心。<br>2. 能主动适应社会、确立符合国家需要和自身实际的健康生活目标。<br>3. 亲近自然,崇尚科学,乐于思考与实践,具有探索自然的好奇心和求知欲,有克服困难的信心和决心,能总结成功的经验,分析失败的原因,体验战胜困难、解决问题的喜悦。 |
| 九年级 | 1. 注重理解中华优秀传统文化蕴含的核心思想理念、中华人文精神和传统美德,表达自己作为中华民族一 | 1. 探索个性化的学习方法,分享感受,开展专题探究。感受学科经典的魅力,丰富自己的精神世界。养成良 | 1. 从课程学习中获得对自然、社会人生的有益启示,多角度观察生活,发现生活的丰富多彩,能抓住事物的 |

| 目标 年级 | 爱家国，品性纯粹 | 爱探索，志趣多元 | 爱生活，情趣美好 |
|---|---|---|---|
| | 员的归属感和自豪感，体会中国共产党在长期奋斗历程中培育形成的崇高精神和人格风范，体认英雄模范忠于祖国和人民的优秀品质，培育民族气节和爱国主义情怀。<br>2. 通过对各学科中知识和方法的学习，了解各科目的发展过程，增强民族自信，增强科学意识，培养爱国情怀。 | 好的学习习惯，具有初步的创新意识和探索知识的勇气。<br>2. 能主动参与课内外各种实践活动，遇到问题主动请教，勇于克服困难，主动学习并积极使用现代信息技术，具备初步的信息素养。<br>3. 初步学会运用观察、实验、调查等手段获取化学事实，能初步运用比较、分类、分析、综合、归纳等方法认识物质及其变化，形成一定的证据推理能力。 | 特征，为写作奠定基础。写作要有真情实感，表达自己对自然、社会、人生的感受、体验和思考，力求有创意。<br>2. 体会知识与生活之间的联系，获得适应社会生活和进一步发展所必须的基本知识、基本思想、基本活动经验。 |

## 第三节 给予每一个生命纯粹美好的体验

学校以"MEI"课程为抓手，致力于实现培养"爱家国，品性纯粹、爱探索，志趣多元、爱生活，情趣美好"的纯粹美好中国人的育人目标，基于此，形成了自己独特的课程框架。

### 一、学校课程逻辑

学校基于"懿教育"的教育哲学，"向着美好生长"的办学理念以及学校课程目标，设置了"MEI"课程体系，包括"懿心、懿语、懿智、懿美、懿健、懿创"六大类课程。具体课程逻辑见图7-1。

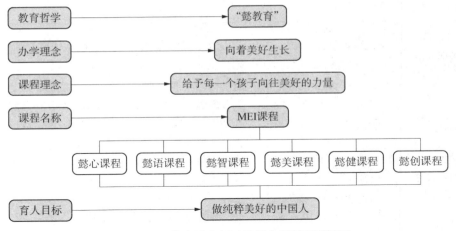

图 7-1　上海市浦东新区懿德中学课程逻辑图

## 二、学校课程结构

基于多元智能理论,学校围绕"懿教育"课程体系,开设"懿心课程、懿语课程、懿智课程、懿美课程、懿创课程、懿健课程"等,充分发展学生的个性,见图7-2。

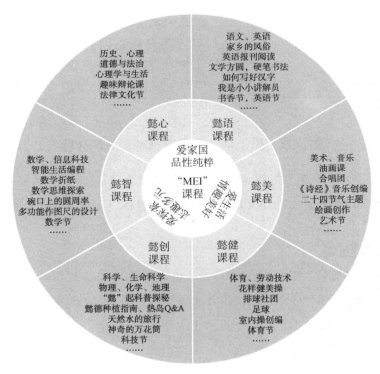

图 7-2　上海市浦东新区懿德中学课程结构图

上图中,各课程内涵如下。

懿心课程:自我与社会课程。学校以德为先,牢牢守住学生思想道德成长的建设营地,关注学生心理需求,塑造学生正确的价值观,培养学生的爱国情怀与民族自豪感,增强文化自信,使其能适应未来社会的发展需求,筑牢学生的理想之基与信念之塔。

懿语课程:语言与表达课程。学校为学生创造真实的语言情境,让学生在丰富的语言实践中学习沟通技能,增强人际交往能力,在实践运用中感受语言文字的丰富内涵,拓宽文化视野,丰富文化底蕴,厚植学生的人文情怀。

懿智课程:逻辑与思维课程。学校以学科教学为主阵地,实践性活动为平台,引导学生在实践中将所学知识学以致用,逐步形成敏捷、灵活、深刻、独创、批判的思维能力和品质。

懿美课程:艺术与审美课程。学校充分发挥艺术陶冶情操、润泽心灵、提升审美能力的积极作用,培养学生感受美,发现美,表现美,创造美的能力,涵养学生的高雅情趣,使学生具备健康的审美意识和正确的审美观念。

懿创课程:科学与探索课程。创新是引领发展的第一动力。学校重视对学生创新能力的培养,鼓励学生从生活中发现问题,探索问题,解决问题,激发学生的好奇心和求知欲,通过学习探究,培养学生养成崇尚真知,勇于探索创新,积极思考的习惯。

懿健课程:运动与健康课程。健康的体魄是美好生活的基础保障。学校开设特色体育运动项目,在活动中释放学生生命的本真和活力,培养合作能力和良性竞争意识,让学生拥有健康的体魄和阳光积极的心态,绽放美好青春风采。

**三、学校课程设置**

根据《义务教育课程方案(2022年版)》,结合学校课程资源与课程门类,考虑学生的学习情况与发展要求,学校按照不同年级发展水平进行系统构建,形成"MEI"课程六大领域课程设置的具体框架,见表7-2。

## 第四节 让儿童拥有向美而生的力量

学校通过构建"懿课堂",建设"懿学科",做好课程整合;通过创建"懿社团",创立"懿节日",创设"懿工坊",推行"懿之旅"等方式,推进各类课程有效实施,让课程

表 7 - 2 上海市浦东新区懿德中学"MEI"课程设置表

| | 懿心课程 | 懿语课程 | 懿智课程 | 懿美课程 | 懿创课程 | 懿健课程 |
|---|---|---|---|---|---|---|
| 六上 | 心理<br>道德与法治<br>民防<br>趣味辩论<br>演绎心理剧<br>网上交友指南项目化 | 语文<br>英语<br>"班级迷你小说馆"<br>书香节<br>英语书写<br>英语歌曲学唱 | 数学<br>信息科技<br>校园平面图项目化<br>体育中的数学项目化<br>营养午餐项目化 | 美术<br>音乐<br>国风音乐<br>艺术创想 | 科学<br>地理<br>植物世界<br>"懿"起科普探秘 | 体育<br>劳动技术<br>花样跳绳<br>纸艺 |
| 六下 | 心理<br>道德与法治<br>趣味辩论<br>心理电影鉴赏<br>心理活动月<br>法律文化节 | 语文<br>英语<br>"粽"情端午、文化飘香<br>英语节 | 数学<br>信息科技<br>水是生命之源 | 美术<br>音乐<br>红色歌曲<br>二十四节气<br>绘画 | 科学<br>地理<br>植物造纸<br>自然科学 | 体育<br>劳动技术<br>排球<br>食品雕刻 |
| 七上 | 道德与法治<br>历史<br>中华民族大团结<br>趣味辩论课<br>仰望星空、脚踏实地 | 语文<br>英语<br>中学生作文培训<br>书香节<br>英语手抄报<br>英语歌曲学唱 | 数学<br>待定系数法项目化 | 美术<br>音乐<br>中外合唱<br>书法 | 科学<br>地理<br>"动物行为研究"<br>3D建模<br>植物种植 | 体育<br>劳动技术<br>羽毛球<br>木工制作 |
| 七下 | 道德与法治<br>历史<br>趣味辩论<br>"我是大老板"<br>心理活动月<br>法律活动文化节 | 语文<br>英语<br>剧本系<br>英语节 | 数学<br>"会跳舞的平行线" | 美术<br>音乐<br>梨园戏曲<br>素描 | 科学<br>地理<br>生物技术初探<br>植物造纸 | 体育<br>劳动技术<br>乒乓球<br>铁艺制作 |

| | 懿心课程 | 懿语课程 | 懿智课程 | 懿美课程 | 懿创课程 | 懿健课程 |
|---|---|---|---|---|---|---|
| 八上 | 道德与法治<br>历史<br>习近平新时代中国特色社会主义思想<br>趣味辩论 | 语文<br>英语<br>"如何写好汉字"<br>书香节<br>英语报刊阅读<br>英语电影赏析 | 数学<br>勾股定理证明再认识 | 艺术<br>生活技能<br>油画 | 物理<br>生命科学<br>"趣味测量"<br>小技巧<br>物理实验秀 | 体育<br>劳动技术<br>跆拳道<br>花卉盆栽制作 |
| 八下 | 道德与法治<br>历史<br>心理活动月<br>法律文化节 | 语文<br>英语<br>"如何写好汉字"<br>书香节<br>趣味英语 | 数学<br>生活中的一次函数 | 艺术<br>生活美学<br>国画 | 物理<br>生命科学<br>保护环境<br>宣传单<br>物理建构 | 体育<br>劳动技术<br>啦啦操<br>插花技艺 |
| 九上 | 道德与法治<br>历史<br>心理活动月<br>法律文化节 | 语文<br>英语<br>"我是小小讲解员"项目<br>化学学习<br>书香节<br>趣味英语 | 数学<br>趣味拼接（出入相补原理） | 艺术探索<br>服装设计 | 物理<br>化学<br>生命科学<br>$CO_2$ 的制取与性质<br>美丽化学 | 体育<br>足球 |
| 九下 | 道德与法治<br>历史<br>心理活动月<br>法律文化节 | 语文<br>英语<br>"我是小小讲解员"<br>超级词霸 | 数学<br>生活中的统计 | 艺术探索<br>室内装潢设计 | 物理<br>化学<br>生命科学<br>奇光异彩的金属<br>化学元素创造 | 体育<br>篮球<br>收纳整理 |

拥有向美而生的力量。

## 一、建构"懿课堂"，提升课程实施质量

在"向着美好生长"的办学理念引领下，学校构建"懿课堂"，建设有生命的课程，从而提升课程实施质量。其包含以下五个要素。

一是教学目标：鲜明而贯穿始终。"懿课堂"教学目标需要鲜明，并贯穿课程始终。在一堂课中，教学目标是课程的生命，目标应该是鲜明的，具体到每一次课堂需要解决的问题上去。在课堂上，目标要与环节贯通，教师要注重目标贯通的课堂学习、课时目标的双向对应。

二是教学内容：精选而体现层次。"懿课堂"的教学内容重视精选。教学内容需要在经过大量的材料收集后进行精心的选择，提出的每一个问题都要环环相扣，体现出教学的层次，学生们都接收到自己在课堂中应该学习到的内容。

三是教学过程：清晰而解决问题。"懿课堂"的教学过程是问题解决的过程。在"懿课堂"中，老师要根据学生的不同学情和年龄，在教学中清楚地厘清教学过程，努力解决现实情景中产生的问题。培养学生们独立思考和合作交流相结合的良好品质。在发现、探索实践后体验战胜困难、解决问题的成长喜悦。

四是教学方法：对话而驱动任务。"懿课堂"以对话驱动课堂任务的进行。教师在课堂中要重点关注课堂问题的设计，对授课内容进行问题转化，使其成为学生学习新知识的载体。教师往往需要将一个核心问题分解成若干个小问题，即"问题串"。这些小问题间要具有逻辑联系，才能更好地聚焦知识与能力，启发学生的思维，引发有效对话。并驱动学生运用相关课堂学习内容，在遇到新任务后综合运用自己所学知识，再通过观察、类比、沟通、比较、分析、综合、抽象等各类完成任务的方法，做到触类旁通，授之以渔。

五是教学文化：专业而教学相长。"懿课堂"要求教师具有专业的学科素养，所谓"教学相长"。在教学过程中，老师们逐渐培养学生良好的学习习惯与能力，培养学生乐于求知、敢于创新的勇气；培养学生勇于面对困难、屡败屡战的意志。教师也总结提炼出一篇篇课例，在专业的道路上不断成长。总之，在建构"懿课堂"的过程中，我们将进一步提升课程实施质量，转变教师教育理念，改变学生学习方式，培养学生学习能力，提升学科核心素养，使学生在"懿课堂"的学习中得到身体的强健、心理的洗涤和智慧的成长。

## 二、建设"懿学科",强化学科课程特色

"懿学科"以学科基础课程为核心,贯彻"向着美好生长"的课程理念,依据学科课程标准的要求,根据学生发展需求,对学科基础课程进行拓展,从而构建课程群,帮助学生完善学科知识体系,提升学科核心素养,提高学科学习能力,激发学习潜能与兴趣。具体如下所述。

1. 诗意语文:语文学科以"以文化人"为核心价值追求,理解语文课程与文化的关系,遵循语文教育相对价值秩序并在实践中处理好相关关系,切实实现语文课程文化育人的功能。教师通过教学实施来传递价值观、情感和表达思想,是语言与思维的艺术。一堂精彩的语文课一定是价值观正当、情感充盈、感人肺腑、发人深省的。在新课标的引领下,充分发挥组内每位教师的优势,结合学生的学情,打造具有文化自觉、审美价值的课程群,唤醒学生内心精神的力量,培育学生人文精神和文化自信,让学生形成自己的秩序,从而拥有更纯粹、更丰富、更高远的生活世界与精神人生,诗意地栖居于世界。

2. 懿智数学:学科建设理念为"智从趣生,趣由智始,智趣丛生",使得"人人都能获得良好的数学教育,不同的人在数学上得到不同的发展"。在课程实施过程中,以趣促智,因材施教,因学而教,顺学而导,帮助学生找到适合自己的学习方法,不断建构属于自己的知识体系,逐步提升自己的数学素养。积极参与数学活动,对数学有好奇心和求知欲;在数学学习过程中,体验获得成功的乐趣,锻炼克服困难的意志,建立自信心;体会数学的特点,了解数学的价值;养成认真勤奋、独立思考、合作交流、反思质疑等学习习惯,形成实事求是的科学态度。

3. 有声英语:本课程倡导体验、参与、合作与交流的方式和情境教学途径,逐步转变为发展学生的综合语言运用能力。情境教学,是指在真实的情境中培养学生运用语言的能力,是教学重要的目标。在项目化学习中,情境教学有利于学生对知识的学习和掌握,是一种值得被应用的教学方法。学校以英语节等课程活动为抓手,创设英语学习平台,加强英语学习实用性,让英语走进学生的实际生活。通过英语歌和配音,培养学生开口说英语的习惯;通过报刊阅读,培养学生在阅读中浓厚的学习乐趣。在学科活动中,让学生在趣味中学习英语,提升学生主动接触和探索的能力。

4. 趣味物理:物理学是自然科学领域研究物质的基本结构、相互作用和运动规

律的一门基础学科,注重科学观察、实验探究、推理计算等形成系统的研究方法,对人类的思维方式、价值观等都能产生深远影响。"趣味物理"是努力激发学生学习物理的兴趣,打造快乐的物理课堂。它以课程标准为依据,通过在创设实验中解决问题,培养学生学习物理的兴趣,让学生初步形成科学探究、科学创新的能力,并在探索中勇于创新,养成善于交流的习惯,提升团队意识。

5. 实用科学:以生活中的科学为主要学习内容,具有实践性,从亲近自然走向亲近科学,有助于保持学生对自然现象的好奇心,培育学生的科学素养。"科学家的故事",利用科学发展史和科学家的趣味故事,让学生身临其境,感受科学规律被发现的奥秘,促进学生的兴趣和思维的激发。"生活大揭秘",依据生活中常见的科学问题,从科学的角度,解释生活中常见的现象和问题,激发学生的科学思维。"探究科学",依托教材,带领学生在探究中学习并应用科学知识,激发学习兴趣,解决生活问题,提升探究能力。

6. 魔法化学:化学是研究物质的组成、结构、性质、转化及应用的一门基础学科,其特征是从分子层次认识物质,通过化学变化创造物质,在应对能源危机、环境污染、突发公共卫生事件等人类面临的重大挑战中发挥着不可替代的作用。"玩转化学",针对化学爱好者开设,通过趣味性、互动性和实践性的方式,如参加各种线上课程、观看视频讲解、设计实验并完成实验任务、参与讨论等,提供丰富的学习资源和工具,如在线词典、化学方程式计算器、虚拟实验室等,让学生更好地了解化学知识,掌握实验技能,感受化学给生活带来的变化。

7. 启智信息:面向数字时代经济、社会和文化发展要求,从信息科技实践应用出发,开展数字素养与技能培育,启迪潜在智慧,帮助学生理解信息科技基本概念和基本原理,引导学生从信息化、数字化的眼光去认识、体验和应用数字时代的信息科技,用智慧的眼光去认识信息科技对人类社会的贡献与挑战,提升学生知识迁移能力和学科思维水平,为将来解决复杂问题做准备。涉及的核心素养,主要包括信息意识、计算思维、数字化学习与创新、信息社会责任。这四个方面互相支持,互相渗透,共同促进学生数字素养与技能的提升。

8. 多彩生物:通过观察、实验、探究、调查等丰富多彩的学习活动,展示生物科学的基本内容,反映自然科学的本质,在多姿多彩的生命现象和生命活动中感受生命的绚烂,在亲历提出问题、获取信息、寻找证据、检验假设、发现规律等过程中激发学生的学习兴趣,掌握生物学基础知识,形成基本的生命观念;领悟生物学家在研究过程中所持有的观点以及解决问题的思路和方法,初步掌握科学思维方法;初步具有科学探究和跨学科实践能力,能够分析解决真实情境中的生物学问题,培养学生的生物科学素养;提高学生对生命科学本质的认识,形成积极的科学态度,发展终身学习的能力;树立健康意识和社会责任感,能够强身健体和服务社会。

9. 匠心劳技:以培养学生的核心素养为导向,以任务群为基本单元,通过学生参加日常生活劳动、生产劳动和服务性劳动,让学生动手实践、出力流汗、接受锻炼、磨炼意志,培养学生正确的劳动价值观和良好的劳动品质;拓宽眼界,接触新鲜的知识;动手操作,提高实践技能;匠心创造,感受创新的快乐。学生通过本课程的学习,形成基本的劳动意识,树立正确的劳动观念;发展初步的筹划思维,形成必备的劳动能力;养成良好的劳动习惯,塑造基本的劳动品质;培育积极的劳动精神,弘扬劳模精神和工匠精神;树立服务意识,强化社会责任感。

10. 魅力地理:"魅力地理"=认识世界+感受世界+体悟世界,地理学科是探索世界的窗口,是理解地球的桥梁,是感受多元文化的途径,是培养环境意识的摇篮,是激发创新思维的乐园,是实践与应用的舞台。通过学习,让学生初步形成从地理综合的视角看待和分析问题的意识和能力,并增进热爱家乡、热爱祖国的情感,同时立足家乡,胸怀祖国,放眼世界,形成人类命运共同体意识。教师应以学生为主体,注重教学方法的灵活多样,倡导探究式、合作式、情境式等教学方式,关注学生的个体差异,激发学生的主观能动性,此外,还强调实践环节,鼓励学生不局限于书中知识,走进生活、走向社会,通过实地考察、社会调查等方式,感受地理学科的魅力。

11. 灵动心理:"灵动心理"是在心灵的探索中,体验心灵的自由与成长,感受到情感的多彩和敏锐。"灵动心理"是探索内心,滋养灵魂,感悟生命,挖掘智慧,放飞思维的心理。"灵动心理"旨在带领学生了解心理健康知识和精神疾病知识,掌握情绪自我调节、维护良好人际关系、主动适应环境的技巧,养成健康的行为方式和性格,培养学生的心理健康和情感智慧,提高他们的自我认知和自我调节能力。通过学习"灵动心理",学生能够形成积极的人生态度,具备应对生活挑战的心理素质。

12. 明鉴历史:在趣味游戏中,穿越历史时空,与先贤对话,感受历史的壮阔与浑厚。"明鉴历史"是打开历史的通道,是提升兴趣的途径,是扩充知识的桥梁,是跨越时空的载体,是丰盈灵魂的良药。组织教学过程中,以品析观赏经典作品和名著为主要途径,精选优质视频,做好趣味引领,上好视频赏析,做好趣味探索,学生进行自我感悟和生发,创设出历史作品并加以演绎,从而加深对历史学科的理解,提升对中国传统文化的热爱,增强民族自豪感和自信心,提升历史学习的兴趣。

13. 向美道法:以习近平新时代中国特色社会主义思想为指导,落实立德树人根本任务,遵循育人规律和学生成长规律,发挥课程的思想引领和价值引领作用,以社会发展和学生生活为基础,突出时代主题,以学生生活的问题为导向,坚持学科逻辑与生活逻辑相统一,主题学习和学生生活相结合,增强内容的针对性和现实性,铸魂育人,以助力提升学生思想政治素质、道德修养、法治素养和人格修养等,增强学生做中国人的志气、骨气和底气,为成为以实现中华民族伟大复兴为己任的有理想、有本领、有担当的时代新人打下牢固的思想根基。

14. 激情体育:坚持"健康第一"的教育理念,以中国学生发展核心素养为引领,重视育体与育心、体育与健康教育相融合,充分体现健身育人本质特征,引导学生形成健康与安全的意识及良好的生活方式,促进学生身心健康、体魄强健、全面发展。在实施中,依据学生的学习需求和兴趣爱好,面向全体学生,落实"教会、勤练、常赛"要求,注重"学、练、赛"一体化教学。根据学生运动技能形成规律和身心发展规律,整体设计课程内容,体现保证基础、重视多样、关注融合、强调运用等理念。针对不同身体条件、运动基础和兴趣爱好的学生因材施教;提出不同的学习目标,选择适宜的教学内容,采用多样的教学方法与学习评价方式,为学生创造公平的学习机会,促进每一位学生产生良好的学练体验,增强学习的自信心,在原有的基础上获得更好发展。

15. 绚烂音乐:"绚烂音乐"是感受美的音乐,是欣赏的音乐,是表现美的音乐,是创造美的音乐。感知、发现、欣赏和体验艺术美、自然美、生活美、社会美,提升审美感知能力。丰富想象力,运用媒介、技术和独特的艺术语言进行表达与交流,运用形象思维创作情景生动、意蕴健康的艺术作品,提高艺术表现能力。发展创新思维,积极参与创作、表演、展示、制作等艺术实践活动,学会发现并解决问题,提升创意实践能力。感受和理解我国深厚的文化底蕴和党的百年奋斗重大成就,传承和弘扬中华优秀传统文化、革命文化、社会主义先进文化,坚定文化自信,铸牢中华民族共同体意识。了解不同地区、民族和国家的历史与文化传统,理解文化与构建人类命运共同体的关系,学会尊重、理解和包容。

16. 创懿美术:"创懿美术"结合"懿"元素,发现美,欣赏美,创作美,评价美。"创懿美术"从构图、色彩运用、形象表达等方面入手,看是否能够准确表达自己的想法和情感,并能够运用所学的美术技巧进行表达。从绘画技能和技巧,包括线条运用、色彩搭配、比例关系等方面,从作品的创意和想象力,看是否能够独立思考,提出独特的创作主题和构思,并能够将其转化为具体的作品。从学习态度和参与度,看学生是否认真听讲、积极参与课堂讨论、按时完成作业等。从学生的审美情趣,看学生是否能够欣赏和评价美术作品,是否具有对美的感知和欣赏能力。关注学生在学习过程中所展现出来的参与意识、合作精神、兴趣爱好等全面的综合发展。

### 三、创设"懿社团",发展学生兴趣爱好

社团活动是学校课堂教学的延伸性活动,是进一步深化课程改革,发展素质教育的重要体现。"懿社团"是依据学校的课程计划实施的综合性与实践性统一的活动课程,由专职教师组织和指导,积极拓展学生学习空间,有效实施素质教育,激发学生潜能,拓展学生特长,提高学生的综合性学习素养,使学生个性得到发展,校园生活得到丰富。懿德学子们可根据自己的兴趣、爱好,自主选择社团课程。学校从艺术、体育、科创、书法、人文等专题入手,开设以下五大类社团课程。

1. 艺术类社团:提升学生的审美情趣,丰富艺术社团生活,让社团走出校园,让艺术融入生活,让校园生活更加多彩。如合唱社团、油画社团、舞蹈社团等。

2. 体育类社团:让学生在运动场上交友,在挥洒汗水中懂得合作的意义,培养学生的规则意识,提升学生对体育活动的兴趣。如足球社团、排球社团等。

3. 科创类社团:充分引导和启发学生进行科学探索和发现,提升学生的动手、积极思考、善于观察、勇敢表达的能力,锻炼学生的科学思维,不断注重提高学生科学素养,让学生感受生活中科技的乐趣。如植物造纸社团、车模社团、宇宙探秘社团、化学社团、编程社团等。

4. 书法类社团:在专业老师的带领下,通过实践,提高学生的书写能力,养成良好的书写习惯,热爱中华民族的传统文化。

5. 人文类社团:帮助学生树立正确的世界观、人生观、价值观,提高学生阅读兴趣和阅读能力,陶冶情操的同时,提高文学素养和人文素养。另外,此类社团让学

生更加全面客观地认识自己，认识世界，也更有信心去创造美好的未来。如心理社团、英语卡通社团、英语阅读社团、创意写作社等。

### 四、推进"懿之旅"，落实研学旅行课程

学校所追求的"懿之旅"研学旅行课程，不仅仅是形容"美好的旅行"，更是一种态度和一种生活方式。"懿之旅"课程由教育部门和学校有计划地组织安排，通过集体旅行和集中食宿的方式开展。它属于综合实践活动课程的范畴，有助于学生通过亲身实践，真正理解所学的知识，并将其应用到实际生活中。通过"懿之旅"，可以接触到不同的人、事、物，了解现实生活中的各种问题和挑战，从而培养学生的实际操作能力和解决问题的能力及素养。学校"懿之旅"课程的实施主要包括以下步骤。

1. 课程设计：这是研学旅行的核心环节，需要充分考虑学生的学习需求和学校的教育目标，选取适合学生的研学主题和目的地，确定学习内容和学习方式等。在课程设计中，还需要考虑到学生的年龄、身体素质、心理特点等方面，制定相应的安全保障和风险控制措施。

2. 师资培训：教师的责任心和专业水平直接影响到研学旅行的教育效果。因此，师资培训是非常重要的，应该包括研学旅行的理论知识、实践经验、领队技能等方面，确保老师能够胜任和应对各种复杂情况。

3. 准备阶段：在研学旅行之前，选择研学主题、制定研学目标、确定研学特色和设计研学内容。同时，也需要准备相应的物资和设备，确保研学旅行的顺利进行。

4. 实施阶段：在研学旅行过程中，教师引导学生积极参与活动、观察和思考，同时也要注意学生的安全和身心健康。

5. 总结阶段：在研学旅行结束后，教师组织学生进行总结和反思，帮助学生巩固研学旅行的成果，提升学生的综合素质。

总之，"懿之旅"强调知识和实践的有机结合，既要"读万卷书"，又要"行万里路"。总的来说，"懿之旅"课程的实施注重学生的主体地位，更好地促进个人和社会的进步和发展，通过实践性的体验课程，培养学生的创新精神和实践能力，提高他们的生活自理能力和社会适应能力。

### 五、创意"懿节日"，浓郁课程实施氛围

学校以国家《加强和改进未成年人思想道德建设的指示》《上海市普通中小学

课程方案(试行稿)》为指导,以中国学生发展核心素养体系为框架,以民族精神和生命教育为核心内容,实施"懿节日"道德实践系列课程。学校所追求的"懿节日"课程建设,不仅仅是过一个"美好的节日",更是通过"懿节日"氛围建设,让师生在每一个不容易的时刻都能保持坚定的信念和热爱的态度,去追求更美好的生活。学校"懿节日"课程的实施主要包括以下步骤。

1. 确定学校节日课程内容:传统节日教育类、革命传统纪念日类、"3·5"学雷锋日课程、"3·9"学校纪念日、"4·22"法律文化节等。

2. 制定教学计划:根据学校节日的日期和特点,制定教学计划,包括教学目标、教学内容、教学方法和评估标准等。

3. 组织教育活动:组织学生参加学校节日的相关活动,如制作手工艺品、品尝传统美食、了解节日的起源、传说和意义,感受学校节日文化等。

4. 营造文化氛围:在学校内营造节日的文化氛围,如布置节日装饰、组织文艺表演、开展节日文化展览等。

5. 家庭教育配合:鼓励家长参与学校节日课程,与孩子一起感受和体验"懿节日"文化。

6. 评估与反馈:对学校节日课程的实施效果进行评估,及时调整教学计划和方法,同时将学生的参与情况和成果进行记录和展示。

总之,"懿节日"课程在实施过程中,要注重学生的参与和体验,鼓励学生深入体验学校节日的文化,从而增强文化自信心和民族自豪感。同时,学校需注重课程内容的多样性和创新性,激发学生的学习兴趣和创造力,让他们在实践中学习和成长。

### 六、做好"懿工坊",落实劳动教育课程

"懿工坊"劳动教育课程旨在培养学生正确的价值观和良好的劳动品质。劳动教育课程以丰富开放的劳动项目为载体,重点是有目的、有计划地组织学生参加日常生活劳动、生产劳动和服务性劳动,让学生动手实践、出力流汗,接受锻炼、磨炼意志。通过实践性的体验教学,培养学生的创新精神和实践能力,提高他们的生活自理能力和社会适应能力。"懿工坊"劳动教育课程内容的实施,强调劳动项目和任务的循序渐进、相互关联、互为支撑,既可按照劳动实施的自然顺序,也可按照劳动主题,确定劳动内容、分解劳动任务。"懿工坊"课程的实施主要包括以下步骤。

1.课程内容的综合化:注重把劳动实践与跨学科课程学习有机结合起来,也要注重覆盖多个任务群,引导学生综合运用所学知识和技能解决实际问题。

2.课程内容的科学化:体现与学段相适应的劳动强度和难度,考虑课时和内容安排的合理性。在劳动内容的衔接上,针对日常生活劳动、生产劳动、服务性劳动三大类别,按照"简单—复杂—综合"逐渐提高内容难度。

3.课程内容的多样化:尽可能丰富劳动教育形式,如:班级种植园、值周班、志愿者服务、"橙黄橘绿"劳动教育综合项目实践活动、技能竞赛、劳模大讲堂、职业体验等。

4.课程实施的师资力量要"实":教师是劳动课程高质量实施的关键。

总之,"懿工坊"劳动教育课程的实施需要注重系统性、综合性、科学性和多样性,同时需要加强师资力量的建设,确保课程的高质量实施。

### 七、创建"懿家盟",做好家校共育课程

我们坚信,美好的家校对话是家校共育最好的方式之一,是家校关系向着美好生长的最美的姿态。学校以校本化家庭教育示范特色"懿家盟"系列为抓手,积极创建"懿"品牌。取名"懿家盟"是校名"懿德"和学生家庭的联盟,谐音"一家门",用句俗话来说:不是"一家人",不进"一家门",意为家校是一个教育共同体,让"懿家人"成为"懿家盟"的主人。"懿家盟"家校共育课程的实施,挖掘每个家庭的教育特色,组织交流每个家长的专长和家庭教育收获。学校组织开设"懿德家训""懿家书屋""懿家对话"家长微课堂等专栏,搭建线上、线下平台,把家长资源转化成教育资源,促进家校协同育人。"懿家盟"家校共育课程的实施,定期在"i懿德"微信公众号推广,主要包括以下栏目。

1."懿德家训"专栏。建立"懿德家训"专栏,征集"爱粮节粮""正装礼仪""正学规范""言行举止""思想品德",每学期由家长们积极地分享各自家庭的家风家训,相互交流学习,倡导家长主动融入时代精神,提升家庭教育水平。

2."懿家书屋"专栏。建立"懿家书屋"专栏,学校各学段各家庭通过亲子阅读,推荐优秀读物,家长们分享"悦读"体会,营造书香家庭氛围,促进教育共性的形成。

3."懿家对话"专栏。建立"懿家对话"专栏。学校心理教师每月定期分享"心理小贴士""心理小故事"与家长对话;校级家委会推荐优秀学生家庭,每月定期分享优秀家庭育儿方法,交流育儿过程中的得与失,通过一个个小故事、小案例与学

校对话,丰富家长的教育参考。

总之,"懿家盟"家校共育课程的实施是一个需要家庭和学校共同努力的过程。只有双方都积极参与并相互配合,才能达到最佳的教育效果。

## 八、激活"懿校园",开发环境隐性课程

"懿校园"环境隐性课程,指校园隐蔽课程、无形课程等,学生在学习环境中所学习到的非预期或非计划性的知识、价值观念、规范和态度。这些知识、观念、规范和态度可能来自物质环境、社会环境和文化体系等非正式、潜在的课程,能够在潜移默化中对学生进行渗透式教育。"懿校园"环境隐性课程的实施主要包括以下几个方面。

1. 行为规范教育。中国素有礼仪之邦的美誉,所谓"国有国法,家有家规",学校当然也有校纪校规,因为"没有规矩,不成方圆"。溯源"规矩"两字,颇有深意。作为懿德学子,理应在言行举止上讲求规范,彰显优雅而美好的形象礼仪,做有教养的懿德人。

2. "三风"建设。校风:博文约礼、见贤思齐。遵守礼仪,见到德才兼备的人就要向他(她)看齐,取法乎上;形成时时处处可遇学识渊博、风度温文尔雅的美好而有智慧的懿德人的校园精神风貌。教风:弘道善教、仁爱奉献。师者传道授业解惑,善导善教,注重研究探索,乐于合作奉献,具有坚定的理想信念、高尚的道德情操、扎实的专业学识、丰厚的仁爱之心的懿德师者风范。学风:弘毅好学、进取创新。学者抱负远大,胸怀宽广,意志坚强,崇尚科学,乐于求知,积极进取,敢于创新,形成志存高远,知行合一,善作善成,品学优良的懿德美好少年风尚。

3. 校园文化节。学校坚持五育融合,文化立校,致力于生成懿德美好的精神面貌,开展一系列富有学校特色的"数学节""英语节""书香节""艺术节""科技节""体育节"等学科文化节活动,着力通过校园文化内涵建设启迪心智,提升素养,陶冶情操,促进懿德学子多元化发展,提升学校的文化品位。

## 九、做实"懿探究",发展学校特色课程

学校以义务教育课程方案和课程标准为依据,以培养学生创造性解决问题的能力为导向,以"科创"项目为突破口,以浦东新区项目化学习项目实验校建设为抓手,持续推进各学科项目化探究的深入实施。项目化探究,鼓励全体教师改变育人方式,凸显特色,紧扣学科核心素养,融合跨学科、大单元等概念,让学习真实发生,

做有学科味的项目化学习,激发学生学习兴趣,加强学生探究意识,培养学生的高阶思维,提升解决问题的能力,让学生的个性和综合运用能力得到发展提升。同时采取多元化的评价方式,将学生自评、同伴互评、教师评价,过程性评价和结果性评价相结合,多维度、多方面综合评价学生的学习能力。教师带领学生通过实验、调研、观察、访谈等活动经历,培养学生在真实情境中综合运用知识解决问题的能力,提升学生的综合能力和核心素养,具体实施方式如下。

**1. 做好核心知识的梳理**

在项目化学习探究开展之前,需要先引导教师从知识点的教学转变到核心知识的教学,组织各学科一线教师对核心知识进行提炼,寻找与项目化学习相关的资料,形成对学科核心知识概念的认识和理解。

**2. 基于核心知识设计驱动性问题**

驱动型问题能够激发学生的注意力,使他们主动投入项目的探索中去。它既能够激发学生学习的内在动力,也能够指出持续思考、自我探究的方向。基于前期梳理的核心知识,运用 KWL 表,关注真实世界的问题、关注学生的经验和兴趣、关注各领域核心概念,发现项目本质问题,提炼和优化驱动性问题。

**3. 基于核心素养的学习实践设计**

项目化学习探究实践的形态有探究性实践、社会性实践、审美性实践、技术性实践、调控性实践。在学科项目化学习中,有六个不同的阶段,即"项目准备活动""知识与能力基础架构""探索初步成果""评价与建议""成果展示""反思与运用"。在实践中,学校教师以核心素养中的"人文底蕴""学会学习"和"实践创新"三方面为培养目标,文科重点设计社会性实践、审美性实践、调控性实践,理科重点设计探究性实践、技术性实践、调控性实践。

**4. 核心素养视角下学科项目化学习的实施**

通过真实而富有挑战性的问题情境,引导和支持学生持续探究,尝试创造性地解决问题,通过个性化方式展现学习的相关成果。每学年学校根据不同年级学生特点,探索不同组合的三类项目化学习。活动项目化学习指向学生真实生活和发展需求,从真实情境中发现问题并转化为项目,可作为劳动、综合实践活动、地方课程、校本课程的实施方式,也可作为课后服务的活动方式。学科项目化学习指向学科的核心素养培育,从学科实践中发现真实问题并转化为项目,可在学科教学中实施微项目、单元项目或跨单元项目。跨学科项目化学习指向两个及以上学科的核心素养培育,将自然、社会中真实而复杂的问题转化为项目,综合运用多学科知识和能力解决问题,可结合相关学科课程标准中的跨学科主题进行实施。

## 十、评选"懿之星",开发个性特长课程

"懿之星"个性特长课程是一种注重学生个性发展和特长培养的课程体系。它以学生的兴趣和天赋为基础,通过提供多样化的课程内容和形式,引导学生自主选择和参与,旨在培养学生的综合素质和创造力,促进学生的个性化和全面发展。"懿之星"个性特长课程应注重以下几点。

1. 尊重学生的个性差异:个性特长课程承认并尊重学生之间的个性差异,认为每个学生都有自己独特的优势和潜能。因此,课程设计会充分考虑学生的兴趣、爱好、特长和需求,提供个性化的学习方案。

2. 强调学生的主体性:个性特长课程强调学生在学习过程中的主体性,鼓励学生自主选择、主动参与和自我评价,以此激发学生的学习兴趣和动力,培养其自主学习和自我管理能力。

3. 注重实践和创新:个性特长课程注重培养学生的实践能力和创新精神。课程内容不仅包括理论知识的传授,更强调实际操作和实践经验的积累。同时,鼓励学生发挥想象力和创造力,培养其创新意识和创新能力。

4. 多元化的课程形式:个性特长课程采用多种形式的课程,如选修课、活动课、社团组织等,以满足不同学生的需求。学生可以根据自己的兴趣和特长选择适合自己的课程,发展自己的个性特长。

5. 灵活的课程设置:个性特长课程设置灵活多样,可以根据学校和学生实际情况进行调整和完善。课程内容的安排也可以根据学生的实际情况进行个性化设置,以满足不同学生的学习需求。

6. 培养各领域优秀学生:培养校级"三好学生",各类"积极分子",各类活动争先创优的积极分子。

在此基础上,"懿之星"个性特长课程的实施,需要学校、教师和学生共同努力,具体从以下几个方面入手。

1. 制定个性化的教学计划:教师需要根据学生的个性差异和特长,制定个性化的教学计划。在教学内容、教学方法和评价方式上,要充分考虑学生的实际情况,

满足不同学生的学习需求。同时,教师需要关注学生的特长,提供有针对性的指导和支持。

2. 引导学生自主选择和参与:学生根据自己的兴趣和特长,自主选择合适的课程。在参与课程过程中,学生积极投入,认真学习,主动探索,不断提高自己的综合素质和创造力。同时,学生对自己的学习进行自我评价和反思,及时调整自己的学习状态和方向。

3. 提供多样化的课程资源和活动:学校提供多样化的课程资源和活动,以满足不同学生的需求。课程资源包括教材、图书、网络资源等,活动包括社团组织、竞赛、实践等。通过丰富的课程资源和活动,学生可以充分发挥自己的个性特长,培养自己的综合素质和创造力。

4. 建立有效的评价机制:学校建立有效的评价机制,对学生的学习成果进行客观、公正的评价。评价方式可以采用多种形式,如考试、作品评定、口头表达等。通过评价机制的建立,可以及时发现学生的学习问题,提供有针对性的指导和支持,同时也可以激励学生不断进步和发展。

5. 加强师资培训和管理:学校通过加强师资培训和管理,提高教师的专业素养和教学能力。同时,鼓励教师发挥自己的特长和优势,为个性特长课程的实施提供有力的支持和保障。

"懿之星"个性特长课程的实施需要学校、教师和学生共同努力,从制定个性化的教学计划、引导学生自主选择和参与、提供多样化的课程资源和活动、建立有效的评价机制、加强师资培训和管理等方面入手,才能有效地促进学生的个性化和全面发展。

## 第五节　多维度引导师生参与课程

在国家课程、地方课程、校本课程全面贯彻落实的基础上,学校根据课程建设的目标和要求,通过价值引领,引导广大师生积极参与学校课程建设,推进学校课程文化的打造。

### 一、价值引领

"懿教育"作为学校的教育哲学,融合在学校课程建设的各个方面,引领课程建设,引领教师专业发展,引领学校文化积淀。坚持以学生发展为本,深入实施素质教育,充分利用学校和社会的课程资源,优化课程结构,凸显办学理念的价值内涵,多维建设,构建"MEI"课程模型。

## 二、组织建设

学校成立以校长为组长的课程领导小组,核心成员是教导处、德育处和各学科教研组负责人,主要负责学校课程的顶层设计,制定课程规划,统筹规划学校的课程,制定保证课程实施的相关制度,完善课程实施的过程管理、审议、评价相关的课程机制,持续增强课程领导力。

具体分工如下:

教导处和德育处主要负责对教师进行必要的培训,组织教师申报课程,提供课程菜单、课程介绍、课程表及教学常规与过程管理等工作。建立校本课程学生档案,负责学生学习评价的组织与统计。

教研组主要负责组织落实本组教师的课程开发、申报与实施工作,召集组员定制研讨课程的开发与实施,确定课程的具体实施方案,总结课程的实施情况。

授课教师主要负责撰写课程纲要,编写相关课程,认真备好每一节课,按部实施。教导处随机听课评测,课程实施有计划、有进度、有教案,并按学校整体教学计划的要求,达到规定的课时与教学目标。保存学生的作品资料及在活动、竞赛中取得的成绩资料,认真写好教学反思,及时总结经验。

## 三、制度建构

课程制度具有规范与引导、规约与警示、教化与建构、适应与反思等功能,是隐性课程的有机组成部分。为保证课程建设工作顺利开展,学校加强课程制度建设,从规划制度、审议制度、评价制度、激励制度几个方面建立一套较为完整的课程管理制度,强化制度的实施与落地,提高管理效能。

1. 课程规划制度。学校制定科学合理的课程规划,作为学校课程建设的顶层设计,统领学校的课程建设工作。每学年之初,根据学校课程规划,结合学科课程建设实际,构建学科课程群,并从学科建设、哲学课程目标、课程构建群课程设置、课程实施、课程评价、课程管理等方面撰写学科课程规划。

2. 课程审议制度。课程审议的组织机构是教导处,每学期开学之初,对学校的课程规划,各学科的课程规划,各类课程的课程纲要进行审核,提出完善和修改意见。审核的重点是各类课程的课程纲要,主要审核课程开设的价值、课程目标和内容科学性、课程实施的可行性、课程评价的合理性。审核完成形成书面意见后,下达学科组,学科组根据审核意见对本学科课程设置进行调整,组织课程实施。

3. 课程评价制度。任课教师要认真做好课程评价工作,对学生参与课程的学习情况做出适当的并能体现课程特点的评价,结合学生自评、互评、师评等进行评价,并定期将评价情况反馈给学生和家长。教导处每学期要对各学科的研发、实施、评价成果等进行综合评价,从学生、家长、社会效益和学校规划及培养目标等多角度出发,对课程进一步实施和开展提出改进方案。

4. 课程激励制度。课程建设与教师年度考核相结合,发挥激励机制,充分调动教师参与课程建设的积极性和主动性。学校从绩效工资分配方案中列出专项奖励,对课程建设先进个人、优秀学科组进行表彰奖励。

## 四、评价导航

学校鼓励教师积极寻求教学方式和评价方式的创新,在评价过程中积极尝试档案袋评价、表现评价、访谈等多种方式;定期对各门课程的教学质量进行评议和审议,以改进学校课程的品质。评价主要参照教师的自我评价和同行评议,同时参照学生的课堂学习反馈表调查和学生家长的课程反馈意见相关调查问卷,使课程评价更为科学、规范。

校本课程选课平台和问卷调查。在课程实施的全过程,教师基于课程整合的理念,发挥自身特长来开发相应的拓展性课程,学生则利用选课平台来选择自己最感兴趣的课程,以走班上课的方式学习。课后,学校通过问卷调查的形式来了解学生对哪些学科最感兴趣,以此对课程形成评价与判断。

个案分析提高策略。课程实施过程中,教师运用文字记录、视频、音频等方式来收集与课程相关的资料,并填写课程管理手册;在问卷调查之后,课程开发组的老师对相应的文字以及数据进行分析、比较,形成案例,找出问题的症结所在,从中寻求提升策略。

展示成果推动成长。师生学习的成果要看得见,展示是必不可少的。学校采用展板展示、汇报演出,展示孩子们的学习成果,推动师生共同成长。

## 五、时间管理

时间管理是确保课程质量、进度和实施效果的重要环节。

学校制定学年课程建设计划,明确各阶段的目标和时间安排,确保所有相关人员对课程建设的方向和进度有清晰的认识。

根据课程建设的需要,合理分配人力、物力和财力资源。确保有足够的时间和资源来完成各项任务,避免因资源不足而影响进度。

根据课程的重要性和紧急性,设定任务的优先级。优先完成核心课程的开发和建设,确保学校教育教学的正常进行。

鼓励跨学科、跨部门的团队协作,共同推进课程建设。通过分工合作,提高工作效率,加快进度。

定期对课程建设的进度进行检查和评估,及时发现并解决存在的问题。根据评估结果,调整工作计划,确保按时完成目标。

在课程建设过程中,可能会遇到一些不可预见的问题或挑战。在这种情况下,学校应灵活调整计划,确保课程建设能够顺利进行。

在课程建设过程中,不断总结经验教训,持续改进时间管理的方法和策略。通过不断优化,提高课程建设的效果和效率。

## 六、课程研修

提高任课教师的专业素养,对课程管理水平的提高有着积极的意义。学校通过核心团队培训,以点带面,引领教师提升课程实施能力,提高专业能力。

学校组织教师进行市级课程研修,主要包括学科专业知识培训,教育教学理论培训,教学技能和手段培训,教育科研能力培训等。教师根据自身需要报名相关任务,并按课程要求认真学习,及时完成任务以获得相应学分。

学校通过聘请专家进行专题培训,引领教师提高课程执行力,调动所有教师参与课程建设的积极性、主动性、创造性,以多种方式支持学校课程建设的常态化实施,以教师课程研修工作坊为推进,促进教师之间的对话交流,营造良好的课程文化氛围。

学校组织形式多样的校本研修活动,主要涉及教育教学理论学习,学科教学研究,教学技能和手段培训,教育科研能力以及教育教学评价与反思。学校针对教师的实际情况和发展需要,采用多种形式的研修方式,包括线上研修与线下研修相结合、集中研修与自主研修相结合等。研修内容注重实践和应用,将理论与实践相结合,激发教师的自主性和创造性,使教师能够将所学知识应用到实际教学中,提高教育教学质量和自身专业素养。

## 七、课题聚焦

学校根据校情，结合时代要求，选择与课程建设密切相关的课题进行研究，为课程建设提供理论和实践支持，加强对教师的培训和指导，丰富课程实施路径，促进教师之间的合作与共同进步，同时注重对课程的评价和反思，促进研究成果的转化和应用。在课题研究中，不断发现新问题、新需求和新趋势，持续改进和完善课程建设，使课程始终保持活力和前瞻性。

课题研究作为助推学校课程建设的重要手段，引导教师整合校内外资源，在课程内容上进行深度挖掘和广度拓展，结合时代特点和学生的兴趣点，开发更多富有创意和实用性的课程，优化课程结构，提高课程的针对性和实效性，创新教学方式和手段，更加关注学生的主体性和参与性，采用多元化的教学方式，如合作学习、项目化学习、角色扮演、实地考察等，为学生提供更加便捷和高效的学习体验，有效激发学生对于学科学习的兴趣，解决真实生活情境中的问题，提升学生的核心素养，提高课程质量，慢慢沉淀为课程文化。

上海学校"德尚"课题《全员导师制背景下提升教师育德能力的实践研究》以"引导学生健康发展和提升教师育德能力"为主要目的，导师成为所指导学生的良师益友，为每位学生提供陪伴式关怀与指导。区级课题《核心素养视角下学科项目化学习设计与实施研究》通过开展核心素养视角下学科项目化学习的设计与实施的探索，提升教师学科项目化学习设计和实施的能力，促进教师的专业发展。区级课题《教师课堂教学中师生对话评价素养提升路径的设计与实施》根据课堂师生对话为外显指标制定评价指标，通过课堂上有效师生对话，做好即时评价，教师反思课堂教学目标的达成，促发后续课堂教学的调整和改进，提升教学效果。

## 八、资源调配

资源调配是实现课程动态调整的关键环节，它涉及人力、制度、物力、财力等多方面的合理分配与高效利用，更好地满足学生发展的需要。

1. 人力保障。教师作为课程文化建设的主体，他们的教学理念、教学方法以及专业知识水平直接影响到课程质量。因此，打造一支爱校敬业、勤研善教、专业技能过硬的教师队伍，是学校课程建设的必然选择。学校持续做好教师各级各类专业培训，提升教师教学理念，不断提升教师的教育追求与教育智慧，引导教师利用现代教育技术大数据下的课程资源进行教学创新，开展跨学科合作，促进学科教师在学校课程建设中更好地发挥主体作用，实现高质量教学，从而能够更好地适应课程动态调整的需求。

2. 设施保障。学校根据课程需求，统筹规划，逐步改善、更新学校教学设备、教学场地以及教学材料等物力资源，提供足够的教室、实验室、图书馆、体育设施、跨学科学习空间等硬件设施，以确保课程的正常开展，以适应教育教学、活动和学生的需求。除了硬件设施外，学校还提供各种软件设施，比如计算机软件、网络资源、电子图书馆、AI人工智能设施等，为课程的动态调整提供有力的物质保障。

3. 经费保障。财力资源的调配也是不可忽视的一环。学校制定科学合理的经费管理制度，合理分配教育经费，确保经费的正确使用和有效利用，确保课程调整的顺利进行。此外，学校需要积极争取各种专项资金投入，为课程建设提供更多的经费支持，做到专款专用。

总之，学校将立足长远发展，以"双新"为引领，深耕学校课程内涵建设，给予每一个生命向往美好的力量，为师生成长赋能，使学生有理想、有本领、有担当，培养德智体美劳全面发展的社会主义建设者和接班人，向着美好生长，认真写好每一个属于懿德人的春天的故事。

（撰稿人：上海市浦东新区懿德中学　顾继军　刘彦文　袁桂林　杨晓慧　黄思愉）

# 后　记

　　上海临港新片区作为中国（上海）自由贸易试验区的重要组成部分，其战略意义凸显。2023年6月，上海市浦东教育发展研究院临港分院正式揭牌，一批实验基地被授牌，标志着临港教育将开启新篇章。

　　随着《义务教育课程方案与各学科课程标准（2022年版）》的发布，我国中小学将进一步深化课程改革。2022年，本人主持的项目《问题导向的初中学校APPR课程模式的建构与实践》获得上海市基础教育教学成果奖，我们利用新课程的推广，以浦东新区名校长基地校和浦东教育发展研究院临港分院实验基地校为核心，结合"强校工程"等项目，建立了一个由涵盖高中、初中、小学、幼儿园四个学段的14所不同类型的学校（幼儿园）组成的项目攻坚小组。在一年内，我们将原有的初中教师和学生问卷改编为适用于高中、初中、小学、幼儿园的四套问卷。通过整合数据，我们对每所学校（幼儿园）进行了情境分析，并在此基础上根据各校（园）的特色和需求制定了各自的课程规划与实施细则，形成了《"一校一策"课程规划》与《"一校一策"课程实施》两本书。

　　在整个实践过程中，我要特别感谢上海市教科院普教所杨四耕老师给予的全程指导。同时，也要对以下14所学校（幼儿园）的各级领导及师生表达深深的谢意：上海中学东校、上海市泥城中学、上海市临港第一中学、上海市书院中学、上海市浦东新区懿德中学、上海市秋萍学校、上海市三墩学校、上海市浦东新区建平临港小学、上海师范大学附属浦东临港小学、上海市浦东新区冰厂田滴水湖幼儿园、上海市临港新城海音幼儿园、上海市浦东新区方竹幼儿园、上海市浦东新区潮和幼儿园、上海市浦东新区万祥幼儿园。

刘玉华

2024年8月

# "品质课程" 阅读书目

学校整体课程规划 18 问
学校整体课程规划的七个关键
学校整体课程规划

📖 课程治理现代化丛书

阳光阅读的校本设计与特色创建
**CIM** 课程：创客教育的要素设计与实践探索
高品质学校课程体系
个性化学校课程体系
家校共育的 20 个实践模式
进阶式生涯教育
跨学科学习创意设计
美术特色课程设计与实施
体育，让儿童嗨起来：悦动体育课程的设计与实施
小剧场学校：激活戏剧课程的育人价值
小课题探究：激活学习方式
小切口课程设计：劳动教育的创意实施

📖 新质课程文化丛书

实践性学习的七重逻辑
面向每一个生命的课程
多模态学科实践
大规模因材施教的课程模式
为未来而学：未来课程的校本建构与深度实施
面向每一个学习者的课程设计
可感的学习经历：习性教育课程体系探索
单元课程要素统整与深度实施
具身学习与课程育人
把学生放在心上：学校课程变革之道

 课程治理新范式丛书

以学生为中心的教育治理
实践型学科课程设计与实施
共享式课程治理：集团化办学的课程治理方略
高具身性课程实施：路径、策略与方法

## 特色学校聚焦丛书

让个性自然发荣滋长:"引发教育"的理论寻源与实践探索
面向每一个生命的教育
让每一个生命澄澈明亮:"小水滴"课程的旨趣与创意
新劳动教育:时代意蕴与实践创新
自信教育与个性生长
好学校的精神特质
教育,让个性舒展:"有氧教育"的模样与姿态
唤醒教育:触发生命的感动
生命的颜色与教育的意蕴
人格教育的四个关键点
做精神澄澈的教师

## 特色课程建设丛书

幼儿园特色课程的框架与实施
课程是鲜活的 :"大视野课程"的旨趣与活性
指向核心素养培育的学校课程图谱
让儿童生活在美的世界里:幼儿园全景美育的课程探索
核心素养与学习需求:学校课程建设导引
儿童自然探索课程
幼儿园视觉艺术创意活动设计与实施
连续性课程:特色课程发展的实践探索

## 课堂教学新样态丛书

课堂,与美最近的距离:基于学科核心素养的课堂教学变革
协同教学:意蕴与智慧
决胜课堂 28 招
一百个孩子,一百个世界:基于差异的教学变革
课堂如诗:"雅美课堂"的姿态
在教室里眺望世界:基于 BYOD 的教学方式变革
课堂教学的资源设计与方式变革
境脉教学的实践范式与创意设计
任务驱动与学科实践
课堂教学的智慧属性与意义增值:"灵动课堂"的六个关键词

## "一校一策"课程体系建设丛书

课程坐标及其应用:教师专业视角
"一校一策"课程规划
"一校一策"课程实施